Hinter dem Sachregister befindet sich ein ausführliches Verzeichnis der

Guttentagschen Sammlung

Deutscher Reichs- und Preußischer Gesetze

— Textausgaben mit Anmerkungen; Taschenformat —

die alle wichtigeren Gesetze in unbedingt zuverlässigem Abdruck und mit mustergültiger Erläuterung wiedergibt.

Guttentagsche Sammlung
Nr. 31a. Preußischer Gesetze. Nr. 31a.
Textausgaben mit Anmerkungen.

Die geltenden Preußischen Gesindeordnungen.

Herausgegeben in zwei Bänden

von

Stephan Gerhard,
Justizrat,
Rechtsanwalt und Notar in Berlin.

Band I.

Zweite Auflage.

Berlin 1914.
J. Guttentag, Verlagsbuchhandlung,
G. m. b. H.

Erster Band

enthaltend

die Gesindeordnung
für die altpreußischen Provinzen
vom 8. November 1810,

bearbeitet mit ausführlichen Erläuterungen unter Berücksichtigung der Ergänzungsgesetze, der Rechtsverhältnisse der Stellenvermittler und der Reichsversicherungsordnung,

sowie die Gesindeordnungen
für Neuvorpommern und Rügen
und
für die Rheinprovinz.

Vorwort zur ersten Auflage.

Die Verschiedenheit der gesetzlichen Bestimmungen auf dem Gebiete des Gesinderechts ist bekanntlich trotz des Bürgerlichen Gesetzbuchs nicht bloß in ganz Deutschland, sondern auch innerhalb Preußens bestehen geblieben. Die im Buchhandel vorhandenen Ausgaben der Gesindeordnungen beschränken sich meist auf eine, bestenfalls aber nur auf wenige der in Preußen geltenden Gesindeordnungen. Eine Herausgabe der sämtlichen preußischen Gesindeordnungen erscheint für die Bedürfnisse der Praxis um so zweckmäßiger, als manche der geltenden Gesindeordnungen außerhalb der Gesetzsammlungen nur schwer erreichbar sind.

Die Herausgabe erfolgt aus buchhändlerisch-technischen Gründen in zwei Bändchen. Das erste bringt zunächst einen Überblick über die Einwirkung der Reichsgesetzgebung, insbesondere des Bürgerlichen Gesetzbuchs, und über die Rechtslage in Preußen. Alsdann enthält das erste Bändchen die altpreußische Gesindeordnung vom 8. November 1810 sowie die Gesindeordnungen für Neuvorpommern und Rügen und die Rheinprovinz, einschließlich der für das Gesinderecht sonst maßgebenden wichtigsten landes- und reichsrechtlichen Bestimmungen, so der einschlägigen Vorschriften der Kranken-, Invaliditätsversicherung, über die Gesindebücher, über die Bestrafung des Gesindes usw.

Das zweite Bändchen umfaßt die sonstigen preußischen Gesindeordnungen, also diejenigen von Hannover, Schleswig-Holstein, Hessen-Nassau und Hohenzollern.

Eine ausführlichere Erläuterung der sämtlichen preußischen Gesindeordnungen war im Rahmen dieser Ausgabe nicht möglich. Vielmehr konnte nur die Gesindeordnung von 1810 als grundlegend genauer erörtert werden. Die dort gewonnenen Grundsätze sind im wesentlichen bei den anderen Gesindeordnungen maßgebend; ihre Anwendung ist durch gelegentliche Verweisungen unterstützt.

Auch die Rechtsverhältnisse der Gesindemäkler auf Grund der neuen Fassung der Gewerbeordnung und des ministeriellen Erlasses vom 10. August 1901 sind in die Erörterungen, und zwar im ersten Bändchen, einbezogen.

Hoffentlich trägt die in diesen beiden Bändchen gegebene Zusammenstellung der Gesindeordnungen dazu bei, der Auffassung, daß diese gesetzlichen Vorschriften dem modernen Rechtsempfinden nicht mehr entsprechen, noch weitere Anhänger zuzuführen und die im Interesse des Gesindes dringend wünschenswerte Änderung des Gesinderechts zu beschleunigen.

Berlin, Mai 1902.

Der Verfasser.

Vorwort zur zweiten Auflage.

Durch den Absatz der ersten Auflage ist eine zweite erforderlich geworden, bei welcher die Literatur und Rechtsprechung der Zwischenzeit sowie die Änderungen durch die Gesetzgebung berücksichtigt sind.

Insbesondere sind die Rechtsverhältnisse der Stellenvermittler auf Grund des Stellenvermittlergesetzes vom 2. Mai 1910 und der dazu erlassenen Ministerialvorschriften kurz berührt worden. Auch die erhebliche Änderung der Bestimmungen bei Erkrankung des Gesindes durch die Reichsversicherungsordnung ist erörtert.

Die Einleitung ist in der zweiten Auflage der veränderten Rechts- und Sachlage entsprechend geändert.

Der im Vorwort zur ersten Auflage ausgesprochene Wunsch einer Änderung des Gesinderechts ist bisher nicht in Erfüllung gegangen. Auch für die nächste Zukunft dürfte eine Änderung kaum zu erwarten sein, was um so bedauerlicher ist, als der Eingriff der RVO. ein recht durchgreifender ist und das ganze System der GesO. erschüttert.

Berlin, Herbst 1913.

Der Verfasser.

Inhaltsverzeichnis.

I.
Stellung des Gesinderechts zum Reichsrecht.

II.
Die Gesindeordnung für die altpreußischen Provinzen vom 8. November 1810, für Neupommern und Rügen vom 11. April 1845, für die Rheinprovinz vom 19. August 1844.

Verzeichnis der Literatur und Abkürzungen.

AG. = Preußisches Ausführungsgesetz zum BGB. vom 20. September 1899.

ALR. = Allgemeines Landrecht für die preußischen Staaten vom 5. Februar 1794.

Archiv für Strafrecht = Archiv für Strafrecht, begründet durch Goltdammer.

BA. f. H. = Bundesamt für das Heimatwesen.

BGB. = Bürgerliches Gesetzbuch für das Deutsche Reich vom 18. August 1896.

Crusen-Müller = Crusen-Müller, Preußisches Ausführungsgesetz zum BGB.

Dernburg = Dernburg, Das bürgerliche Recht, Bd. II (1901).

DJZ. = Deutsche Juristenzeitung, herausgegeben von Laband, Hamm, Heinich.

EG. = Einführungsgesetz zum BGB.

Fischer = Kommentar zum Stellenvermittlergesetz, München 1912.

GesO. = Gesindeordnung.

GewO. = Gewerbeordnung.

Goltdammer, = Goltdammers Archiv für Preußisches Strafrecht, begründet durch Dr. Goltdammer.

Groschuff = Groschuff, Die Preußischen Strafgesetze.

Gruchot = Gruchot (Rassow und Küntzel), Beiträge zur Erläuterung des Deutschen Rechts.

Habicht = Habicht, die Einwirkung des BGB. auf zuvor entstandene Rechtsverhältnisse.

HGB. = Handelsgesetzbuch.

Hoffmann = Das Stellenvermittlergesetz, Berlin 1910.

Jacobi = Jacobi, Preußische Gesindeordnung, 3. Aufl., Berlin 1911.

Jacobi = Jacobi, Gesindeordnung für Neuvorpommern und Rügen, Zweite Auflage.

Johow = Johow, Jahrbuch für Entscheidungen des Kammergerichts.

JMBl. = Justizministerialblatt.

JW. = Juristische Wochenschrift.

Kaehler = Kaehler, Gesindewesen und Gesinderecht in Deutschland, Jena 1896.

v. Kamptz = v. Kamptz, Annalen der preußischen inneren Staatsverwaltung.

Klein = Klein, Das Preußische Gesinderecht, Berlin 1908.

Koch = Koch, Kommentar zum ALR.

Kollmann = Kollmann, Gesindeordnung für die Rheinprovinz, nach den Bestimmungen des BGB. zusammengestellt.

Lindenberg = Lindenberg, Das preußische Gesinderecht, 8. Aufl., Berlin 1912.

Maguhn = Maguhn, Die Preußische Gesindeordnung, Berlin 1902.

MBl. f. i. V. = Ministerialblatt für die innere Verwaltung.

MBlHGewV. = Ministerialblatt der Handels- und Gewerbeverwaltung.

Möllmann, Das Dienstzeugnis, Berlin 1911.

Nußbaum = Nußbaum, Die Preußische Gesindeordnung vom 8. November 1810, Berlin 1900.

Niedner = Niedner, Einführungsgesetz zum BGB.

OTr. = Obertribunal.

Oppenhoff = Oppenhoff, Rechtsprechung des Königlichen Obertribunals in Strafsachen, herausgegeben von Oppenhoff.

OVG. = Entscheidungen des Oberverwaltungsgerichts.

PrVerwBl. = Preußisches Verwaltungsblatt.

Rehbein = Rehbein, Entscheidungen des Preußischen Obertribunals.

RG. = Reichsgericht.

RGSt. = Reichsgericht in Strafsachen.

Selbstverw. = Die Selbstverwaltung, volkstümliche Wochenschrift f. usw., Magdeburg, A. R. Faber.

Seyffarth = Seyffarth, Die Preußische Gesindeordnung, Berlin 1900.

Stranz-Gerhard = Stranz-Gerhard, Preußisches Ausführungsgesetz zum BGB.

StrArch. = Striethorsts Archiv für Rechtsfälle.

StGB. = Strafgesetzbuch.

Suchsland = Suchsland, Das Recht des Gesindes in allen Bundesstaaten des Deutschen Reichs.

ZPO. = Zivilprozeßordnung.

Zürn = Zürn, Handbuch des Preußischen Gesinderechts, 1895.

I.
Die Stellung des Gesinderechts zum Reichsrecht.

1. Einleitung.

Die Einheitlichkeit des bürgerlichen Rechts innerhalb Deutschlands, welche bei dem Gedanken der Abfassung eines Bürgerlichen Gesetzbuches für das Deutsche Reich den meisten vorgeschwebt hat, ist auf manchen Gebieten weder durch das Gesetz selbst noch durch spätere Gesetze herbeigeführt worden, Dies gilt insbesondere vom Gesinderecht. Die Motive zum ersten Entwurf des BGB., welcher bereits von dem Gedanken der Nichtunifizierung des Gesinderechts ausgeht, rechtfertigen diesen Vorschlag mit der Verschiedenheit der wirtschaftlichen und sozialen Verhältnisse, nicht nur in den einzelnen Staaten Deutschlands, sondern auch innerhalb der einzelnen Teile desselben Staates. Dieser Standpunkt des Entwurfs ist ungeachtet mannigfacher Versuche, eine andere Auffassung herbeizuführen, in allen Stadien des Gesetzeswerkes aufrecht erhalten worden. Art. 95 EG. zum BGB., der weiter unten abgedruckt ist, läßt im Prinzip die landesgesetzlichen Vorschriften über das Gesinderecht unangetastet und greift nur in einzelnen Punkten in dieselben ein. Zwar ist seinerzeit im Reichstag betont worden, daß die Einführung einheitlicher Vorschriften auf dem Gebiet des Gesinderechts wünschenswert sei, jetzt, dreizehn Jahre nach dem Inkrafttreten des BGB. ist, wie auch im Vorwort betont, noch keinerlei Aussicht vorhanden, daß dieser Wunsch in Erfüllung geht.

Aber nicht bloß für Deutschland, sondern auch für Preußen ist zurzeit die Hoffnung auf eine einheitliche Gestaltung des Gesinderechts in weitere Ferne gerückt. Als Anfang 1899 der Entwurf des Ausführungsgesetzes zum BGB. für Preußen dem Landtag vorgelegt wurde, war in der Begründung hervorgehoben, daß das Bedürfnis nach Ausgleichung der innerhalb Preußens hinsichtlich des Gesinderechts obwaltenden Verschiedenheiten kein so dringendes sei, daß bis zum Inkrafttreten des BGB. eine Herbeiführung einheitlicher Gesetzgebung für Preußen bewirkt werden könnte. Hervorgehoben ist dabei, daß ein einheitliches Gesinderecht nur unter sorgfältigster Berücksichtigung der in den einzelnen Landesteilen bestehenden besonderen Verhältnisse erlassen werden könne.

Eine solche Berücksichtigung war für das BGB. auf vielen Rechtsgebieten notwendig und dennoch ist das BGB. zustande gekommen. Auch die Gesindeordnung von 1810 ist erlassen, um an die Stelle zahlreicher örtlicher Statuten und Verordnungen zu treten. Man sollte meinen, wie Seyffarth[1]) mit Recht bemerkt, daß dasjenige, was vor fast 100 Jahren möglich war, auch heute bei dem starken Drang nach Rechtseinheit erst recht herbeigeführt werden könnte. Und dabei wäre die Schaffung einheitlichen Rechts nicht so schwierig, da nicht bloß die vielen preußischen Gesindeordnungen, sondern auch die außerpreußischen, nur wenig voneinander abweichen[2]).

---

[1]) Seyffarth, Die Preußische Gesindeordnung, S. 8.

[2]) Seyffarth aaO.; Kaehler, Gesindewesen und Gesinderecht in Deutschland, S. 114ff. und S. 218ff. Jena 1896.

In der Einleitung, wie sie bei der ersten Auflage gefaßt war, ist schon bemerkt, daß nach der bei der Beratung des Ausführungsgesetzes zutage getretenen Auffassung die Schaffung eines einheitlichen Gesinderechts auch nur innerhalb Preußens nicht zu erwarten sei. Diese Auffassung wird auch weiter maßgebend bleiben müssen. Der danach vorliegende Rechtszustand ist sowohl für Deutschland als für Preußen ein recht unerfreulicher. Er ist es in sozialer Beziehung, weil die vielfach veralteten Vorschriften der Gesindeordnungen dem Gesinde eine vom allgemeinen Recht abweichende Stellung geben, eine Stellung, welche offensichtlich mit großen Demütigungen für das Gesinde verknüpft ist, weil ferner diese Vorschriften durch die Hineinziehung von (polizeilichen) Verwaltungsorganen in die Streitigkeiten zwischen Herrschaft und Gesinde das letztere erheblich ungünstiger stellen als andere Angestellte (so die kaufmännischen, die gewerblichen und die der Regelung des BGB. über den Dienstvertrag unterliegenden). — Der Zustand ist aber auch in juristischer Beziehung bedauerlich. Wir bemerkten schon in der Einleitung zur ersten Auflage, daß teils das ausdrückliche Eingreifen von reichsrechtlichen Vorschriften, wie es Art. 95 Abs. 2 u. 3 EG. zum BGB. mit sich bringt, teils die aus allgemeinen Grundsätzen sich ergebende Einwirkung des BGB., teils die Aufhebung des früher geltenden Zivilrechts, mit dem einzelne Gesindeordnungen im innigen Zusammenhange standen, eine Rechtslage geschaffen hatten[1]), die für das tief in das tägliche Leben einschneidende Gesindeverhältnis viel zu verwickelt ist.

[1]) Nußbaum, DJZ. 1901 S. 521 gibt eine kurze anschauliche Übersicht, welche Paragraphen der altpreußischen Gesindeordnung durch die spätere Gesetzgebung beeinflußt sind.

Inzwischen haben das Stellenvermittlergesetz und die Reichsversicherungsordnung die Verwickelung noch vergrößert.

Indessen, es ist nun einmal mit dieser Rechtslage als einer vorhandenen zu rechnen. In Rücksicht auf sie wird zunächst in den nachstehenden Erörterungen das Eingreifen des Reichsrechts in größerem Überblick behandelt und dann der Überblick der Rechtslage in Preußen gegeben.

Der vorerwähnte Art. 95 EG. zum BGB. bestimmt:

Unberührt bleiben die landesgesetzlichen Vorschriften, welche dem Gesinderecht angehören. Dies gilt insbesondere auch von den Vorschriften über die Schadensersatzpflicht desjenigen, welcher Gesinde zum widerrechtlichen Verlassen des Dienstes verleitet oder in Kenntnis eines noch bestehenden Gesindeverhältnisses in Dienst nimmt oder ein unrichtiges Dienstzeugnis erteilt.

Die Vorschriften der §§ 104–115, 131, 278, 617 bis 619, 624, 831, des § 840 Abs. 2 und des § 1358 des BGB. finden Anwendung, die Vorschriften des § 617 jedoch nur insoweit, als die Landesgesetze dem Gesinde nicht weitergehende Ansprüche gewähren.

Ein Züchtigungsrecht steht dem Dienstberechtigten dem Gesinde gegenüber nicht zu.

Im Abs. 2 ist die ausdrückliche Anwendung der dort angegebenen Vorschriften des BGB. auf das landesrechtliche Gesinderecht ausgesprochen, bei § 617 mit gewissen Modifikationen. Hierauf gehen wir bei der Erläuterung der einzelnen Paragraphen der Gesindeordnung von 1810, in Kürze auch bei den anderen Gesindeordnungen noch näher ein; ebenso auf die Bedeutung des Abs. 3 (bei § 77 der GesO. von 1810). Die

Geltung des BGB. im Gesinderecht ist aber keineswegs auf den Inhalt des Abs. 2 u. 3 beschränkt, wenn auch Abs. 1 des Art. 95 das Gegenteil zu besagen scheint. Vielmehr kommt in Betracht, daß nach dem Art. 55 EG. zum BGB. die privatrechtlichen Vorschriften der Landesgesetze außer Kraft treten, soweit nicht im BGB. oder im EG. ein anderes bestimmt ist. Nach den Grundsätzen, die für den Ausbau der dem Landesrecht überlassenen Vorbehaltsgebiete für maßgebend zu erachten sind[1]), müssen die allgemeinen Vorschriften des BGB. auch auf dem Gebiet des Gesinderechts eingreifen, soweit nicht Besonderheiten durch landesrechtliche Gesindevorschriften bestimmt sind. So regelt sich z. B. die Frage der Verjährung des Gesindelohns mangels besonderer Bestimmungen nach dem Reichsrecht[2]). So ist die Form der Kündigung nur nach den allgemeinen Bestimmungen des BGB. zu beurteilen.

Demgemäß ist für diese allgemeinen Fragen das frühere Landesrecht bedeutungslos; auch soweit es nicht ausdrücklich aufgehoben ist (Art. 89 AG.), hat es doch durch Art. 55 EG. seine Kraft für das Vorbehaltsgebiet verloren. Natürlich wird es zur Auslegung unklarer Vorschriften der einzelnen Gesindeordnungen zu verwerten sein; aber hierüber hinaus kann es keine Wirkung beanspruchen.

Zur Abgrenzung des der Landesgesetzgebung vorbehaltenen Gesinderechts ist noch weiter zu beachten, daß gemäß Art. 32 EG. die Vorschriften der Reichsgesetze neben dem BGB. in Kraft bleiben, soweit nicht aus dem BGB. oder dem EG.

---

[1]) Vgl. Stranz-Gerhard: Das Preußische Ausführungsgesetz zum BGB., Einl. § 10.

[2]) Crusen-Müller: Preußisches Ausführungsgesetz zum BGB., S. 199.

etwas anderes hervorgeht. Demgemäß sind diejenigen Kategorien von Angestellten, welche eine reichsrechtliche Regelung gefunden haben, also die Handlungsgehilfen, die Gewerbegehilfen der Landesgesetzgebung entzogen. Ihr rechtliches Verhältnis wird durch die reichsrechtlichen Vorschriften erledigt, auch wenn diese oder jene Gesindeordnung den Begriff des Gesindes weiter ausgedehnt haben sollte (vgl. Anm. 2 zu § 1 der GesO. von 1810).

Wie schon mehrfach erwähnt, greifen endlich die besonderen Vorschriften auf dem Gebiete des Stellenvermittlerwesens und der Arbeiterversicherung in die landesrechtlichen Bestimmungen des Gesinderechts ein.

Hiernach ergibt sich, zur Auslegung des Wortes „Gesinderecht" im Art. 95 Abs. 1 EG., daß reichsrechtlich insoweit Schranken gezogen sind, als durch Reichsrecht gewisse Kategorien von Angestellten einer Unterordnung unter das Gesinderecht entzogen sind. Abgesehen aber von dieser negativen Abgrenzung kann weder aus dem BGB., noch aus den sonstigen reichsrechtlichen Bestimmungen Material zur Erläuterung des Begriffes „Gesinderecht" entnommen werden. Nach den Motiven zum EG. des BGB. ist davon ausgegangen[1]), daß der Ausdruck Gesinderecht allgemein verständlich sei, daß ferner aber auch die Landesgesetzgebung befugt ist, den Begriff des Gesindes festzustellen und zu bestimmen, welche Vorschriften für das Gesinde überhaupt oder für einzelne Kategorien desselben gelten sollen. Wenn hiernach der Landesgesetzgebung vollständig freier Spielraum eingeräumt werden sollte, um den Begriff des Gesindes festzustellen, so ist doch diese Anschauung im Gesetz direkt nicht zum Ausdruck gekommen. Es wird deshalb festzuhalten sein,

[1]) Amtliche Ausgabe. Berlin 1888, J. Guttentag. S. 167.

daß diejenigen Grenzen gewahrt werden müssen, welche nach allgemeinem Sprachgebrauch für den Begriff des Gesindes zur Zeit des Inkrafttretens des BGB. maßgebend waren[1]). Die Landesgesetzgebung würde daher ihre Befugnis überschreiten, wenn sie etwa bestimmen wollte, daß ein zur Erziehung heranwachsender Söhne angenommener Hauslehrer, der die staatlichen Examina absolviert hat, zum Gesinde gerechnet werde könnte. Dagegen ist innerhalb der allgemeinen Anschauung die Landesgesetzgebung wohl befugt, den Begriff des Gesindes zu bestimmen.

Da somit nur landesgesetzlich ermittelt werden kann, wer zum Gesinde gehört, so ergibt sich bei der Mannigfaltigkeit der in Preußen geltenden Gesindeordnungen auch, daß innerhalb Preußens eine einheitliche Definition nicht möglich ist; vielmehr wird der Begriff des Gesindes je nach der Bedeutung, den die Gesindeordnungen mit diesem Ausdruck verknüpfen, verschieden sein können. Allerdings sind die Unterschiede zwischen den einzelnen Gesindeordnungen hierbei nicht sehr bedeutend; es ist schon jetzt hervorzuheben, daß innerhalb Preußens im wesentlichen zum Gesinde gerechnet wird, wer

1. **in die häusliche Gemeinschaft aufgenommen ist,**
2. **untergeordnete Dienste verrichtet,**
3. **derartige Dienste wirtschaftlicher Natur leistet.**

Wir gehen bei der GesO. von 1810 auf die Feststellung dieser Momente noch näher ein, bemerken aber schon jetzt, daß gewisse äußere Umstände, wie das Vorhandensein eines Dienstbuches oder ein niederer Lohn nicht ausreichen dürften, um einen Anhalt dafür zu entnehmen, daß der Betreffende

---

1) Vgl. Stranz-Gerhard aaO., Anm. 2 zu Art. 14; Crusen-Müller aaO., S. 191.

zum Gesinde gehört[1]), denn die Ausstellung des Gesindebuches geschieht von der Polizeibehörde und kann sehr wohl infolge irrtümlicher Auffassung eines polizeilichen Organs erfolgen. Der Lohn aber kann aus bestimmten Gründen bei dem Gesinde höher, bei einem nicht zum Gesinde zu rechnenden Angestellten niedriger sein. Ein besonders geschickter Koch kann in einem großen Haushalt sehr leicht eine höhere Vergütung beziehen als etwa ein Privatsekretär, der zum erstenmal in seinem Leben eine solche Stelle bekleidet.

Wenn vorstehend erwähnt ist, daß im wesentlichen der Begriff des Gesindes für Preußen ein einheitlicher bleibt, so treten doch Verschiedenheiten auf; so sind z. B. durch ausdrückliche Vorschrift der Dienstbotenordnung für Harlingerland und Ostfriesland die Ammen von der Zugehörigkeit zum Gesinde ausgenommen.

2. Der Rechtszustand in Preußen.

Das ALR. enthielt für den damaligen Umfang des preußischen Staates gesinderechtliche Vorschriften im Teil II Tit. 5 §§ 1—176. An deren Stelle trat sodann die GesO. vom 8. Nov. 1810. Sie ist später ausgedehnt worden auf alle Teile des preußischen Staates, in welche das ALR. eingeführt wurde[2]). Jedoch ist in weiterer Folge in den Kreisen Rees und Duisburg ihre Aufhebung erfolgt und dort die GesO. für die Rheinprovinz eingeführt worden, so daß die GesO. in den Kreisen Rees und Duisburg nicht gilt, obgleich dort das ALR. bis zum 1. Jan. 1900 Gesetz war[3]).

[1]) Vgl. Nußbaum S. 1 und die dort Zitierten.

[2]) Vgl. z. B. Publikationspatent vom 21. Juni 1825 für Westfalen usw.

[3]) Die GesO. von 1810 gilt auch in den deutschen Kon-

Innerhalb des altpreußischen Staatsgebietes ist dann am 19. Aug. 1844 die GesO. für die Rheinprovinz ergangen, welche durch VO. vom 21. Sept. 1847 auch, wie oben erwähnt, in den Kreisen Rees und Duisburg Geltung erlangte. Endlich ist am 11. April 1845 eine GesO. für Neu-Vorpommern und Rügen erlassen worden.

Die später erworbenen Landesteile haben durchweg besondere gesinderechtliche Vorschriften, sowohl die hohenzollernschen Lande, als die 1866 einverleibten Gebiete.

Diese Verschiedenheit des in Preußen geltenden Rechts ist im wesentlichen auch von dem preußischen AG. zum BGB. unberührt gelassen worden. Der Art. 14 dieses Gesetzes bestimmt:

§ 1. Die Vorschrift des § 616 des Bürgerlichen Gesetzbuchs findet auf das Gesindeverhältnis Anwendung.

Die Vorschriften der Gesindeordnungen, nach welchen der Dienstberechtigte für den von dem Gesinde einem Dritten widerrechtlich zugefügten Schaden in weiterem Umfang als nach den Vorschriften des Bürgerlichen Gesetzbuchs verantwortlich ist, treten außer Kraft.

Der Dienstberechtigte kann seine Entschädigungsansprüche wegen Verletzung der dem Gesinde aus dem Dienstverhältnis obliegenden Verpflichtungen gegen dessen Lohnforderung aufrechnen.

Ein Wohnsitz wird durch das Gesindeverhältnis nicht begründet.

---

sulargerichtsbezirken (§ 19 Nr. 1 des G. vom 7. April 1900 [RGBl. S. 213]) und in den deutschen Schutzgebieten (§ 3 des G. vom 2. Juli 1899 [RGBl. S. 813]).

§ 2. Im Geltungsbereiche der Dänischen Gesindeordnung vom 10. Mai 1854 werden an Stelle der bisherigen Vorschriften über das Gesinderecht die Schleswig-Holsteinische Gesindeordnung vom 25. Februar 1840 (Chronol. Samml. S. 35) sowie die für ihr Geltungsgebiet erlassenen sonstigen Vorschriften des Gesinderechts, soweit sie noch in Kraft sind, mit den sich aus § 1 ergebenden Änderungen eingeführt.

Ein zur Zeit des Inkrafttretens des Bürgerlichen Gesetzbuchs bestehendes Gesindeverhältnis bestimmt sich, wenn nicht die Kündigung nach dem Inkrafttreten des Bürgerlichen Gesetzbuchs zu dem ersten Termin erfolgt, für den sie nach den bisherigen Gesetzen zulässig ist, von diesem Termin an nach den neuen Vorschriften.

§ 3. In denjenigen Teilen des Oberlandesgerichtsbezirkes Cassel, in welchen besondere Vorschriften über das Gesinderecht nicht bestehen, werden die Vorschriften des § 7 der Kurhessischen Verordnung, das Gesindewesen in den Landstädten und auf dem Lande betreffend, vom 18. Mai 1801 (Neue Samml. der Landesordnungen Bd. IV S. 368) insoweit eingeführt, als sie privatrechtliche Nachteile an den Vertragsbruch knüpfen.

Unter dem zurückstehenden Lohne im Sinne des § 7 Abs. 5 der Verordnung vom 18. Mai 1801 ist der laufende Dienstlohn, jedoch höchstens der Lohn für ein Vierteljahr zu verstehen.

Hiernach sind nur bei gewissen Punkten Änderungen für die bestehenden Gesindeordnungen vorgeschrieben worden, auf die wir bei den einzelnen Gesindeordnungen noch näher eingehen. Einen weitergehenden Eingriff hat der Art. 14 nur insofern ausgeübt, als im § 2 an die Stelle der dänischen Gesindeordnung, welche in den nördlichen Teilen Schleswig-Holsteins galt, die Schleswig-Holsteinische GesO. vom 25. Febr. 1840 eingeführt worden ist. Damit hat sich die Zahl der in Preußen geltenden Gesindeordnungen wenigstens um eine vermindert.

Somit haben wir als geltende Gesindeordnungen innerhalb der verschiedenen Teile des preußischen Staatsgebietes folgende zu verzeichnen:

1. In den **Provinzen Ostpreußen, Westpreußen, Posen, Schlesien, Sachsen, Brandenburg, Westfalen** und in den **rheinländischen Kreisen Essen, Mühlheim a. d. Ruhr** und **Ruhrort** sowie in der Provinz **Pommern** mit Ausnahme von Neu-Vorpommern und Rügen die GesO. vom 8. Nov. 1810.

2. In **Neu-Vorpommern und Rügen** die GesO. vom 11. April 1845.

3. In der **Rheinprovinz** die GesO. vom 19. Aug. 1844.

In der **Provinz Hannover**:

4. Für den Regierungsbezirk Osnabrück die DienstbotenO. vom 23. April 1838.

5. Für denjenigen Teil des Regierungsbezirks Stade, welcher die Herzogtümer Bremen und Verden umfaßt, die DienstbotenO. vom 12. April 1844.

6. Für denjenigen Teil des Regierungsbezirks Stade, welcher das Land Hadeln umfaßt, die DienstbotenO. vom 12. Okt. 1853.

7. Für die Regierungsbezirke Hannover, Hildesheim und Lüneburg sowie für den ehemaligen Harzbezirk die DienstbotenO. vom 15. Aug. 1844.

8. Für Ostfriesland, Harlingerland und das ehemalige Jadegebiet die DienstbotenO. vom 10. Juli 1859.

9. In der **Provinz Schleswig-Holstein**, abgesehen von Lauenburg, die GesO. vom 25. Febr. 1840.

10. Im **Kreise Lauenburg** das landesherrliche Edikt, betr. die Dienstboten, vom 22. Dez. 1732.

In der **Provinz Hessen-Nassau:**

11. In den Städten Kassel, Marburg, Rinteln und Hanau die VO. vom 17. Mai 1797.

12. In den Landstädten und auf dem Lande der ehemals kurhessischen Gebietsteile die GesO. vom 18. Mai 1801.

13. In den Gebietsteilen des ehemaligen Großherzogtums Fulda die VO. vom 18. und 20. Dez. 1816.

14. Im ehemaligen Herzogtum Nassau die VO. vom 15. Mai 1819.

15. In den ehemals großherzoglich-hessischen Bezirken die VO. vom 7. April 1857.

16. Im Bezirk des ehemaligen Amtes Homburg die landgräflich hessen-homburgische VO. vom 9. Okt. 1857.

17. Für die Stadt Frankfurt und deren Gebiet die GesO. vom 5. März 1822.

18. Für Hohenzollern-Sigmaringen die DienstbotenO. vom 31. Jan. 1843.

19. Für **Hohenzollern-Hechingen** die DienstbotenO. vom 30. Dez. 1843.

Besondere gesinderechtliche Vorschriften fehlen im wesentlichen für diejenigen Gebietsteile der Provinz Hessen-Nassau, welche ehemals zu Bayern, zum Großherzogtum Hessen und zur Landgrafschaft Hessen-Homburg gehörten, hinsichtlich letzterer trotz der zu 15 und 16 genannten Verordnungen, da diese nur polizeiliche Bestimmungen enthalten. In strafrechtlicher Beziehung ist für die meisten dieser Gebietsteile maßgebend das G. vom 27. Juni 1886 (GS. 1886 S. 173); in zivilrechtlicher Hinsicht sind durch § 3 des Art. 14 AG. die Vorschriften des § 7 der unter 11 erwähnten Verordnung für diejenigen der angegebenen Gebietsteile, die zum Oberlandesgerichtsbezirk Kassel gehören, insoweit eingeführt, als sie privatrechtliche Nachteile an den Vertragsbruch knüpfen. Abgesehen davon, regeln sich in diesen Gebieten Dienstbotenverhältnisse nach den Rechtsnormen des BGB. über den Dienstvertrag.

Welche von diesen verschiedenen Gesindeordnungen in Betracht kommen, wird davon abhängen, in welchem Ort das Gesinde seinen Dienst leisten soll. Unerheblich ist es, wo das Gesinde oder die Herrschaft zur Zeit des Abschlusses wohnen. Dahingegen wird die Form des Gesindemietsvertrages sich nach den Regeln richten, welche am Ort des Abschlusses gelten, so daß ein im Auslande eingegangener Vertrag, wonach ein Gesinde zur Leistung von Diensten im Inlande verpflichtet wird, etwaigen ausländischen Formvorschriften untersteht.

Was den Übergangszustand betrifft, so haben die darauf bezüglichen Fragen, die in der ersten Auflage näher erörtert wurden, heute nur noch geringe praktische Bedeutung. Erwähnt mag werden, daß nach Art. 171 EG. zum BGB., sofern das Gesindeverhältnis nicht zum ersten zulässigen Termin gekündigt worden ist, von diesem Termin an die seit dem 1. Januar 1900 geltenden Vorschriften maßgebend geworden sind. Schon vorher galten nach allgemeinen Regeln seit dem 1. Jan. 1900 die zwingenden Bestimmungen des Dienstvertrages, so die §§ 617—619, 624.

Für den Zeitpunkt des Eingreifens der im Ausführungsgesetz getroffenen Neuerungen fehlt es an einer ausdrücklichen Vorschrift genereller Natur. Die im Art. 14 AG. § 2 Abs. 2 gegebene Vorschrift bezieht sich nur auf die Aufhebung der dänischen Gesindeordnung in einzelnen Teilen Schleswig-Holsteins[1]). Indessen wird kein Bedenken dagegen vorliegen, die Vorschriften des Art. 171 EG. zum BGB. auch auf derartige bundesstaatliche Neuerungen anzuwenden[2])[3]).

Auch die ausführlichen Erörterungen der ersten Auflage über die Hausoffizianten können jetzt entbehrt werden. Der Begriff des Hausoffizianten war im ALR. nicht klar ausgedrückt, die Praxis hielt daran fest, daß Personen, welche zu bestimmten Geschäften angenommen waren und keinen Dienst

---

[1]) Die Heranziehung dieses § 2 Abs. 2 als Allgemeine Übergangsbestimmung mit Geltung für die altpreußische Gesindeordnung von 1810 (Nußbaum S. 101) steht mit der Entstehungsgeschichte des Art. 14 § 2 in offensichtlichem Widerspruch. (Vgl. die Protokolle der Kommission des Abgeordnetenhauses und den Bericht der Kommission.)

[2]) Vgl. Stranz-Gerhard aaO. Anm. 5 a. E. zu Art. 14; Crusen-Müller aaO. S. 200.

[3]) Die Anwendung des durch Art. 14 § 1 AG. für anwendbar erklärten § 616 BGB. folgt diesen allgemeinen Regeln, da § 616 keine Vorschrift zwingender Natur ist (Habicht § 32).

niederer Art zu leisten hatten, als Hausoffizianten anzusehen seien (vgl. Rehbein IV S. 702). Man rechnete deshalb Inspektoren, Haushofmeister, Forstaufseher, Güterdirektoren zu den Hausoffizianten, nicht zum Gesinde. Die ausdrückliche Aufhebung der §§ 177—186 II 5 ALR. in Art. 89 AG. hat die besonderen Bestimmungen über Hausoffizianten für die Zeit vom 1. Jan. 1900 ab beseitigt. Derartige Personen unterstehen deshalb im Gebiet des ehemaligen ALR. seit 1. Jan. 1900 bei neuen Verträgen den allgemeinen Vorschriften des BGB. Für den Übergangszustand wird der Art. 171 EG. zum BGB. analog anzuwenden sein.

II.

Die Gesindeordnung für die altpreußischen Provinzen vom 8. Nov. 1810, für Neuvorpommern und Rügen vom 11. April 1845, für die Rheinprovinz vom 19. August 1844.

---

1. Gesindeordnung für sämtliche Provinzen der preußischen Monarchie.

Vom 8. November 1810. (GS. S. 101.)

Wir usw. Tun kund und fügen hiermit zu wissen: Die Gesindeordnungen, welche bisher in den einzelnen Provinzen, Distrikten, Städten und Ortschaften Unserer Staaten als Provinzial- und örtliche Gesetze bestanden, sind teils allmählich außer Übung gekommen, teils mit dem Geiste der Gesetzgebung nicht mehr vereinbar. Da nun hierdurch eine unstatthafte Ungewißheit der Rechte und Pflichten in den so allgemein verbreiteten und so äußerst wichtigen Verhältnissen zwischen Herrschaft und Gesinde entsteht, so haben Wir die Anordnungen des Allgemeinen Landrechts T. II Tit. 5 §§ 1 bis 176 einschließlich, welche die rechtlichen Verfügungen in Beziehung auf das gemeine Gesinde enthalten, nochmals durchsehen und die Bestimmungen derselben, welche Provinzial- und örtliche Gesindeordnungen voraussetzten oder sonst Verbesserungen bedurften, abändern lassen und verordnen nunmehr, wie folgt:

1. Alle Gesindeordnungen und gesetzlichen Vorschriften, die Verhältnisse des gemeinen Gesindes betreffend, welche bisher in den einzelnen Provinzen, Distrikten, Städten und Ortschaften Unserer Staaten bestanden haben, sind gänzlich und ohne alle Ausnahme hiermit aufgehoben und können in keinem Falle auf Rechte und Pflichten angewendet werden, welche zwischen Herrschaften und Gesinde vom Tage der Kundmachung dieser Verordnung ab entstehen.
2. An die Stelle derselben tritt als alleinige und allgemeine Gesindeordnung für Unsere sämtlichen Staaten die beiliegende neue Redaktion der §§ 1 bis 176, T. II Tit. 5 des Allgemeinen Landrechts.
3. Die in dieselbe aufgenommenen Abänderungen derogieren den abweichenden Stellen des Allgemeinen Landrechts dergestalt, daß dieselben für gänzlich aufgehoben geachtet und überall die Rechte und Pflichten der Herrschaften und des Gesindes nur nach dieser neuen Redaktion beurteilt werden sollen*)**).

---

*) Der Gesetzestext ist in der ursprünglichen Fassung wiedergegeben, jedoch sind diejenigen Stellen, welche durch spätere Gesetze direkt oder indirekt aufgehoben wurden, in Schwabacherschrift gedruckt; soweit die an deren Stelle tretenden Bestimmungen aufgeführt werden, sind sie in lateinischer Schrift gesetzt.

Die Marginalien sind in unveränderter Fassung als Überschriften gedruckt.

**) Über die Entstehungsgeschichte der GesO. ist folgendes zu bemerken:

Von den Rechten und Pflichten der Herrschaften und des Gesindes.

1. Vom gemeinen Gesinde.

§ 1. Das Verhältnis zwischen Herrschaft und Gesinde gründet sich auf einem Vertrage, wodurch der eine Teil zur Leistung gewisser häuslicher oder wirtschaftlicher Dienste auf eine bestimmte Zeit sowie der andere zu einer dafür zu gebenden bestimmten Belohnung sich verpflichtet[1–9]).

1. **Begriffsbestimmung.** § 1 enthält die Begriffsbestimmung des Gesindes nicht vollständig. Zur Ergänzung muß gemäß ALR. I 1 § 4 herangezogen werden, daß das Gesinde zur häuslichen Gemeinschaft des Dienstherrn gehört und unter seiner Botmäßigkeit steht. StrArch. 88 S. 217, 97 S. 334. (Vgl. Koch Anm. 5, Jacobi Anm. 9 zu § 1; unrichtig LG. in Bl. f. Rechtspfl. 14 S. 20, soweit dort für die Begriffsbestimmung des Gesindes lediglich § 1 GesO. als maßgebend erachtet wird.)

Die Gleichstellung häuslicher und wirtschaftlicher Dienste ist darauf zurückzuführen, daß im landwirtschaftlichen Betriebe auch diejenigen Personen, welche nicht für den Haushalt, sondern für den Landbau tätig sind, doch zur häuslichen Gemeinschaft

---

Teil II Titel 5 ALR. „Von den Rechten und Pflichten der Herrschaften und des Gesindes“ enthielt in den §§ 1—176 Vorschriften „von gemeinem Gesinde“. Diese Bestimmungen sind aufgehoben worden durch die GesO. vom 8. Nov. 1810. Diese GesO. bezeichnet sich in Ziffer 2 der Einleitung (s. oben) als neue Fassung der §§ 1—176, Titel 5 Teil II. Nun ist zwar der ganze fünfte Teil des zweiten Teils durch den Art. 89 des AG. zum BGB. beseitigt. Dennoch ist kein Zweifel, daß man nicht beabsichtigt hat, durch diese Bestimmung etwa die GesO. aufzuheben. Sie besteht als selbständiges Gesetz weiter. (Stranz-Gerhard S. 452 Anm. 40.)

der Herrschaft gerechnet werden, in der Regel Wohnung und Verpflegung im Hause der Herrschaft erhalten.

Aus der Gegenüberstellung von Gesinde und Hausoffizianten im ALR. geht ferner hervor, daß bei dem Gesinde **Dienste niederer Art** in Frage stehen und daß die Dienste nicht festgesetzte, sondern **ungemessene**, der Bestimmung der Herrschaft unterliegende sind.

Unter Hinzuziehung vorstehender Momente ist somit festzustellen, daß im Gebiet der Gesindeordnung von 1810 der Dienstverpflichtete als Gesinde anzusehen ist, wenn

a) er zur **häuslichen Gemeinschaft** des Dienstberechtigten gehört und unter dessen Botmäßigkeit steht*),
b) wenn er **häusliche** oder **wirtschaftliche Dienste** leistet,
c) seine **Dienste niederer Art** sind,
d) wenn sie ferner **ungemessen** sind und
e) wenn er auf eine **bestimmte Zeit** angenommen ist (nicht vorübergehend oder aushilfsweise). § 40 GesO.,
f) wenn er **gegen Entgelt** angenommen ist**).

2. **Abgrenzung gegen die absolute Reichsgesetzgebung.** Die vorstehend dargelegte Begriffsbestimmung ist in langjähriger Praxis angewandt worden (StrArch. 97 S. 334; Rehbein IV S. 697), um die Grenze zwischen dem Gesinde und den nicht der Gesindeordnung unterstehenden Personen zu ziehen. Auch

---

*) Die erste Auflage enthielt die Fassung, wenn

a) er in die häusliche Gemeinschaft aufgenommen ist.

Diese Fassung ist nicht aufrechterhalten, weil sie das Mißverständnis hervorrufen könnte, als ob damit eine Aufnahme in das Haus (Wohnen und Schlafen im Hause) gemeint wäre, wogegen sich die Ausführungen auf Seite 41 schon in der ersten Auflage richteten. Wegen des Erfordernisses der Botmäßigkeit vgl. die diesseitigen Ausführungen auf Seite 41 ferner Lindenberg Anm. 2 B zu § 1 und Jacobi Anm. 9 zu § 1.

**) Der Zusatz unter f fehlte in der ersten Auflage und ist jetzt der besseren Deutlichkeit wegen noch aufgenommen.

jetzt noch ist von dieser Begriffsbestimmung auszugehen, wenn festgestellt werden soll, ob jemand der Gesindeordnung oder den Regeln des BGB. über den Dienstvertrag untersteht. Mit Unrecht ist hiergegen diese Begriffsbestimmung auch zum Ausgangspunkt genommen worden, um zu ermitteln (Jacobi Anm. 12 zu § 1 u a., auch Lindenberg in früheren Auflagen, jetzt scheint er sich der diesseitigen Auffassung anzuschließen), ob Angestellte dem Gesinderecht oder den reichsrechtlichen Vorschriften auf dem Gebiet der Gewerbe- und Handelsgesetzgebung unterstehen. Wenn auch die gewonnenen Resultate richtig sind, so ist doch die hierbei eingeschlagene Methode u. E. nicht zutreffend. Denn Gewerbeordnung, Handelsgesetzbuch und andere Reichsgesetze haben eine dem Landesrecht vorgehende Gesetzeskraft; daher darf nicht gefragt werden, wie früher bei der Unterscheidung zwischen Gesinderecht und ALR. und jetzt zwischen Gesinderecht und BGB., ob die Spezialvorschrift die allgemeine beeinträchtigt, sondern ob nicht das absolut geltende Reichsrecht dem Landesgesetz die Kraft nimmt, d. h. ob gewisse Angestellte durch reichsrechtliche Vorschrift dem Landesgesetz entzogen sind.

3. a) **Gewerbliche Angestellte.** Demgemäß unterliegen der Gewerbeordnung alle gewerblichen Angestellten, wenn der Gewerbebetrieb ihrer Arbeitgeber unter die Gewerbeordnung fällt: also vor allem die Gesellen, Gehilfen, Lehrlinge, Fabrikarbeiter. Aber auch andere Angestellte, sofern ihre Tätigkeit eine gewerbliche ist, werden nach der Gewerbeordnung geregelt. Deshalb gelten z. B. für die Angestellten in Gast- und Schankwirtschaften, im Hotelbetriebe (Kellner, Hausdiener, Kutscher, Köchinnen, Hausmädchen) die Bestimmungen der Gewerbeordnung und nicht diejenigen des Gesinderechts. (Die abweichende Ansicht von Rehbein IV S. 699 und von Seyffarth Anm. 5 zu § 1 GesO. verkennt die absolute Geltung und Einwirkung der Gewerbeordnung.) Der Umstand, daß manche Angestellte der Gewerbetreibenden wegen ihrer besonders gearteten Tätigkeit (z. B. Schauspieler,

Schauspielerinnen) nicht von den Vorschriften der Gewerbeordnung betroffen werden, hat nichts mit der Abgrenzung gegen das Gesinderecht, sondern mit der Abgrenzung zwischen gewerblicher und künstlerischer Tätigkeit zu tun.

b) **Handelsangestellte.** Ebenfalls, weil das Reichsrecht ausschließlich maßgebend ist, werden diejenigen Personen, welche im **Handelsgewerbe kaufmännische** Dienste leisten, nach den Vorschriften des Handelsgesetzbuchs beurteilt. So gehören **Handlungsgehilfen** und **Handlungslehrlinge** unter die Bestimmungen des Handelsgesetzbuches, auch wenn sie etwa bei dem Prinzipal wohnen, mit der Familie am selben Tische essen usw.

Diejenigen Angestellten eines Kaufmanns, deren Dienste nicht kaufmännischer, sondern gewerblicher Natur sind (z. B. Schneiderinnen in einem Konfektionsgeschäft), unterstehen nicht dem Handelsgesetzbuch, sondern der Gewerbeordnung.

Hinsichtlich der Personen, welche beim Handelsgewerbe Gesindedienste verrichten, **Markthelfer, Hausdiener, Kassenboten** usw., behielt es nach Art. 65 des alten HGB. bei den gesinderechtlichen Vorschriften der Landesgesetze sein Bewenden; daher war unter dem alten HGB. zu prüfen, ob nach dem Gesinderecht des einzelnen Bundesstaates bzw. des einzelnen Bezirks derartige Personen zum Gesinde gehörten oder nicht. Dies ist durch den § 83 des neuen HGB. geändert. Nach diesem ist allgemein bestimmt, daß hinsichtlich der Personen, welche in dem Betriebe des Handelsgewerbes andere als kaufmännische Dienste leisten, „es bei den für das Arbeitsverhältnis dieser Personen geltenden Vorschriften bewendet". Danach werden die meisten derartigen Angestellten von den Vorschriften der Gewerbeordnung geregelt werden. Wo das nicht der Fall ist, z. B. bei **Aufwärterinnen, Putzfrauen,** wo also absolute reichsgesetzliche Vorschriften fehlen, ist zu untersuchen, ob auf Grund des Vorbehalts des EG. derartige Personen nach Landesrecht als Gesinde anzusehen sind. Nach der Gesindeordnung von 1810 ist, weil derartige Angestellte nicht zur Hausgemeinschaft gehören, ihre Unterordnung unter das Gesinderecht zu verneinen. (Vgl. StrArch. 88, 221.) Sie sind nach den Bestimmungen des BGB. über den Dienstvertrag zu beurteilen.

c) Angestellte im **land- oder forstwirtschaftlichen Betriebe** werden von dem Handelsgesetzbuch für die Regel nicht betroffen. (§ 3 HGB.) Sofern aber etwa der Inhaber eines land- oder forstwirtschaftlichen Betriebes zu Unrecht in das Handelsregister eingetragen ist und gemäß § 5 HGB. während dieser Zeit als Inhaber eines Handelsgewerbes gilt, würden auch Personen, die ihm kaufmännische Dienste leisten, nach dem HGB. zu beurteilen sein.

d) **Schiffsknechte, Bootsleute** usw. auf Binnenschiffen unterstehen jetzt nach dem Reichsgesetz vom 15. Juni 1895 in der Fassung vom 20. Mai 1898 (RGBl. S. 868) §§ 21 ff. bzw. dem Flößereigesetz vom 15. Juni 1895 (RGBl. S. 341) §§ 17 ff. der Gewerbeordnung und nicht mehr dem Gesinderecht, welches früher nach der KO. vom 23. Sept. 1835 und dem Art. 61 Nr. 1 des Preußischen Einführungsgesetzes zum alten HGB. anwendbar war.

e) Für Angestellte auf **Seeschiffen** ist die Seemannsordnung, jetzige Fassung vom 2. Juni 1902, maßgebend.

4. **Doppelbeschäftigung.** Im einzelnen Falle kann es zweifelhaft sein, welchem Rechtsgebiet ein Angestellter unterworfen ist, namentlich dann, wenn er kaufmännische oder gewerbliche Dienste und außerdem Dienste für die Hauswirtschaft verrichtet. Beim Betriebe kleinerer Gastwirtschaften wird namentlich oft ein Ineinandergreifen von der gewerblichen in die hauswirtschaftliche Tätigkeit stattfinden. Entscheidend für die Frage, welche Regel anzuwenden sei, ist die Hauptbeschäftigung des betreffenden Angestellten. (Goltdammer 45 S. 439; BA. f. H. 13 S. 85; Reskript d. Min. d. Inn. in Selbstv. 1887 S. 229.) Vgl. aber für die Krankenversicherung S. 134.

5. a) **Hausstand.** Soweit absolute reichsrechtliche Vorschriften nicht maßgebend sind, und mithin die Abgrenzung von Gesinderecht und BGB. eintritt, ist zunächst festzuhalten (Anm. 1), daß der Angestellte zur häuslichen Gemeinschaft der Dienstherrschaft gehört und unter der Botmäßigkeit des Hausherrn steht. Man darf hier den Begriff des Hausstandes nicht zu eng auffassen. Auch ein Hausstand, dem eine Witwe vorsteht, oder ein Hausstand, den unverheiratete Geschwister bilden, hat als Hausstand zu gelten; ebenso ein Hausstand, den sich eine unverheiratete Person, männlich oder weiblich, gründet. (Ebenso Lindenberg Einl. S. 4, Jacobi Anm. 2 zu § 2, Nußbaum Einl. S. 5.)

Nicht erforderlich ist ferner, daß der Hausstand sich in eigener Wohnung befindet oder daß eigene Möbel des Hausvorstandes vorhanden sind. Wer möblierte Zimmer bewohnt und sich ein Mädchen oder einen Diener hält, schließt mit demselben einen Gesindevertrag. Ein Gesindeverhältnis liegt auch vor, wenn bei einem längeren Aufenthalt in einem Badeorte, in einer Pension u. dgl. ein Gast für seine persönlichen Bedürfnisse einen Diener oder ein Mädchen engagiert, was bei leidenden Personen leicht vorkommt.

Nötig ist nicht einmal ein fester Wohnsitz. Auch der Kammerdiener oder die Kammerzofe, die lediglich zur Begleitung auf einer Reise engagiert werden, müssen den Vorschriften des Gesinderechts unterstellt werden. Maßgebend wird hierbei, da ein bestimmter Ort für die Ausübung der Gesindetätigkeit nicht in Frage steht, der Wohnsitz bzw. Aufenthaltsort beim Abschluß des Gesindevertrages sein; man wird anzunehmen haben, daß die Parteien sich dem Rechte desselben unterwerfen wollten.

Die Frage, ob auch eine juristische Person Gesinde haben kann, ist zu bejahen. Ebensogut, wie die Aktiengesellschaften mit kaufmännischen und gewerblichen Angestellten ein Rechtsverhältnis eingehen, wird man auch einen Diener, welcher in den Räumen der juristischen Person wohnt, lediglich zur persönlichen Bedienung der Direktoren, zur Instandhaltung ihrer Zimmer und Sachen usw. für die Gesellschaft engagiert ist und nicht oder nur nebenbei für die Gesellschaft tätig ist, dem Gesinderecht unterzuordnen haben. Gewiß muß dies gelten von den Dienstmädchen in Waisenhäusern, Erziehungsanstalten, welche Korporationsrechte oder Rechtsfähigkeit haben. (Vgl. Rehbein IV S. 701/702, Dernburg II § 311 IV 1, Lindenberg Einl. S. 5, Nußbaum Einl. S. 5, a. M. Jacobi Anm. 9 zu § 1 und Anm. 4 zu § 2.) Für die landwirtschaftlichen Bediensteten auf einem einer juristischen Person gehörigen Gut wird der Charakter des Gesindes allgemein angenommen. (Vgl. Seyffarth Anm. 7 zu § 1.) Als die Herrschaft ist in diesen Fällen die juristische Person, nicht deren Vertreter oder Angestellter anzusehen, also z. B. bei einem einer Gemeinde gehörigen Landgute nicht, wie Jacobi (Anm. 4 zu § 2) meint, der Gutsverwalter, sondern die Gemeinde selbst, vertreten durch den Gemeindevorsteher als ihren gesetzlichen Vertreter (vgl. Lindenberg 7 u. 1 S. 5).

b) **Zugehörigkeit zum Hausstand.** Dagegen setzt das Gesinderecht voraus die Zugehörigkeit des Dienstleistenden zum Hausstande; wann die Zugehörigkeit anzunehmen, kann im einzelnen Fall zweifelhaft sein. Ob der Dienstverpflichtete im Hause der Herrschaft oder in deren Wohnung schläft, kann nicht entscheidend sein, man wird Aufwartefrauen, Näherinnen, Laufburschen, Stiefelputzer u. dgl. nicht zum Gesinde rechnen, auch wenn sie etwa aus bestimmten Gründen längere Zeit im Hause des Arbeitgebers wohnen. (StrArch. 88 S. 217.) Andererseits werden Kutscher, Stallknechte, Chauffeure usw. aus dem Gesinderecht nicht auszuschließen sein, auch wenn sie anderswo als bei der Herrschaft schlafen. Eine Dienstherrschaft, die sich eine Equipage hält, kann leicht dazu kommen, Pferd, Wagen und Kutscher in einem anderen Hause unterzubringen. Von der Unterbringung eines Automobils und des Chauffeurs gilt dies erst recht. Dennoch wird man den Kutscher bzw. den Chauffeur (bei Benutzung des Automobils nur für Privatzwecke) zum Gesinde zu rechnen haben. Entscheidend ist nicht die Frage des Wohnens, sondern die Frage, ob der Dienstverpflichtete unter der Botmäßigkeit der Herrschaft steht. Während der außerhalb des Hauses wohnende Kutscher sich nach den Bestimmungen der Herrschaft richten muß, nur ausgehen darf, wenn sie es gestattet, unterliegt die beim Dienstberechtigten wohnende Aufwartefrau, die Näherin in der Zeit, wo sie nicht bei dem Dienstberechtigten tätig ist, gar nicht dessen Anordnungen, sondern kann tun und lassen, was sie will. Ob freilich eine Unbotmäßigkeit bei einem außerhalb des Hauses wohnenden Gesinde immer leicht festzustellen, ist zweifelhaft; dies hat aber mit der begrifflichen Abgrenzung nichts zu tun. Ebenso jetzt auch Lindenberg Einl. S. 5/6 unter Aufgabe seiner früheren abweichenden Ansicht, ferner auch OVG. vom 11. Okt. 1907 in DIZ. 1908 S. 43. Der von Maguhn erhobene Einwand, daß die Botmäßigkeit auch bei Nichtgesinde vereinbart werden könne, berührt die Frage der Begriffsbestimmung nicht.

c) **Stellung des Portiers.** Die Frage der Botmäßigkeit, nicht des Wohnens, ist auch maßgebend für die Prüfung, ob der Portier eines Hauses zum Gesinde gehört. Dies ist für den Portier eines gewerblichen Gebäudes und für den Portier eines von mehreren Parteien bewohnten Mietshauses verneint worden. Es muß aber auch verneint werden für den Portier eines Einzelfamilienhauses, soweit der Betreffende nur Portier ist, denn auch hier liegt es im Wesen der eigentlichen Portiertätigkeit, daß er über die ihm obliegenden Dienste, wie Hausreinigung, Instandhaltung, Öffnen und Schließen der Türen, hinaus mit seiner Zeit machen kann, was er will. Muß er etwa in der Zeit, in welcher er in seiner Portierloge sitzt, bestimmte Arbeiten für die Herrschaft regelmäßig verrichten, so ist er nicht mehr Portier, sondern ein Diener, welchem neben anderen Arbeiten auch das Öffnen und Schließen der Haustür übertragen ist.

d) Stellung der **Tagelöhner** usw. Weil sie der Botmäßigkeit der Herrschaft nicht unterliegen, sind auch auf dem Lande die Tagelöhner, die Instleute in Ost- und Westpreußen, die ländlichen Arbeiter, die sogenannten Sachsengänger niemals als Gesinde anzusehen, auch wenn sie etwa von dem Arbeitgeber auf dem Gut untergebracht werden, oder wenn sie Dienste verrichten, welche neben ihnen auch Mägde oder Knechte ausführen. (StrArch. 97 S. 334; OVG. 1 S. 382.) Entscheidend ist auch hier der Umstand, daß diese Angestellten in der von der Arbeit nicht in Anspruch genommenen Zeit nicht kontrolliert werden. Die Tatsache, daß gerade von diesen Arbeitern viele verheiratet sind und selbst eine Familie haben, dürfte nicht maßgebend sein. Findet man doch auch verheiratete Diener und doch unterstehen sie dem Gesinderecht.

Hinsichtlich der Instleute ist zu erwähnen, daß durch die KabO. vom 8. August 1837 (v. Kamptz Bd. 21 S. 710). Streitigkeiten derselben mit der Gutsherrschaft über An- und Abzug und über Erfüllung der vertragsmäßigen Verbindlichkeiten während des Dienstverhältnisses der Vermittelung und vorläufigen Regelung seitens der Polizeibehörde unterworfen sind. Diese Vorschrift ist als prozeßrechtlich durch § 13 GVG. gedeckt, Art. 95 FG. kommt für sie nicht in Betracht. Ihr Fortbestehen ist in OVG. 46, 410 und OVG. vom 4. Juni 1909 in DJZ. 1910 S. 262 anerkannt, ferner von OVG. in PrVBl. 1902 S. 680. Im übrigen finden jedoch auf den Vertrag zwischen Herrschaft und Instmann nicht die Bestimmungen der GesO., sondern des BGB. Anwendung (vgl. die zuletzt erwähnte Entsch. des OVG.).

e) Die **Wirtschaftslehrlinge** auf dem Lande unterstehen zwar einer gewissen Aufsicht des Gutsbesitzers, dieser tritt dabei aber nicht als Dienstherr, sondern mehr als Erzieher auf. Die Lehrlinge erhalten zudem kein Entgelt, müssen vielmehr meist noch eine Vergütung zahlen. Aus allen diesen Gründen sind sie nicht zum Gesinde zu rechnen.

6. **Abgrenzung gegen den Dienstvertrag des BGB. Beispiele der Gesindetätigkeit.** Die Leistung häuslicher oder land- bzw. forstwirtschaftlicher Dienste charakterisiert nun innerhalb des nach den vorstehenden Ausführungen übrigbleibenden Rahmens einer Anzahl von Angestellten als Gesinde im Gegensatz zu den Personen, welche lediglich den Vorschriften des BGB. über den Dienstvertrag unterworfen sind. Maßgebend für die Abgrenzung ist der schon oben S. 35 erwähnte Umstand, ob die unter Botmäßigkeit der Herrschaft geleisteten derartigen Dienste niederer oder höherer Art sind. Während Angestellte, welche Dienste letzterwähnter Art leisten (darunter auch die früheren Hausoffizianten des preußischen Rechts), jetzt lediglich dem BGB. unterstehen, fallen die anderen Personen unter das Gesinderecht.

Demgemäß gehört zum Gesinde das eigentliche **Hausgesinde**, also Köchin, Hausmädchen, Kindermädchen, Kammerzofe, Jungfer, Diener, Kutscher usw. Denselben schließen sich an diejenigen Personen, welche **land- oder forstwirtschaftliche Dienste** verrichten und zur häuslichen Gemeinschaft bzw. zur Botmäßigkeit des Dienstherrn gehören, also Mägde, Knechte, Hirten (vgl. Reskr. vom 10. Juli 1845 MBl. f. i. V. 1845 S. 211), Schäfer, Gärtner, Jäger, Förster, immer unter der Voraussetzung, daß hierbei nicht gewerbliche oder kaufmännische Gestaltung in der Tätigkeit des Dienstherrn eintritt und es sich um Dienste niederer Art handelt. Weil letzteres vorliegt, gehören die Hirten eines Viehhändlers, die Gärtner eines Handelsgärtners nicht zum Gesinde. Auch der Gärtnereibesitzer, welcher über den Rahmen der eigenen Landwirtschaft hinaus eine Gärtnerei im großen Umfange betreibt, erstreckt seine Tätigkeit in das Gewerbliche hinüber, so daß die Gärtnereigehilfen, welche er beschäftigt, nicht dem Gesinde eingereiht werden können. Der Betrieb einer Gärtnerei in diesem Umfange steht mit dem Familienverband (Hausstand) des Eigentümers in einem so losen Zusammenhange, daß der Gedankengang, von welchem aus die Gesindeordnung wirtschaftliche Arbeiter in gewissen Fällen dem Gesinde gleichstellt, hier nicht mehr Platz greift. Personen, welche sich dem Landwirt ausschließlich oder doch hauptsächlich zu Diensten für den Vertrieb landwirtschaftlicher Erzeugnisse verpflichtet haben, gehören nicht zum Gesinde des Landwirts. (Vgl. OVG. in PrVerwBl. 1902 S. 661.)

Ammen werden ohne Unterschied, ob sie neben der Säugetätigkeit noch andere Dienste für das Kind verrichten oder nicht, zum Gesinde zu rechnen sein; ihre Dienste sind der Familie des Hausherrn in besonderem Grade gewidmet. Zudem wird es kaum vorkommen, daß eine Amme nicht mindestens das Kind trägt oder ausführt, so daß also immer gewisse häusliche Dienste bei ihr in Frage stehen.

Auch der Postillon eines Posthalters kann, wenn er vorwiegend diesem häusliche Dienste leistet, im Verhältnis zu diesem zum Gesinde gehören. (Vgl. Lindenberg Anm. 1 d zu § 1.

7. **Herrschaft.** Wenn § 1 von Herrschaft spricht, so ist darunter nicht bloß der Dienstherr, sondern auch die Ehefrau desselben zu begreifen. Den übrigen Familienmitgliedern gegenüber wird ein Gesindeverhältnis jedoch nicht begründet, sie fallen nicht unter den Begriff der Herrschaft (OVG. 30, 434). Zwar hat das Gesinde auch Angehörigen der Familie gegenüber gewisse Pflichten nach einzelnen Vorschriften der GesO., über diese bestimmten Anordnungen des Gesinderechts hinaus stehen aber den Angehörigen der Dienstherrschaft Rechte nicht zu. (Vgl. OVG. aaO.) Dagegen kann die Dienstherrschaft natürlich allgemein oder für den einzelnen Fall auch im Gesindeverhältnis Personen bevollmächtigen, deshalb gelten im Betriebe der Landwirtschaft Inspektoren und Administratoren als Vertreter der Herrschaft gegenüber dem Gesinde. Doch wird bezüglich der sogenannten Sachsengänger, worauf Lindenberg Anm. 2 Beil. zu § 1 und DJZ. 1904 S. 513 hinweist, ein Vertragsverhältnis in der Regel nur zwischen diesen und dem Vorarbeiter, nicht der Gutsherrschaft, anzunehmen sein.

8. Die Feststellung, daß Gesinde für bestimmte Zeit angenommen wird, führt zu einer Ausscheidung derjenigen Personen, welche nur zur Aushilfe tätig sind. Die Köchin, welche außer Stellung ist und vorübergehend acht Tage „aushilft", gehört nicht zum Gesinde. Das Arbeitsverhältnis solcher Personen regelt sich nach dem BGB. Auch Angestellte, denen Lohn und Beköstigung nur für die Arbeitstage gewährt wird, sind nicht zum Gesinde zu rechnen. (Vgl. OVG. vom 24. Jan. 1908 in PrVerwBl. 30 S. 41; Lindenberg Einl. S. 6; Jacobi Anm. 7 zu § 1.)

9. Ob die Vergütung in Geld oder in Naturalien gewährt wird, ist für den Begriff des Gesindevertrages gleichgültig. (StrArch. 75 S. 63.)

Wer Gesinde mieten kann.

§ 2. In der ehelichen Gesellschaft kommt es dem Manne zu, das nötige Gesinde zum Gebrauch der Familie zu mieten.

§ 3. Weibliche Dienstboten kann die Frau annehmen, ohne daß es dazu der ausdrücklichen Einwilligung des Mannes bedarf.

§ 4. Doch kann der Mann, wenn ihm das angenommene Gesinde nicht anständig ist, dessen Wegschaffung nach verflossener gesetzmäßiger Dienstzeit, ohne Rücksicht auf die vertragsmäßig bestimmte, nach vorgängiger Aufkündigung verfügen[1—5].

1. Aufhebung. Die §§ 2—4 sind kein eigentümlicher Bestandteil des Gesinderechts, enthalten vielmehr Bestimmungen über die Stellung der verheirateten Frau beim Annehmen des Gesindes, welche sich an die allgemeinen Vorschriften des ALR. anschließen. Die Paragraphen müssen deshalb gegenüber den Bestimmungen des BGB. als fortfallend angesehen werden. (Vgl. Begründung zum Entwurf des AG.

S. 20; Stranz-Gerhard Anhang Anm. 41 und zum Teil Scherer JW. 1901 S. 186; a. A. Jacobi und Nußbaum, die jedoch zu Unrecht in den §§ 2—4 Spezialvorschriften des Gesinderechts erblicken, jetzt auch Lindenberg in Abweichung von seiner früheren Ansicht.)

2. **§ 1357 BGB.** Entscheidend ist jetzt lediglich das BGB.

§ 1357. **Die Frau ist berechtigt, innerhalb ihres häuslichen Wirkungskreises die Geschäfte des Mannes für ihn zu besorgen und ihn zu vertreten. Rechtsgeschäfte, die sie innerhalb dieses Wirkungskreises vornimmt, gelten als im Namen des Mannes vorgenommen, wenn nicht aus den Umständen sich ein anderes ergibt.**

Der Mann kann das Recht der Frau beschränken oder ausschliessen. Stellt sich die Beschränkung oder die Ausschliessung als Missbrauch des Rechtes des Mannes dar, so kann sie auf Antrag der Frau durch das Vormundschaftsgericht aufgehoben werden. Dritten gegenüber ist die Beschränkung oder die Ausschliessung nur nach Massgabe des § 1435 wirksam.

Hiernach ist die Hausfrau befugt, innerhalb ihres häuslichen Wirkungskreises die Geschäfte des Mannes zu besorgen und ihn zu vertreten. Innerhalb dieses Rahmens muß die Frau für berechtigt erachtet werden, Dienstboten jeder Art anzunehmen; ihre Legitimation dazu ist jetzt nicht mehr auf weibliche Dienstboten beschränkt. Sie wird jetzt auch zur Annahme von Kündigungen seitens des Gesindes für befugt zu erachten sein, was nach der früheren Gesetzgebung verneint wurde (Johow 17 S. 453).

3. Die Befugnis fällt nur fort, soweit nach § 1357 BGB. der Ehemann der Frau die Schlüsselgewalt entzogen hat.

4. Natürlich kann der Mann auch andere Personen als die Frau bevollmächtigen. Ebenso kann die Frau auch über den Rahmen des häuslichen Wirkungskreises hinaus Personen annehmen, wenn sie in Vollmacht oder mit nachträglicher Genehmigung des Mannes handelt.

5. Auch die Bestimmung des § 4 ist, weil sie mit dem § 1357 in Widerspruch steht, als fortfallend anzusehen.

Wer als Gesinde sich vermieten kann.

§ 5. Wer sich als Gesinde vermieten will, muß über seine Person frei zu schalten berechtigt sein.

§ 6. Kinder, die unter väterlicher Gewalt stehen, dürfen ohne Einwilligung des Vaters, und Minderjährige ohne Genehmigung ihres Vormundes sich nicht vermieten.

§ 7. Verheiratete Frauen dürfen nur mit Einwilligung ihrer Männer als Ammen oder sonst in Dienste gehen.

§ 8. Nur wenn die Einwilligung in den Fällen der §§ 6 und 7 auf eine gewisse Zeit, oder zu einer bestimmten Dienstherrschaft, ausdrücklich eingeschränkt werden, ist die Erneuerung derselben zur Verlängerung der Zeit, oder bei einer Veränderung der Herrschaft erforderlich[1—9]).

1. **Aufhebung.** Die §§ 5—8 regeln die Frage, wer sich als Gesinde vermieten kann, §§ 6 und 7 unter besonderem Hinweis auf die Rechtsstellung der Kinder, Minderjährigen und Ehefrauen.

An die Stelle dieser Vorschriften sind gemäß der ausdrücklichen Anordnung im Art. 95 EG. die Vorschriften des Reichsrechts getreten und zwar die §§ 104—115 BGB., welche die Geschäftsfähigkeit behandeln, § 131, welcher die Abgabe von Willenserklärungen gegenüber nicht vollständig Geschäftsfähigen zum Gegenstande hat, und der § 1358, welcher die Stellung der verheirateten Frau bei Leistung persönlicher Dienste erörtert. Die Paragraphen lauten:

§ 104. Geschäftsunfähig ist:

1. wer nicht das siebente Lebensjahr vollendet hat;
2. wer sich in einem die freie Willensbestimmung ausschliessenden Zustande krankhafter Störung der Geistestätigkeit befindet, sofern nicht der Zustand seiner Natur nach ein vorübergehender ist;
3. wer wegen Geisteskrankheit entmündigt ist.

§ 105. Die Willenserklärung eines Geschäftsunfähigen ist nichtig.

Nichtig ist auch eine Willenserklärung, die im Zustande der Bewusstlosigkeit oder vorübergehender Störung der Geistestätigkeit abgegeben wird.

§ 106. Ein Minderjähriger, der das siebente Lebensjahr vollendet hat, ist nach Massgabe der §§ 107—113 in der Geschäftsfähigkeit beschränkt.

§ 107. Der Minderjährige bedarf zu einer Willenserklärung, durch die er nicht lediglich einen rechtlichen Vorteil erlangt, der Einwilligung seines gesetzlichen Vertreters.

§ 108. Schliesst der Minderjährige einen Vertrag ohne die erforderliche Einwilligung des gesetzlichen Vertreters, so hängt die Wirksamkeit des Vertrags von der Genehmigung des Vertreters ab.

Fordert der andere Teil den Vertreter zur Erklärung über die Genehmigung auf, so kann die Erklärung nur ihm gegenüber erfolgen; eine vor der Aufforderung dem Minderjährigen gegenüber erklärte Genehmigung oder Verweigerung der Genehmigung wird unwirksam. Die Genehmigung kann nur bis zum Ablaufe von zwei Wochen nach dem Empfange der Aufforderung erklärt werden; wird sie nicht erklärt, so gilt sie als verweigert.

Ist der Minderjährige unbeschränkt geschäftsfähig geworden, so tritt seine Genehmigung an die Stelle der Genehmigung des Vertreters.

§ 109. Bis zur Genehmigung des Vertrags ist der andere Teil zum Widerrufe berechtigt. Der Widerruf kann auch dem Minderjährigen gegenüber erklärt werden.

Hat der andere Teil die Minderjährigkeit gekannt, so kann er nur widerrufen, wenn der Minderjährige der Wahrheit zuwider die Einwilligung des Vertreters behauptet hat; er kann auch in diesem Falle nicht widerrufen, wenn ihm das Fehlen der Einwilligung bei dem Abschlusse des Vertrags bekannt war.

§ 110. Ein von dem Minderjährigen ohne Zustimmung des gesetzlichen Vertreters geschlossener Vertrag gilt als von Anfang an wirksam, wenn der Minderjährige die vertragsmässige Leistung mit Mitteln bewirkt, die ihm zu diesem Zwecke oder zu freier Verfügung von dem Vertreter oder mit dessen Zustimmung von einem Dritten überlassen worden sind.

§ 111. Ein einseitiges Rechtsgeschäft, das der Minderjährige ohne die erforderliche Einwilligung des gesetzlichen Vertreters vornimmt, ist unwirksam. Nimmt der Minderjährige mit dieser Einwilligung ein solches Rechtsgeschäft einem anderen gegenüber vor, so ist das Rechtsgeschäft unwirksam, wenn der Minderjährige die Einwilligung nicht in schriftlicher Form vorlegt und der andere das Rechtsgeschäft aus diesem Grunde unverzüglich zurückweist. Die Zurückweisung ist ausgeschlossen, wenn der Vertreter den anderen von der Einwilligung in Kenntnis gesetzt hatte.

§ 112. Ermächtigt der gesetzliche Vertreter mit Genehmigung des Vormundschaftsgerichts den Minderjährigen zum selbständigen Betrieb eines Erwerbsgeschäfts, so ist der Minderjährige für solche Rechtsgeschäfte unbeschränkt geschäftsfähig, welche der Geschäftsbetrieb mit sich bringt. Ausgenommen sind Rechtsgeschäfte, zu denen der Vertreter der Genehmigung des Vormundschaftsgerichts bedarf.

Die Ermächtigung kann von dem Vertreter nur mit Genehmigung des Vormundschaftsgerichts zurückgenommen werden.

§ 113. Ermächtigt der gesetzliche Vertreter den Minderjährigen, in Dienst oder in Arbeit zu treten, so ist der Minderjährige für solche Rechtsgeschäfte unbeschränkt geschäftsfähig, welche die Eingehung oder Aufhebung eines Dienst- oder Arbeitsverhältnisses der gestatteten Art oder die Erfüllung der sich aus einem solchen Verhältnis ergebenden Verpflichtungen betreffen. Ausgenommen sind Verträge, zu denen der Vertreter der Genehmigung des Vormundschaftsgerichts bedarf.

Die Ermächtigung kann von dem Vertreter zurückgenommen oder eingeschränkt werden.

Ist der gesetzliche Vertreter ein Vormund, so kann die Ermächtigung, wenn sie von ihm verweigert wird, auf Antrag des Minderjährigen durch das Vormundschaftsgericht ersetzt werden. Das Vormundschaftsgericht hat die Ermächtigung zu ersetzen, wenn sie im Interesse des Mündels liegt.

Die für einen einzelnen Fall erteilte Ermächtigung gilt im

Zweifel als allgemeine Ermächtigung zur Eingehung von Verhältnissen derselben Art.

§ 114. Wer wegen Geistesschwäche, wegen Verschwendung oder wegen Trunksucht entmündigt oder wer nach § 1906 unter vorläufige Vormundschaft gestellt ist, steht in Ansehung der Geschäftsfähigkeit einem Minderjährigen gleich, der das siebente Lebensjahr vollendet hat.

§ 115. Wird ein die Entmündigung aussprechender Beschluss infolge einer Anfechtungsklage aufgehoben, so kann die Wirksamkeit der von oder gegenüber dem Entmündigten vorgenommenen Rechtsgeschäfte nicht auf Grund des Beschlusses in Frage gestellt werden. Auf die Wirksamkeit der von oder gegenüber dem gesetzlichen Vertreter vorgenommenen Rechtsgeschäfte hat die Aufhebung keinen Einfluss.

Diese Vorschriften finden entsprechende Anwendung, wenn im Falle einer vorläufigen Vormundschaft der Antrag auf Entmündigung zurückgenommen oder rechtskräftig abgewiesen oder der die Entmündigung aussprechende Beschluss infolge einer Anfechtungsklage aufgehoben wird.

§ 131. Wird die Willenserklärung einem Geschäftsunfähigen gegenüber abgegeben, so wird sie nicht wirksam, bevor sie dem gesetzlichen Vertreter zugeht.

Das gleiche gilt, wenn die Willenserklärung einer in der Geschäftsfähigkeit beschränkten Person gegenüber abgegeben wird. Bringt die Erklärung jedoch der in der Geschäftsfähigkeit beschränkten Person lediglich einen rechtlichen Vorteil oder hat der gesetzliche Vertreter seine Einwilligung erteilt, so wird die Erklärung in dem Zeitpunkte wirksam, in welchem sie ihr zugeht.

§ 1358. Hat sich die Frau einem Dritten gegenüber zu einer von ihr in Person zu bewirkenden Leistung verpflichtet, so kann der Mann das Rechtsverhältnis ohne Einhaltung einer Kündigungsfrist kündigen, wenn er auf seinen Antrag von dem Vormundschaftsgerichte dazu ermächtigt worden ist. Das Vormundschaftsgericht hat die Ermächtigung zu erteilen, wenn sich ergibt, dass die Tätigkeit der Frau die ehelichen Interessen beeinträchtigt.

Das Kündigungsrecht ist ausgeschlossen, wenn der Mann der Verpflichtung zugestimmt hat oder seine Zustimmung auf

Antrag der Frau durch das Vormundschaftsgericht ersetzt worden ist. Das Vormundschaftsgericht kann die Zustimmung ersetzen, wenn der Mann durch Krankheit oder durch Abwesenheit an der Abgabe einer Erklärung verhindert und mit dem Aufschube Gefahr verbunden ist oder wenn sich die Verweigerung der Zustimmung als Missbrauch seines Rechtes darstellt. Solange die häusliche Gemeinschaft aufgehoben ist, steht das Kündigungsrecht dem Manne nicht zu.

Die Zustimmung sowie die Kündigung kann nicht durch einen Vertreter des Mannes erfolgen; ist der Mann in der Geschäftsfähigkeit beschränkt, so bedarf er nicht der Zustimmung seines gesetzlichen Vertreters.

2. **Öffentlich-rechtliche Vorschriften:** Diese Bestimmungen des BGB. enthalten nur privatrechtliche Normen; neben ihnen sind die öffentlich-rechtlichen Vorschriften der Landesgesetze bestehen geblieben. Deshalb gelten noch weiter die Vorschriften über Gesindebücher u. dgl., die sich in den §§ 9ff., in der VO. vom 29. Sept. 1846 und anderwärts finden. Näheres hierüber zu den §§ 9ff. und in den Erläuterungen zu der genannten Verordnung (abgedr. hinter der GesO. von 1810 unter den Ergänzungen zu derselben).

Auch sonstige öffentlich-rechtliche Bestimmungen sind weiter in Kraft geblieben; deshalb ist noch maßgebend der § 71 des G. vom 23. Juli 1847 (GS. S. 278), Inhalts dessen ausländische Juden nicht ohne Genehmigung des Ministers des Innern als Dienstboten angenommen werden dürfen. Nach einem Reskript des Ministers ist jedoch die Genehmigung nur in den Fällen zu versagen, in denen auch die Annahme eines christlichen Ausländers zu unterbleiben hätte (MBl. f. i. V. 1861, S. 132). Die Vorschrift des G. von 1847 ist trotz der später erlassenen Bestimmungen über die Gleichberechtigung der Konfessionen (PrVerfUrk. Art. 12 und des G. vom 3. Juli 1869) noch gültig (OTr. 82 S. 299).

3. In **privatrechtlicher** Beziehung ist durch das Eingreifen der vorabgedruckten Paragraphen des BGB. nur bestimmt, wer sich nicht ohne weiteres als Gesinde vermieten kann.

Nach dem Gedankengange des BGB. ist somit derjenige, welcher nicht von den Einschränkungen des BGB. betroffen wird, befugt, sich als Gesinde annehmen zu lassen. Beschränkungen, welche nicht auf zivilrechtlichem Gebiet liegen, erscheinen für die Gültigkeit des Gesindemietsvertrages unerheblich, deshalb wird auch ein mit einem Soldaten geschlossener Vertrag gegen diesen Rechte erzeugen, mindestens auf Schadenersatz, wenn auch ein Zwang zur Leistung der Dienste infolge des etwaigen Verbotes der Vorgesetzten nicht ausführbar ist. Ebenso würde ein Gesindevertrag, den etwa ein Beamter eingeht, zivilrechtlich wirksam sein, wenn auch im Disziplinarwege der Beamte bestraft werden kann.

Von den angeführten Paragraphen haben der § 112 und § 115 keine Bedeutung für das Gesinderecht. Auf Grund der übrigen Vorschriften stellt sich die Rechtslage folgendermaßen:

I. Geschäftsunfähige.

4. a) Willenserklärungen der Geschäftsunfähigen sind nichtig. Deshalb ist **nichtig** ein Gesindemietsvertrag:

α) den ein **Minderjähriger** eingeht, der das siebente Lebensjahr noch nicht vollendet hat (§ 104 Z. 1);

β) den jemand eingeht, der **wegen Geisteskrankheit entmündigt** ist (§ 104 Z. 3);

γ) den jemand eingeht, der sich in einem die freie Willensbestimmung ausschließenden Zustande krankhafter **Störung der Geistestätigkeit** befindet, sofern nicht der Zustand seiner Natur nach ein vorübergehender ist (§ 104 Z. 2). Dazu gehören der Geisteskranke, der noch nicht entmündigt ist, ferner Personen, welche durch körperliche Schwächen oder Alter sich in einem Zustande geistiger Störung befinden, so auch Taube, Blinde, deren Geisteskraft infolge ihres körperlichen Gebrechens erheblich gemindert ist.

Der **Beweis** der Geschäftsunfähigkeit ist **von demjenigen** zu erbringen der sich darauf beruft. Er wird in dem Fall zu γ mittelst Rückschlusses von dem Zustande zu führen sein, in welchem sich der Geschäftsunfähige zu der Zeit befindet, in welcher der Vertrag als unwirksam angefochten wird. Ob etwa beim Abschluß des Vertrages der angeblich Geschäftsunfähige einen gesunden Eindruck machte, ist bedeutungslos, wenn erwiesen wird, daß er zu der fraglichen Zeit schon geisteskrank war.

b) **Nichtig** ist ferner auch derjenige Vertrag, welchen ein sonst gesunder Mensch in einem Zustande von **Bewußtlosigkeit** oder **vorübergehender Störung der Geistestätigkeit** abgegeben hat (§ 105 Abs. 2). Derartige Fälle liegen vor bei sinnloser Betrunkenheit, bei fieberhafter Erkrankung, bei Krämpfen usw. Die Beweislast trifft denjenigen, welcher sich auf eine solche Störung als Rechtsbehelf beruft.

c) Der **gesetzliche Vertreter** eines Geschäftsunfähigen, also der Vater (§§ 1627, 1630 BGB.), bei dessen Verhinderung die Mutter (§§ 1684 ff.), bei deren Wegfall der Vormund (§ 1773 BGB.) kann einen Gesindemietsvertrag für ihn abschließen. Soweit es sich aber um einen Dienstvertrag für längere Zeit als ein Jahr handelt, bedarf der Abschluß, wenn der gesetzliche Vertreter ein Vormund ist, nach § 1822 Nr. 7 der Genehmigung des Vormundschaftsgerichts. Ein seitens des gesetzlichen Vertreters gültig geschlossener Gesindemietsvertrag kann dennoch, namentlich bei Kindern von noch nicht sieben Jahren, oder bei Geisteskranken, deren Zustand dadurch verschlimmert werden würde, als gegen die guten Sitten verstoßend angefochten werden. Abgesehen von derartigen Fällen würde er vollständige Rechte und Pflichten erzeugen (ebenso Lindenberg Anm. 2 zu § 104 BGB.; a. A. Jacobi Anm. 3 zu § 5 a. E., Nußbaum Anm. 4 zu § 6). Das Reskript des Min. des Innern vom 20. März 1826 (v. Kamptz Annal. 10 S. 116) erklärt bei Kindern unter 14 Jahren ein eigentliches Gesindeverhältnis nicht für vorliegend. Dieses

Reskript, dessen rechtliche Kraft auch schon früher bezweifelt werden konnte, hat gegenüber dem BGB. jedenfalls keine Bedeutung mehr. Aus gleichem Grunde dürfte auch das Reskript vom 6. Dez. 1839, nach welchem Kinder unter 14 Jahren ein Attest über die Entlassung aus der Schule beibringen müssen, für die Frage der Gültigkeit des Gesindevertrages ohne Einfluß sein. Wohl aber ist noch in Geltung das Reskript vom 30. Sept. 1837 (v. Kamptz Annal. 21 S. 682), welches Zwangsmittel gegen die Eltern zur Bewirkung des Schulbesuchs der Kinder vorschreibt. Dieses Reskript enthält zwar nicht direkte Bestimmungen über die Stellung der Dienstherrschaften. Doch ist aus demselben in Verbindung mit § 48 II 12 ALR. als öffentlichrechtliche Norm zu entnehmen, daß schulpflichtige Dienstboten Zeit zum Schulbesuch und Konfirmandenunterricht erhalten müssen.

d) Ist der Vertrag nichtig, so kann unter Umständen die Herrschaft nach den allgemeinen Vorschriften des BGB. **Schadenersatz** fordern (§ 827 Satz 2, § 829 BGB.). Außerdem steht der Herrschaft Anspruch auf Rückgabe des etwa gezahlten Mietsgeldes zu.

II. Beschränkt Geschäftsfähige.

5. a) Minderjährige über sieben Jahre sind nach Maßgabe der §§ 107—113 BGB. **beschränkt geschäftsfähig** (§ 106). Ihnen gleich stehen nach § 114 diejenigen, die wegen Geistesschwäche, Trunksucht entmündigt oder unter vorläufige Vormundschaft gestellt sind (§ 1906). Diese Vorschriften des BGB. sind nach Art. 95 EG. auch für das Gesindeverhältnis gültig. Bei allen diesen Personen ist zu unterscheiden, ob sie durch eine Willensäußerung lediglich einen rechtlichen Vorteil erlangen oder auch Pflichten übernehmen; in ersterem Fall sind sie schlechthin geschäftsfähig (§ 107). Für den Gesindemietsvertrag, da er Pflichten erzeugt, ist jedoch folgendes zu bemerken.

b) Den Gesindemietsvertrag kann ein Minderjähriger oder ihm Gleichgestellter nach der allgemeinen Regel des § 107 gültig nur mit der Einwilligung des gesetzlichen Vertreters (s. oben 4c) schließen. Sie kann ganz allgemein oder nur für den einzelnen Fall erteilt werden. § 113 behandelt ausdrücklich die Ermächtigung zur Eingehung von Dienst- oder Arbeitsverhältnissen. Seine Vorschriften sind für das Gesindeverhältnis entscheidend. Danach gilt im Zweifel die für den einzelnen Fall erteilte Ermächtigung als allgemeine Ermächtigung, jedoch nur zur Eingehung von Verhältnissen derselben Art (§ 113 Abs. 4).

Deshalb würde ein minderjähriges Mädchen, das von seinem gesetzlichen Vertreter die Erlaubnis erhalten hat, eine Stellung als Fabrikarbeiterin anzunehmen, kaum ermächtigt sein, ein Gesindeverhältnis einzugehen; sicherlich wäre aber das Mädchen, das sich als Kindermädchen vermieten durfte, befugt, eine Stelle als Hausmädchen zu übernehmen.

c) Ist dem Minderjährigen die Ermächtigung erteilt, in ein Dienstverhältnis zu treten, so ist er schlechthin für alle Vereinbarungen geschäftsfähig, welche die Eingehung, die Auflösung eines solchen Verhältnisses oder die Erfüllung der bei einem solchen vorkommenden Verpflichtung betreffen. Danach kann ein Minderjähriger ein Gesindeverhältnis eingehen, kündigen, Lohnabreden treffen, Lohn in Empfang nehmen, Vergleiche über denselben schließen usw.

d) Die Ermächtigung kann auch indirekt erteilt werden. Sie wird vorliegen, wenn der gesetzliche Vertreter von dem Minderjährigen hört, daß dieser ein Dienstverhältnis eingegangen sei, und wenn er dagegen keinen Widerspruch erhebt. Auch in der Gestattung der Ausstellung eines Gesindebuchs liegt die Ermächtigung. Meistens wird hierbei freilich eine ausdrückliche Erklärung des Vertreters stattfinden. Denn die Polizeibehörde wird für die Regel ohne solche ein Gesindebuch nicht verabfolgen. Mit einem Dienstboten, der ein Gesindebuch besitzt, wird man deshalb, auch wenn der Dienstbote minderjährig ist, ohne Bedenken einen Gesindemietsvertrag schließen können.

e) Der gesetzliche Vertreter ist in der Ermächtigung insoweit beschränkt, als er nach dem BGB. für gewisse Handlungen der Genehmigung des Vormundschaftsgerichts bedarf. Danach besteht ein Unterschied zwischen dem gesetzlichen Vertreter, wenn es Vater, oder Mutter oder wenn es der Vormund ist (§§ 1821, 1822, 1643 BGB.). Insbesondere der § 1822 Ziff. 7 BGB., der bei Eingehung von Dienstverträgen für mehr als ein Jahr die Genehmigung des Vormundschaftsgerichts fordert (oben 4c), trifft beim Vater und bei der Mutter nicht zu.

f) Die Ermächtigung kann an sich jederzeit eingeschränkt oder zurückgenommen werden. In ein bestehendes Dienstverhältnis kann aber durch Zurücknahme oder Einschränkung nicht eingegriffen werden (OVG. 35, 433; Lindenberg Anm. 4 zu § 113 BGB., Jacobi Anm. 2 zu § 8; vgl. auch KG. vom 2. Dez. 1910 in Ztschr. f. PolVerw. 7 S. 374 über Bestrafung eines Gesindes, das im Hinblick auf die Zurücknahme der Ermächtigung den Dienst vor der Zeit verlassen hat). — Ist die Ermächtigung mit Einschränkung erteilt, so ist der Dienstvertrag, soweit er der Einschränkung zuwiderläuft, auch dann unwirksam, wenn der Minderjährige über die Einschränkung unrichtige Angaben gemacht hat (OVG. in DJZ. 1903 S. 431 Bd. 43 S. 424; Lindenberg Anm. 5 zu § 1131). — Der gesetzliche Vertreter ist auch nicht verpflichtet, der Dienstherrschaft Mitteilung von der Einschränkung zu machen; aus dem Unterbleiben der Mitteilung kann deshalb ein Wegfall der Einschränkung nicht gefolgert werden (OVG. ebenda).

g) Wird die Ermächtigung vom Vormund verweigert, so kann nach § 113 BGB. das Vormundschaftsgericht angerufen werden. Beim Vater fehlt es an einer entsprechenden Bestimmung, jedoch wird unter Umständen § 1666 BGB. eine Abhilfe gewähren.

h) Da nach § 52 ZPO. prozeßfähig ist, wer sich durch Verträge verpflichten kann, so ist der Minderjährige, den der gesetzliche Vertreter ermächtigt, ein Arbeits- oder Dienstverhältnis einzugehen, für alle Prozesse aktiv und passiv legitimiert, welche das Dienstverhältnis betreffen. (Die abweichende, in der Jur. Monatsschrift f. Posen 1905 S. 114 abgedruckte Entsch. d. LGer. Lyck steht vereinzelt da; Voß in DJZ. 1901 S. 1266, den Lindenberg als abweichend zitiert, spricht nur von einer Nachprüfung.)

6. Hat die Herrschaft, ohne die Minderjährigkeit zu kennen, einen Gesindemietsvertrag abgeschlossen, so ist der Vertrag erst wirksam (§ 108), wenn der gesetzliche Vertreter ihn genehmigt. Die Genehmigung kann formlos (§ 182 Abs. 2 BGB.) und sowohl dem Minderjährigen als gegenüber dem anderen Teil (hier der Herrschaft) erfolgen (§ 182 Abs. 1). Bloßes Stillschweigen ohne Hinzutreten besonderer Umstände kann jedoch nicht als eine Genehmigung angesehen werden (OVG. vom 31. März 1911 im Recht 1911 S. 590). Die Herrschaft ist berechtigt (§ 108 Abs. 2), den gesetzlichen Vertreter zur Genehmigung, die alsdann nur ihr gegenüber erklärt werden kann, aufzufordern. Wird sie nicht bis zum Ablauf von zwei Wochen der Herrschaft gegenüber erteilt, so gilt sie als verweigert.

Bis zur Genehmigung kann die Herrschaft zurücktreten.

War der Herrschaft die Minderjährigkeit bekannt, so ist sie an den Vertrag gebunden, es sei denn, daß der Minderjährige fälschlich die Einwilligung des Vertreters behauptet hat und die Herrschaft auch nicht wußte, daß diese Einwilligung fehlt (§ 109).

Hat der Minderjährige die Volljährigkeit erlangt, so kann er selbst genehmigen.

Der Minderjährige, der ohne Einwilligung seines gesetzlichen Vertreters einen Gesindedienstvertrag abgeschlossen hat, darf, falls er den Dienst verläßt, nicht von der Polizeibehörde zur Wiederaufnahme des Dienstes gezwungen werden (OVG. vom 25. Sept. 1908 in PrVerwBl. 30 S. 355).

7. Der gesetzliche Vertreter kann selbstverständlich für den Minderjährigen den Vertrag schließen. Die früher vertretene Ansicht, daß der gesetzliche Vertreter mit sich selbst einen Vertrag in Ansehung des Minderjährigen eingehen könne (RG. in Jur. Woch. 1882 S. 98), ist gegenüber dem § 181 BGB. nicht aufrecht zu erhalten. Der abweichenden Entscheidung des OVG. (Senat für Staatssteuersachen) in DJZ. 1905 S. 223 kann nicht beigestimmt werden.

8. Für Verschulden des gesetzlichen Vertreters haftet der Minderjährige nach § 278 BGB., welcher gemäß Art. 95 EG. auch beim Gesindevertrag gilt.

III. Ehefrauen.

9. Die Rechtsstellung einer Ehefrau, welche sich als Gesinde vermietet, wird durch den § 1358 BGB. geregelt. Die Frau kann hiernach an sich den Dienst annehmen; der Mann ist aber berechtigt, das Gesindeverhältnis aufzuheben, wenn er vom Vormundschaftsgericht dazu ermächtigt ist. Diese Ermächtigung ist auszusprechen, wenn sich ergibt, daß die Tätigkeit der Frau die ehelichen Interessen beeinträchtigt.

Der Mann hat ein Kündigungsrecht nicht, wenn er seine Zustimmung zum Abschluß des Gesindemietsvertrages erteilt hat, oder wenn seine Zustimmung auf Antrag der Frau durch das Vormundschaftsgericht ersetzt wurde. Der Mann hat es auch dann nicht, wenn die häusliche Gemeinschaft aufgehoben ist, jedoch darf diese Aufhebung der häuslichen Gemeinschaft nicht gerade durch die Eingehung des Gesindevertrages herbeigeführt sein. Lebte die Frau nicht mit dem Mann zusammen, als sie den Vertrag abschloß, so fällt daher das Recht des Mannes fort.

Zustimmung des Mannes und Kündigungsbefugnis gelten als höchst persönliche Rechte. Ist der Mann in der Geschäftsfähigkeit beschränkt, so kann er seine Rechte ohne Zuziehung eines gesetzlichen Vertreters ausüben.

§ 9. Dienstboten, welche schon vermietet gewesen müssen bei dem Antritte eines neuen Dienstes die rechtmäßige Verlassung der vorigen Herrschaft nachweisen.

§ 10. Leute, die bisher noch nicht gedient zu haben angeben, müssen durch ein Zeugnis ihrer Obrigkeit dartun, daß bei ihrer Annehmung als Gesinde kein Bedenken obwalte.

§ 11. Hat jemand mit Verabsäumung der Vorschriften §§ 9, 10 ein Gesinde angenommen: so muß, wenn ein anderer, dem ein Recht über die Person oder auf die Dienste des Angenommenen zusteht, sich meldet, der Mietskontrakt als ungültig sofort wieder aufgehoben werden.

§ 12. Außerdem hat der Annehmende durch Übertretung dieser Vorschriften eine Geldbuße von einem bis zehn Taler an die Armenkasse des Orts verwirkt[1—8].

1. **Annahme des Gesindes.** Die §§ 9—12 enthalten Vorschriften über die Voraussetzungen, unter denen eine Herrschaft ein Gesinde annehmen darf. Die Vorschriften sind ergänzt durch die VO. vom 29. Sept. 1846 wegen Einführung von Gesindedienstbüchern (abgedr. unter den Ergänz. zur Gesindeordnung).

2. **Erster Dienst.** Zu unterscheiden ist zwischen dem ersten Dienst und späteren. Bei dem ersten Dienst muß nach § 10 ein obrigkeitliches Zeugnis darüber vorgelegt werden, daß kein Bedenken gegen das Annehmen des Gesindes vorhanden ist. Hierzu tritt (§ 4 der VO.) die Bestimmung, daß ein Gesindedienstbuch der Herrschaft übergeben werden muß.

Vor Eingehung von Diensten muß das Gesindedienstbuch der Polizei zur Ausfertigung vorgelegt werden. Die Vorlegung des vom Stellenvermittler auszustellenden Ausweises, die Lindenberg (Anm. 1 zu § 5) für erforderlich hält, ist nicht vorgeschrieben. In der Praxis der Polizeibehörden wird das Dienstbuch nicht ausgestellt, wenn irgendwelche Bedenken vorliegen. Das Gesindedienstbuch ersetzt somit das Zeugnis, von welchem § 10 spricht (vgl. die Verf. des Polizeipräsidenten in Berlin vom 16. April 1875 Nr. 3; abgedr. in der amtlichen Sammlung der Polizeiverordnung, OVG. 35 S. 488), so daß dessen Vorlegung beim Vorhandensein eines Dienstbuches nicht mehr als erforderlich anzusehen ist.

Sofern ein obrigkeitliches Zeugnis im Sinne des § 10 noch verlangt wird, würden dem Gesinde gegen die Entscheidung der Polizeibehörde, daß Bedenken vorliegen, und die hierauf gestützte Verweigerung des Scheines, die Rechtsmittel im Verwaltungsstreitverfahren zustehen. Das Zeugnis würde der nach Tarif 77 des PrStempStG. vom 31. Juli 1895/30. Juni 1909 für Zeugnisse bestehenden Stempelpflicht wohl nicht unterliegen, weil es als Führungszeugnis anzusehen ist und deshalb von der Befreiungsvorschrift zu d der Tarifstelle betroffen wird.

Obrigkeit ist die Ortspolizei (vgl. das unter den Ergänzungen abgedr. Reskript vom 17. April 1812), jetzt nach den Organisationsgesetzen auf dem Lande der Amtsvorsteher, in Städten der Bürgermeister oder, wo königliche Polizeiverwaltung besteht, diese, in Berlin der Vorstand des Polizeireviers.

3. **Späterer Dienst. Rechtmäßige Verlassung.** Bei einem späteren Dienst muß außer der nach der Verordnung von 1846 notwendigen Vorlegung des Gesindedienstbuchs noch nachgewiesen werden, daß die rechtmäßige Verlassung der vorigen Herrschaft erfolgt ist.

Dieser Nachweis braucht nicht geführt zu werden beim Abschluß des Gesindemietsvertrages, sondern erst beim Dienstantritt. Da aber nach den §§ 11 und 12 die Herrschaft, welche einen Dienstboten angenommen hat, ohne daß der vorherige Dienst rechtmäßig verlassen ist, Nachteil erleidet, eine Herrschaft mithin doch beim Antritt prüfen muß, ob das Gesinde den früheren Dienst zu Recht verlassen hat, so ist es zweckmäßig, beim Abschluß des Gesindemietsvertrages bereits festzustellen, ob das Gesinde auch den Dienst zu verlassen berechtigt ist. Dieser Nachweis kann in verschiedener Art erbracht werden. Durch Vorlegung eines **Entlassungsscheins** (Kündigungsscheins, Losscheins) oder auch durch mündliche Bestätigung seitens der früheren Herrschaft. Er wird selbstverständlich auch geführt durch das mit dem Zeugnis der Herrschaft versehene Gesindedienstbuch; jedoch wird ein solches Zeugnis meist erst beim Abgange erteilt, so daß eine Herrschaft, welche vorher den Dienstboten engagieren will, nur in den seltensten Fällen sich durch das Gesindebuch von der Befugnis eines Dienstboten zur Annahme eines neuen Dienstes überzeugen kann.

Kündigungs- und Entlassungsscheine usw. sind auf Verlangen zu beglaubigen, die Beglaubigung ist stempelfrei (§ 3 des G. vom 26. Febr. 1872, eine Bestimmung die nach § 4h des StempStG. vom 31. Juli 1895/30. Juni 1909 noch in Kraft ist).

4. Die **Folgen**, die eintreten, wenn ein **Gesinde ohne rechtmäßige Verlassung** des alten Dienstes **angenommen** wird, sind durch die §§ 11 und 12 geregelt, § 11 enthält die zivilrechtlichen, § 12 die strafrechtlichen Bestimmungen.

Als **zivilrechtliche Folge** tritt Aufhebung des Gesindemietsvertrages ein, wenn ein anderer, dem ein Recht auf die Dienste des Angenommenen zusteht, sich meldet. „Ein Recht über die Person", wie es im § 11 weiter heißt, kennt die neue Gesetzgebung nicht mehr.

Das Vorrecht hat sowohl die alte Herrschaft, der gegenüber der Dienstvertrag nicht ordnungsmäßig aufgelöst ist, als eine spätere Herrschaft, welche das Gesinde zu einer Zeit engagiert hat, in der die alte Herrschaft schon in die Auflösung gewilligt hatte.

5. a) § 12 enthält die **Strafvorschrift** für die **Herrschaft**, welche mit Verabsäumung der Vorschriften der §§ 9 oder 10

ein Gesinde angenommen hat. Die Bestrafung ist nicht davon abhängig, daß ein anderer gemäß § 11 Anspruch auf die Dienste des Gesindes erhoben hat (Goltdammer 8 S. 550).

b) Bestraft wird die Annahme eines Gesindes, die ohne den in den §§ 9 und 10 angeordneten Nachweis erfolgt. Unter Annahme ist nicht der Abschluß des Gesindemietsvertrages, sondern der tatsächliche Beginn der Dienste zu verstehen (Koch Anm. 10 zu § 9 GesO.; Reskript des Min. d. Inn. vom 10. Febr. 1826 [v. Kamptz Annal. 10 S. 115] und andere bei Koch angeführte Reskripte). Die Bestrafung kann auch dann eintreten, wenn das Gesinde mit Recht seinen alten Dienst verlassen hat (a. M. nur Lindenberg Anm. 1 zu § 12). Es handelt sich um eine Ordnungsvorschrift, welcher nur genügt ist, wenn die Herrschaft sich den angeordneten Nachweis verschafft hat.

c) Die Strafvorschrift ist durch § 2 EG. z. StGB. aufrecht erhalten. Statt der Talerwährung ist jetzt auf eine Geldstrafe von 3—30 M. zu erkennen. Die Umwandlung derselben in eine Freiheitsstrafe erfolgt nach § 29 StGB.

d) Die Strafe kann durch polizeiliche Strafverfügung ausgesprochen werden. Handelt es sich um eine Geldstrafe bis 30 M. oder eine Haftstrafe (prinzipal oder subsidiär) bis drei Tagen, so sind die Ortspolizeibehörden, auf dem Lande die Amtsvorsteher, in den Städten die Bürgermeister oder die Königliche Polizeiverwaltung zur Festsetzung der Strafe befugt. Soll hingegen eine höhere Strafe angeordnet werden, so hat die Amtsanwaltschaft den Strafbefehl zu erlassen. Der von der polizeilichen Strafverfügung Betroffene kann auf gerichtliche Entscheidung antragen. (G. vom 23. April 1883 [GS. S. 65] § 1 und 3. KreisO. § 59 Nr. 1 und § 63.) Das weitere Verfahren richtet sich nach der StPO. §§ 459 ff.

e) Die Vorschrift über die Zahlung an die Armenkasse besteht noch zu Recht (KreisO. § 73; G. vom 23. April 1883 § 7 Abs. 3).

f) Die §§ 9—12 enthalten nur Bestimmungen über Gesindeverhältnisse. Sie geben der Polizeibehörde kein

Recht, auch für die Annahme anderer Angestellten das Erfordern einer Legitimation anzuordnen. Mit der neueren Judikatur des KG. (vgl. Urt. vom 6. Mai 1897 bei Johow 18 S. 333 und insbesondere Urt. vom 30. Mai 1904 ebenda 28 S. 623 im Gegensatz zu Urt. vom 23. Jan. 1891 ebenda 11 S. 257) ist ferner abweichend von der ersten Auflage dieses Buches anzunehmen, daß, wie das Kammergericht in dem erwähnten Urteil vom 30. Mai 1904 ausführt, die §§ 9—12 GesO. die darin behandelte Materie der Pflichten der Herrschaft bei Annahme des Gesindes in erschöpfender und abschließender Weise regeln, und daß somit gemäß § 15 PolVerwG. vom 1. März 1850 eine Polizeiverordnung ungültig ist, die einen weiteren als in jenem Paragraphen enthaltenen Tatbestand unter Strafe stellt. Dieser Grund, der in dem genannten Urteil zur Ungültigerklärung einer Polizeiverordnung geführt hat, welche die Indienstnahme schulpflichtiger Kinder ohne Erlaubnis des Lokalschulinspektors unter Strafe stellte, trifft auch auf die Polizeiverordnungen zu, welche der Dienstherrschaft bei Vermeidung von Strafe die Verpflichtung auferlegen, sich das Gesindebuch des Dienstboten vorlegen zu lassen. Denn eine solche Verpflichtung geht über die nach den §§ 9 und 10 GesO. der Dienstherrschaft obliegende Kontrollpflicht hinaus. Wenn also die Herrschaft sich das Gesindebuch nicht hat vorlegen lassen, so kann sie aus diesem Grunde nicht bestraft werden. Vielmehr kann ihre Bestrafung nur dann eintreten, wenn die nach §§ 9 und 10 erforderlichen Nachweise auf andere Art nicht geführt sind. (Ebenso Nußbaum Anm. 3 zu § 12 und im VerwArch. 1900 S. 345; a. M. Lindenberg Anm. 1 zu § 5 S. 17, der zwar in der Anm. 2 zu § 12 die oben angeführte Entscheidung des KG. vom 30. Mai 1904 zitiert, aber daraus nicht die Konsequenz für die hier fraglichen Polizeiverordnungen zieht. Maguhn Anm. 2 zu § 9 läßt die Frage offen. Polizeiverordnungen, durch welche bestimmt wird, daß schon beim Abschluß des Gesindevertrages die Herrschaft sich das Dienstbuch vorlegen lassen muß, gehen auch insofern über die Bestimmungen der §§ 9ff. hinaus, als nach diesen die erforderlichen Nachweise erst bei der „Annahme", d. i. der tatsächlichen Indienstnahme, zu führen sind (vgl. oben Ziff. b). Sie sind daher schon aus diesem Grunde ungültig. (MBl. f. i. V. 1875 S. 162). Vgl. auch die Anm. zu der in den Ergänzungen abgedruckten VO. vom 29. Sept. 1846.

g) Die Verjährung im Falle des § 12 richtet sich nach den allgemeinen strafrechtlichen Normen, die hiernach maßgebende dreimonatige Frist (§ 67 StGB.) beginnt mit der Annahme ohne Vorlegenlassen des Attestes. So jetzt auch KG. in Selbstverwaltung 1907 S. 745.

6. **An- und Abmeldung.** Das Gesinde muß seitens der Herrschaft polizeilich an- und abgemeldet werden, widrigenfalls Ordnungsstrafe verhängt wird. In Berlin ist nach der PolVO. vom 11. Januar 1913 seitens der Dienstherrschaft die An- und Abmeldung binnen drei Tagen dem Hauseigentümer, binnen sechs Tagen von diesem der Polizei mitzuteilen. Überdies haben sich Dienstboten, wenn sie von auswärts kommen, binnen acht Tagen auf Verlangen der Polizei zu melden.

7. In Berlin besteht ein besonderer, vom Magistrat verwalteter Gesindebelohnungs- und Unterstützungsfonds. Die statutarische Bestimmung, nach welcher jeder Dienstbote beim Antritt des ersten Dienstes oder beim Wechsel des Dienstes einen Beitrag von 50 Pf. zu diesem Fonds zu entrichten hatte, ist durch ein neues Statut aufgehoben und die Beitragspflicht seit 1. April 1912 fortgefallen. Um den schon bisher erforderlich gewesenen Zuschuß sicherzustellen, hat die Stadt Berlin dem mit Rechtspersönlichkeit ausgestatteten Fonds einen Betrag von 500000 M. als unverzinsliches Darlehn zunächst auf 20 Jahre zugeführt.

Das erwähnte neue Statut datiert vom 1./7. Dezember 1911 und hat, nachdem es staatlich genehmigt wurde, mit dem

1. April 1912 Wirksamkeit erlangt. Es steht eine Belohnungs- und Unterstützungsanstalt für das Gesinde vor, und zwar nur für weibliche Personen. Die Unterstützung erfolgt teils durch Aufnahme in ein Alterhaus, teils, soweit Überschüsse vorhanden sind, zu Unterstützungen aus den Zinsen.

8. Während die §§ 11, 12 nur die Bestrafung der Herrschaft behandeln, ist die Bestrafung des Gesindes geregelt durch das G. vom 24. April 1854 (abgedruckt unter den Ergänzungen zur GesO. von 1810) und die Anm. 5f. erwähnte Verordnung.

Gesindemäkler.

§ 13. Niemand darf mit Gesindemäkeln sich abgeben, der nicht dazu von der Obrigkeit des Orts bestellt und verpflichtet worden ist[1—6])

1. **Gesindemäkler.** Die Bestimmungen der GesO. über die Anstellung von Gesindemäklern waren bereits durch die Vorschriften der Gewerbeordnung über die Gesindevermieter bedeutungslos geworden, wie in der ersten Auflage im einzelnen ausgeführt ist. Jetzt sind an die Stelle der Vorschriften der Gewerbeordnung die Bestimmungen des StVG. vom 2. Juni 1910 (RGBl. S. 860) getreten, welches in den Ergänzungen unter G. abgedruckt ist. Für eine ausführliche Erörterung der durch das G. vom 2. Juni 1910 geschaffenen Rechtslage ist hier kein Raum und es wird daher auf die Ausgaben des Gesetzes verwiesen.

Nur folgendes mag gesagt werden:

2. a) **Neuere Gesindevermieter. Erlaubnis. Verfahren.** Eine Bestellung und Verpflichtung, wie sie § 13 GesO. vorsah, gibt es nicht mehr, wohl aber bedarf der Gewerbebetrieb des Gesindevermieters, nach § 2 StVG. einer Erlaubnis. Der Paragraph lautet:

> Wer das Gewerbe eines Stellenvermittlers betreiben will, bedarf dazu einer Erlaubnis der von der Landeszentralbehörde bezeichneten Behörde.

Die Erlaubnis ist zu versagen, wenn:

1. Tatsachen vorliegen, welche die Unzuverlässigkeit des Nachsuchenden in bezug auf den beabsichtigten Gewerbebetrieb oder auf seine persönlichen Verhältnisse dartun,
2. ein Bedürfnis nach Stellenvermittlern nicht vorliegt. Ein Bedürfnis ist insbesondere nicht anzuerkennen, soweit für den Ort oder den wirtschaftlichen Bezirk ein öffentlicher gemeinnütziger Arbeitsnachweis in ausreichendem Umfang besteht.

Bei der Erteilung der Erlaubnis sind die Berufe zu bezeichnen, in denen die Vermittelung von Stellen stattfinden darf.

In Preußen entscheidet, soweit es sich um Stellenvermittelung für andere Personen als Bühnenangehörige handelt, nach der Verordnung zur Ausführung des StVG. vom 25. Juli 1910 § 1 (GS. S. 155) über die Anträge auf Erteilung der Erlaubnis nach Anhörung der Ortspolizeibehörde der Kreis- bzw. Stadtausschuß, bei den zu einem Landkreise gehörigen Städten mit mehr als 10000 Einwohnern tritt an die Stelle des Kreisausschusses der Magistrat (Kollegialischer Gemeindevorstand).

Wird die Erlaubnis versagt, so steht dem Antragsteller innerhalb zwei Wochen der Antrag auf mündliche Verhandlung im Verwaltungsstreitverfahren zu. Das weitere Verfahren richtet sich nach den Verwaltungsgesetzen. Nach diesen greift das Rechtsmittel der Berufung an den Bezirksausschuß ein.

Die Entscheidung des Bezirksausschusses ist nach § 1 der VO. endgültig.

b) **Zurückziehung der Erlaubnis. Verfahren.** § 9 StVG. bestimmt in Abs. 1 u. 3:

Die Erlaubnis zum Gewerbebetrieb des Stellenvermittlers ist zurückzunehmen, wenn sich aus Handlungen oder Unterlassungen des Stellenvermittlers dessen Unzuverlässigkeit in bezug auf den Gewerbebetrieb und seine persönlichen Verhältnisse ergibt.

Die Unzuverlässigkeit ist stets anzunehmen, wenn der Stellenvermittler wiederholt bestraft ist, weil er die festgesetzte Gebührentaxe überschritten oder sich ausser den taxmässigen Gebühren Vergütungen anderer Art von dem Arbeitnehmer oder dem Arbeitgeber hat gewähren oder versprechen lassen oder weil er dem Verbote der §§ 3, 12 Abs. 1 Ziff. 5 zuwidergehandelt hat. Der Träger des öffentlichen Arbeitsnachweises ist berechtigt, selbständig Antrag auf Entziehung der Erlaubnis zu stellen.

Wegen des in § 3 enthaltenen Verbots vgl. unten Anm. 4. § 12 Abs. 1 Ziff. 5 bedroht einen Stellenvermittler mit Strafe, der es unternimmt, einen Arbeitnehmer zum Bruche des eingegangenen Arbeitsvertrages zu verleiten.

Das Verfahren ist folgendes: Die Ortspolizeibehörde erläßt an den Stellenvermittler die Aufforderung, den Gewerbebetrieb binnen einer bestimmten Frist einzustellen. Kommt der Stellenvermittler dieser Aufforderung innerhalb der gestellten Frist nicht nach, so hat die Ortspolizeibehörde Klage auf Entziehung der Erlaubnis zu erheben (vgl. Abs. 4 des Erlasses des Min. f. H. u. G. vom 19. Aug. 1910 [MBlHGewV. 1910 S. 454]). Über dieselbe entscheidet der Kreisausschuß, in Stadtkreisen und in den zu einem Landkreise gehörigen Städten mit mehr als 10000 Einwohnern der Bezirksausschuß (§ 3 der VO.). Zu erkennen ist nach Verhandlung in öffentlicher Sitzung (vgl. § 157 Nr. 1 LandVerwG. in Verbindung mit § 21 Nr. 2 GewO.; s. auch OVG. 11 S. 308). Das weitere Verfahren richtet sich nach den Verwaltungsgesetzen, danach ist binnen zwei Wochen Berufung zulässig, welche gegen die Entscheidung des Bezirksausschusses an das Oberverwaltungsgericht geht. Die Entscheidung des Bezirksausschusses, wenn sie in zweiter Instanz erfolgt, ist binnen zwei Wochen noch mit der Revision an das Oberverwaltungsgericht anfechtbar.

3. **Ältere Gesindevermieter.** Eine besondere Stellung nehmen diejenigen G e s i n d e v e r m i e t e r ein, deren G e w e r b e b e t r i e b v o r d e m 1. O k t. 1900 s c h o n b e s t a n d. Da früher eine

Erlaubnis nicht notwendig und von der Anordnung einer Nachholung Abstand genommen ist, so kommt diesen älteren Gesindevermietern gegenüber nur die Untersagung des Gewerbebetriebes nach § 9 Abs. 2 StVG. in Frage, die unter den gleichen Voraussetzungen zu erfolgen hat, wie die Rücknahme der Erlaubnis.

Das Verfahren ist das gleiche wie das zu 2b angegebene, nur ist die Klage auf Untersagung des Gewerbebetriebes zu richten.

Die Vorschrift des § 53 Abs. 3 S. 2 GewO., zufolge deren nach erfolgter Untersagung die Landeszentralbehörde oder eine von ihr zu benennende Behörde die Wiederaufnahme des Betriebes gestatten konnte, sofern seit der Untersagung mindestens ein Jahr verflossen war, ist in das Stellenvermittlergesetz nicht übernommen. Die Wiederaufnahme muß daher jetzt der erstmaligen Gewerbeausübung gleichgestellt werden. Es bedarf mithin einer neuen Erlaubnis (vgl. Fischer Anm. IV b u. Hoffmann Anm. 7 zu § 9 StVG.).

4. **Ausführungsvorschriften.** Nach § 8 StVG., der zum Teil dem § 38 Abs. 1 GewO. nachgebildet ist, sind die Zentralbehörden befugt, über den Umfang der Befugnisse und Verpflichtungen sowie über den Geschäftsbetrieb der Stellenvermittler, also auch der Gesindevermieter weitere, d. h. über das Stellenvermittlergesetz hinausgehende Vorschriften zu erlassen. Die im § 38 Abs. 1 GewO. enthalten gewesene Einschränkung, „soweit darüber die Landesgesetze nicht Bestimmungen treffen", ist in den § 8 StVG. nicht aufgenommen worden. Die auf Grund des § 8 StVG. erlassenen Ausführungsvorschriften beseitigen daher die gleichlautenden oder weniger strengen Bestimmungen der Gesindeordnung.

Für Preußen sind auf Grund der oben erwähnten Ermächtigung von dem Minister f. H. u. G. u. a. erlassen worden: Vorschriften über den Geschäftsbetrieb der gewerbsmäßigen Stellenvermittler mit Ausschluß der gewerbsmäßigen

Stellenvermittler für Bühnenangehörige und der Herausgeber von Stellen- und Vakanzenlisten vom 16. Aug. 1910 (MBlHGewV. 1910 S. 455). Diese Vorschriften sind ebenso wie das Stellenvermittlergesetz selbst hinter der Gesindeordnung von 1810 in den Ergänzungen zu dieser abgedruckt. Auf diesen Abdruck wird verwiesen. Hier sei nur folgendes hervorgehoben:

Das in den früheren Ausführungsvorschriften enthaltene Verbot der gleichzeitigen Ausübung des Gast- und Schankwirtschaftsgewerbes sowie des Kleinhandels mit geistigen Getränken ist jetzt in das Gesetz selbst und zwar in § 3 Abs. 1 aufgenommen. Über das Gesetz hinaus ist den gewerbsmäßigen Stellenvermittlern und ihrem Hilfspersonal, zu denen auch die Familienangehörigen zu rechnen sind, verboten, das Gewerbe im Umherziehen zu betreiben sowie überhaupt ohne vorhandenen Auftrag außerhalb ihrer Geschäftsräume mit den Arbeitgebern oder Arbeitnehmern zum Zwecke des Gewerbebetriebs in persönlichen Verkehr zu treten (§ 16 der Vorschriften).

Ferner ist den gewerbsmäßigen Stellenvermittlern durch Ziff. 1 u. 5 der Ministerialvorschriften die Verpflichtung auferlegt, bestimmte Geschäftsbücher zu führen.

5. **Strafvorschriften.** Zuwiderhandlungen gegen das Stellenvermittlergesetz oder die nach § 8 erlassenen Ausführungsbestimmungen werden mit Geldstrafe bis zu 150 M., in einigen Fällen bis zu 600 M., oder mit Haft (bis zu sechs Wochen) bestraft. Die Haftstrafe ist hiernach nicht nur subsidiär, sondern auch primär zulässig. Wenn § 24 der Ministerialvorschriften die Bestimmung enthält: „oder im Unvermögensfalle mit Haft“, so stößt diese Fassung gegenüber § 13 Ziff. 1 StGB. auf Bedenken (vgl. Fischer Anm. 5 II zu § 8 StGB. S. 197; a. M. Lindenberg in § 20 GesO.).

6. Über polizeiliche Vorschriften hinsichtlich T a x e n siehe zu § 21 GesO.

§ 14. Dergleichen Gesindemäkler müssen sich nach den Personen, die durch ihre Vermittelung in Dienste kommen wollen, sorgfältig erkundigen.

§ 15. Insonderheit müssen sie nachforschen, ob dieselben nach den gesetzlichen Vorschriften sich zu vermieten berechtigt sind.

§ 16. Gesinde, welches schon in Diensten steht, müssen sie unter keinerlei Vorwande zu deren Verlassung und Annehmung anderer Dienste anreizen.

§ 17. Tun sie dieses, so müssen sie dafür das erstemal mit fünf bis zehn Talern Geld- oder verhältnismäßiger Gefängnisstrafe angesehen, im Wiederholungsfalle aber noch außerdem von fernerer Treibung des Mäklergewerbes ausgeschlossen werden[1–2].

1. Die §§ 14, 15 sind durch Ziff. 10 der Vorschriften erledigt, da ihr Inhalt in diese übergegangen ist (vgl. Anm. 4 zu § 13). Die §§ 16, 17 sind, soweit es sich um die Verleitung zum Vertragsbruch, nicht nur zur Kündigung handelt, durch den bereits erwähnten § 12 Ziff. 5 StVG. ersetzt, im übrigen ist Ziff. 11 Abs. 2 in Verbindung mit Ziff. 24 der Vorschriften an ihre Stelle getreten. Der zweite Teil des § 17 ist durch die Bestimmungen der Gewerbeordnung aufgehoben, die jetzt durch das Stellenvermittlergesetz im wesentlichen ersetzt sind.

2. Nach Art. 95 EG. bleiben landesrechtliche Vorschriften über Schadensersatz gegen diejenigen, welche Gesinde zum widerrechtlichen Verlassen des Dienstes verleiten, bestehen. Vorschriften dieser Art fehlen in der GesO. Wohl aber verpflichtet ein Handeln vorgedachter Art, das früher durch § 16 GesO. untersagt war, und jetzt durch § 12 Ziff. 5 StVG. bzw. Ziff. 11 der Vorschriften verboten ist, nach § 823 Abs. 2 BGB. zum Schadensersatz.

§ 18. Sie müssen den Herrschaften, die durch ihre Vermittelung Gesinde annehmen wollen, die Eigenschaften der vorgeschlagenen Person getreulich und nach ihrem besten Wissen anzeigen.

§ 19. Wenn sie untaugliches oder untreues Gesinde, wider besseres Wissen, als brauchbar oder zuverlässig empfehlen: so müssen sie für den durch dergleichen Gesinde verursachten Schaden selbst haften[1—4].

1. § 18 geht insofern über Ziff. 10 der Ministerialvorschriften hinaus, als er dem Gesindemäkler nicht, wie diese, nur eine Erkundigungspflicht, sondern auch eine Anzeigepflicht auferlegt, deren Verletzung nach Maßgabe des § 19 zum Schadensersatz verpflichtet. Diese Bestimmungen sind gemäß Art. 95 EG. zum BGB. und § 8 StBG. als fortbestehend zu erachten (vgl. Lindenberg zu §§ 13, 18, 19 GesO.; Hoffmann, Anm. 7 zu § 8 StBG.; a. M. Jacobi zu §§ 13—21; Maguhn S. 34).

2. Die Schadensersatzpflicht tritt nach § 19 nur ein, wenn der Gesindevermieter wider besseres Wissen gehandelt hat. Ist dies der Fall, so haftet er selbst für den Schaden; eine vorherige Inanspruchnahme des Gesindes erscheint nach dem Wortlaut des Gesetzes nicht erforderlich (ebenso Hoffmann Anm. 7 zu § 8 StBG.; a. M. Lindenberg zu § 19; Nußbaum zu § 19 GesO.).

3. Neben dem § 19 bleiben die allgemeinen Vorschriften des bürgerlichen Rechts maßgebend für die Frage, ob der Gesindevermieter auch dann haftet, wenn er nicht wider besseres Wissen verfahren ist. Da zwischen dem Gesindevermieter und der ihn beauftragenden Herrschaft ein Vertragsverhältnis (Mäklervertrag) vorliegt, so haftet der Mäkler nach § 276 BGB. für Fahrlässigkeit.

4. Die Ziff. 18 und 19 der Ministerialvorschriften enthalten Bestimmungen, welche zu den §§ 18, 19 GesO. eine Ergänzung bilden.

§ 20. Außerdem verwirken sie dadurch, es mag Schaden geschehen sein oder nicht, für das erstemal fünf bis zehn Taler Geld- oder verhältnismäßige Gefängnisstrafe, und werden im Wiederholungsfalle von dem fernern Betriebe des Mäklergewerbes ausgeschlossen. Diese Ausschließung findet selbst bei dem ersten Male statt, wenn sie den Schaden zu ersetzen unvermögend sind[1–2]).

1. Die Strafbestimmung dieses Paragraphen ist in ihrem ersten Teil aufgehoben und ersetzt durch § 13 Ziff. 1 StVG. und Ziff. 24 der Ministerialvorschriften und zwar tritt jetzt Bestrafung mit Geldstrafe bis zu 150 M. oder mit Haft bis zu sechs Wochen ein (vgl. Anm. 5 zu § 13).

2. Der fernere Teil des Paragraphen ist durch die Vorschriften der Gewerbeordnung hinfällig geworden, s. Anm. 3 zu §§ 14–17.

§ 21. Polizeiobrigkeiten, welche Gesindemäkler konzessionieren, liegt zugleich ob, das Mäklerlohn nach den örtlichen Verhältnissen zu bestimmen und bekanntzumachen[1–5]).

1. Die durch § 72 GewO. abgeschafft gewesenen polizeilichen Taxen sind durch § 5 StVG. wieder eingeführt worden. § 5, der den § 21 ersetzt, lautet:

> § 5. Für die den Stellenvermittlern zukommenden Gebühren werden von der Landeszentralbehörde oder den von ihr bezeichneten Behörden nach Anhörung des Trägers des öffentlichen Arbeitsnachweises, von Vertretern der Stellenvermittler, der Arbeitgeber und Arbeitnehmer Taxen festgesetzt.
>
> Eine Gebühr darf nur erhoben werden, wenn der Vertrag infolge der Tätigkeit des Vermittlers zustande kommt. Haben beide Teile diese Tätigkeit in Anspruch genommen, so ist die Gebühr von dem Arbeitgeber und dem Arbeitnehmer je zur Hälfte zu zahlen; eine entgegen-

stehende Vereinbarung zuungunsten des Arbeitnehmers ist nichtig.

Neben den Gebühren dürfen Vergütungen anderer Art nicht erhoben werden. Die Erstattung barer Auslagen darf nur insoweit gefordert werden, als sie auf Verlangen und nach Vereinbarung mit dem Auftraggeber verwendet und als notwendig hinreichend nachgewiesen sind.

Die Stellenvermittler sind verpflichtet, dem Stellensuchenden vor Abschluss des Vermittlungsgeschäfts die für ihn zur Anwendung kommende Taxe mitzuteilen. Die Taxe ist in den Geschäftsräumen an einer in die Augen fallenden Stelle anzuschlagen.

Die Vorschriften des Abs. 2 gelten nicht für die Herausgabe von Stellen- und Vakanzenlisten.

2. Durch den Erlaß des Handelsministers vom 17. Juni 1910 (MBlHGewV. 1910 S. 262) ist die Festsetzung der Taxen für gewerbsmäßige Stellenvermittler (mit Ausnahme der Stellenvermittler für Bühnenangehörige und Schiffsleute) den Ortspolizeibehörden übertragen. In diesem Erlaß ist darauf hingewiesen, daß „die gegenwärtigen Gebührentarife viel zu hoch seien und zu einer Ausbeutung der die Tätigkeit der Stellenvermittler in Anspruch nehmenden Personen führten". Neben der Festsetzung bestimmter Taxen ist die Vorschrift hervorzuheben, daß die Vermittlergebühr, falls beide Teile die Tätigkeit des Vermittlers in Anspruch genommen haben, von dem Arbeitgeber und dem Arbeitnehmer je zur Hälfte zu zahlen ist. Hierbei ist zu beachten, daß diese Vorschrift nur insofern zwingendes Recht enthält als eine Abweichung zuungunsten des Arbeitnehmers verboten ist, während eine Vereinbarung zwischen dem Stellenvermittler und dem Arbeitgeber oder zwischen letzterem und dem Arbeitnehmer, nach welcher der Arbeitgeber mehr als die Hälfte oder auch die volle Gebühr zu zahlen hat, rechtswirksam ist (vgl. Fischer, Anm. 12 IV und Hoffmann Anm. 9 zu § 5 StVG.; a. A. Lindenberg).

3. Die Vereinbarung einer die amtlich festgesetzten Taxen überschreitenden Gebühr ist, als gegen ein gesetzliches Verbot

verstoßend, nichtig (§ 134 BGB.) und die Überschreitung wird außerdem nach § 12 Abs. 1 Ziff. 4 StVG. mit Geldstrafe bis zu 600 M. oder mit Haft bestraft.

4. Das in Ziff. 18 der früheren Ausführungsvorschriften enthaltene Verbot der vorherigen Erhebung von Gebühren, insbesondere eines Einschreibgeldes, ist durch § 5 Abs. 1 Satz 1 und Abs. 3 Satz 1 StVG. ersetzt.

5. Außer den vorstehend erwähnten Vorschriften für gewerbsmäßige Stellenvermittler sind gemeinsam von dem Minister für Handel und Gewerbe, dem Landwirtschaftsminister und dem Minister des Innern auf Grund des § 15 StVG. auch „Vorschriften über den Betrieb nicht gewerbsmäßiger Stellenvermittlungen" (darunter auch der Stellenvermittlungen für Gesinde) vom 21. Aug. 1910 erlassen. Durch diese Vorschriften, die in den Ergänzungen abgedruckt sind, werden die Bestimmungen für gewerbsmäßige Stellenvermittler teilweise auf die nicht gewerbsmäßigen für anwendbar erklärt; daneben werden noch einige besondere Anordnungen getroffen.

Schließung des Mietsvertrages.

§ 22. Zur Annehmung des gemeinen Gesindes bedarf es keines schriftlichen Vertrages.

§ 23. Die Gebung und Annehmung des Mietsgeldes vertritt die Stelle desselben[1–3]).

1. **Aufhebung dieser Vorschriften.** Die §§ 22, 23 bestimmen keine besonderen Formen für Gesindemietsverträge, sondern setzen nur fest, daß an Stelle des schriftlichen Vertrages (der sonst nach dem ALR. bei Verträgen von mehr als 50 Talern erforderlich war) das Geben und Annehmen des Mietsgeldes ausreicht. Die Paragraphen enthalten mithin lediglich eine **Ausnahme** von den allgemeinen Formvorschriften des Zivilrechts. Nach den Grundsätzen, die hinsichtlich der Einwirkung des BGB. zu beobachten sind (S. 6ff.), ist für die Frage der weiteren

Geltung der §§ 22, 23 entscheidend, daß das BGB. die generellen Formvorschriften des ALR. beseitigt hat. Da überdies die diesbezüglichen Vorschriften des Teil I Titel 5 durch Art. 89 AG. aufgehoben sind, so ergibt sich, daß mangels positiver Formvorschrift der Gesindemietsvertrag wie jeder andere Vertrag den allgemeinen Regeln des BGB. unterliegt und danach mündlich gültig geschlossen werden kann (so auch Nußbaum und Seyffarth zu § 22, Stranz-Gerhard S. 453, Weißler, Landesprivatrecht zu § 22, Gentzen in JW. 1901 S. 694 und soweit § 23 in Frage kommt, jetzt auch Lindenberg Anm. 1 zu § 23 und Jacobi zu § 23[1]) unter Aufgabe ihrer früheren abweichenden Ansicht, ferner Lothholz in DJZ. 1904 S. 444, Maguhn Anm. 3 zu 23. Auch die neuere Judikatur hat sich der hier vertretenen Ansicht angeschlossen (vgl. KG. bei Johow 26 S. 79 — DJZ. 1903 S. 575; KG. in Selbstverwaltung 1907 S. 451; OVG. 52 S. 275 — DJZ. 1908 S. 1173/74 und OVG. in Selbstverwaltung 1910 S. 90). Die abweichende Auffassung (Dernburg, BürgR. II § 312 Anm. 2, Scherer in JW. 1901 S. 186, Drabert in DJZ. 1904 S. 114 und in bezug auf § 22 Jacobi und Lindenberg zu § 22) verkennt die Einwirkung des BGB., berücksichtigt zu wenig die Aufhebung der Vorschriften des ALR. durch das AG. Art. 89 und geht auch in der Interpretation der §§ 22, 23 selbst fehl. Hinsichtlich dieser kommt nämlich in Betracht, daß die der GesO. von 1810 nachgebildete GesO. für Neu-Vorpommern und Rügen und für das Rheinland zwar eine dem § 22 analoge Vorschrift enthalten, daß aber der § 23 fehlt. Dies ist der beste Beweis, daß der Inhalt der §§ 22, 23 nicht als eine besondere Bestimmung über die Form anzusehen ist, sondern nur als eine im Hinblick auf die allgemeinen Vorschriften des Bürgerlichen Rechts getroffene, mit diesen in Zusammenhang stehende Anordnung. Man vergleiche auch die ganz anders lautende Fassung in manchen Dienstbotenordnungen der neuen Landesteile, der zufolge auch nach unserer Ansicht dort noch die Formvorschriften in Geltung sind.

2. **Bedeutung des Mietsgeldes.** Dennoch ist das Geben und Nehmen des Mietsgeldes nicht ohne Bedeutung. Es empfiehlt sich vielmehr mit Rücksicht auf § 27 GesO. (s. diesen) an diesem Gebrauch festzuhalten. — Nach § 46 gilt das Mietsgeld nicht als Reugeld, eine Bestimmung, welcher die allgemeinen Vorschriften des BGB. über die Draufgabe entsprechen (§ 336 Abs. 2 BGB.).

3. Der Gesindemietsvertrag wird, wie jeder Vertrag, durch Vereinbarung geschlossen. Er kann deshalb auch stillschweigend durch konkludente Handlungen zustande kommen (vgl. StrArch. 19 S. 58, 96 S. 259; RG. 32 S. 182).

§ 24. Der Betrag des Mietsgeldes hängt von freier Übereinkunft zwischen der Herrschaft und dem Gesinde ab.

§ 25. Das Mietsgeld wird der Regel nach auf den Lohn abgerechnet, insofern ein anderes bei der Vereinbarung nicht ausdrücklich ausbedungen wird[1–2].

1. Gegenüber diesen bestimmten Vorschriften der GesO. war früher ein abweichender Gebrauch nicht maßgebend. Nimmt man jedoch an, daß auch gegenüber dem Landesgesetz jetzt Gewohnheitsrecht entstehen kann (vgl. Stranz-Gerhard S. 15), so würde freilich ein fortgesetzter allgemeiner Gebrauch dieser Art seit 1. Jan. 1900 die Vorschrift aufheben.

2. Ob aus der Auszahlung des Lohnes an dem nächsten Lohnzahlungstermin ohne Geltendmachung der Anrechnung auf einen Verzicht der Herrschaft hinsichtlich dieser Anrechnungsbefugnis geschlossen werden kann, ist Tatfrage. Man wird mangels einer Erklärung der Herrschaft einen Verzicht annehmen müssen.

§ 26. Auch da, wo die Herrschaft sich der Abrechnung des Mietsgeldes durch ausdrückliche Verabredung begeben hat, ist sie dennoch dazu berechtigt, wenn das Gesinde aus eigner Schuld die verabredete Dienstzeit nicht aushält[1–2].

1. Die Anwendung dieses eigentümlichen Widerrufsrechts ist davon abhängig, daß das Gesinde aus eigener Schuld die verabredete Dienstzeit nicht aushält. Ein Dienstbote, welcher berechtigterweise infolge Verhaltens der Herrschaft vor der verabredeten Dienstzeit den Dienst aufhebt, handelt nicht schuldhaft. Über den Begriff „Schuld" s. Anm. 4 zu § 36.

2. Ist der Dienstbote Schadensersatz wegen Nichterfüllung zu fordern berechtigt, so braucht er das Mietsgeld hierbei nicht in Abrechnung zu bringen. Dies ergibt sich aus der Gegenüberstellung der §§ 25 und 26. Die Anwendung des § 338 BGB. ist infolge dieser speziellen Vorschrift ausgeschlossen (a. M. Jacobi Anm. 3 a. E. zu § 26).

§ 27. Hat sich ein Dienstbote bei mehreren Herrschaften zugleich vermietet, so gebührt derjenigen, von welcher er das Mietsgeld zuerst angenommen hat, der Vorzug[1]).

1. Abweichend von allgemeinen Regeln, nach welchen derjenige, welcher zuerst einen Vertrag geschlossen hat, einen Anspruch auf die Dienste des Dienstverpflichteten vor späteren Berechtigten erheben kann, wird hier das Vorrecht von der Annahme des Mietsgeldes seitens des Dienstboten abhängig gemacht. Voraussetzung ist jedoch, daß ein korrekter Mietsvertrag vorliegt. Ist gegen die Bestimmungen der §§ 9, 10 verstoßen, so ist auch die Annahme des Mietsgeldes seitens des Dienstboten einflußlos.

Die Ansicht Lindenbergs (Anm. 1 zu § 27) und Maguhns (Anm. 1 zu § 27), die den Entsch. OVG. 25, 275 und in Polizei 174 folgend dem § 27 die Bedeutung beilegen, daß dem ersten Mieter der Vorzug gebühre, geht fehl. Diese Auslegung würde nur dann richtig sein, wenn früher für sämtliche Gesindedienstverträge die Hingabe des Mietsgeldes notwendiges Erfordernis gewesen wäre; denn nur in diesem Falle könnte jetzt, nachdem jenes Erfordernis weggefallen ist, und sämtliche Gesindedienstverträge formfrei sind, an seine Stelle die bloße

Tatsache des Vertragsschlusses gesetzt und somit der Grundsatz gewonnen werden, daß bei mehreren für dieselbe Zeit geschlossenen Gesindedienstverträgen die Priorität entscheidet. Da nun aber die Hingabe des Mietsgeldes nur bei Gegenständen über 150 M. und auch nur dann notwendig war, wenn der Dienstvertrag der Schriftform entbehrte, es mithin eine Reihe von Fällen gab, in denen die Hingabe des Mietsgeldes gar nicht erforderlich war, so ist die erwähnte Gleichsetzung ungerechtfertigt. Der § 27 hat heute ebensowenig wie früher die Bedeutung, daß bei mehreren für dieselbe Zeit geschlossenen Mietsverträgen dem Dienstherrn des früheren Vertrages der Vorzug gebühre. Vielmehr stellt, wie oben erwähnt, § 27 im Gegenteil eine Ausnahme von diesem Grundsatze dar (wie hier Nußbaum Anm. 1 zu § 27), indem er nicht dem ersten, sondern demjenigen den Vorzug gibt, von welchem das Gesinde zuerst das Mietsgeld genommen hat.

§ 28. Die Herrschaft, welche nachstehen muß oder sich ihres Anspruchs freiwillig begibt, kann das Mietsgeld und Mäklerlohn von den Dienstboten zurückfordern[1—2]).

1. Gleichgültig ist, ob die Dienstherrschaft wußte, daß der Dienstbote sich schon früher vermietet und Mietsgeld vorher anderweitig angenommen hatte. Dies ergibt sich auch aus der Gegenüberstellung der §§ 28 und 29; denn im § 29 sind dem Dienstboten besondere Verpflichtungen auferlegt, wenn die Herrschaft die frühere Vermietung nicht gewußt hat.

2. Nach Ziff. 20 in Verbindung mit Ziff. 18a der Min. Vorschr. vom 16. August 1910, betr. Stellenvermittler kann die Herrschaft die von ihr zu zahlende Hälfte der Vermittlergebühr, und wenn sie die ganze Gebühr bezahlt hat, die ganze Gebühr von dem Stellenvermittler zurückverlangen (vgl. oben Anm. 1 zu § 21). Hierdurch wird aber die Bestimmung des § 28 GesO. nicht berührt (ebenso Lindenberg und Maguhn zu § 28, ungenau Jacobi zu § 28). Vielmehr steht der Herrschaft jetzt

ein Anspruch sowohl gegen das Gesinde, als auch gegen den Stellenvermittler zu.

§ 29. Auch muß ihr, wenn sie die frühere Vermietung nicht gewußt hat, der Dienstbote den Schaden ersetzen, welcher daraus entsteht, daß sie ein anderes Gesinde für höheren Lohn mieten muß.

§ 30. Die Herrschaft, bei welcher der Dienstbote bleibt, muß auf Verlangen diesen Betrag (§§ 28, 29) von seinem Lohne abziehen und der anderen Herrschaft zustellen[1—2].

1. Abzuziehen ist Mietsgeld, Mäklerlohn und Schadensersatz je nach Lage des Falles.

2. Die Bestimmung des § 30 kommt zwar den Wirkungen einer Lohnbeschlagnahme gleich, kann aber nicht selbst als Lohnbeschlagnahme im Sinne des früheren Bundes- — jetzt Reichsgesetzes vom 21. Juni 1869 — angesehen werden, und ist daher durch dieses Gesetz nicht aufgehoben. Gegen Jacobi Anm. 3 zu § 30 ist zu bemerken, daß hier von einem Zurückbehaltungsrecht deshalb nicht gesprochen werden kann, weil die fraglichen Forderungen nicht zwischen denselben Personen bestehen. Aus dem gleichen Grunde liegt auch keine Aufrechnung vor (anders die frühere Auflage und Maguhn zu § 30).

§ 31. Außerdem muß der Dienstbote, der sich solchergestalt an mehrere Herrschaften zugleich vermietet hat, den einfachen Betrag des von der zweiten und folgenden erhaltenen Mietsgeldes als Strafe zur Armenkasse des Orts entrichten[1—4].

1. Nach § 2 EG. z. StGB. aufrecht erhalten.

2. Der Entscheidung des KG. in DJZ. 1908 S. 1226, nach welcher es sich hier um ein Polizeidelikt handelt, daß auch fahrlässig begangen werden kann, wird beizutreten sein. Der Dienstbote ist also schon dann strafbar, wenn seine Annahme, daß der erste Vertrag ungültig sei, auf Fahrlässigkeit beruhte.

3. Daß an die Armenkasse zu zahlen, ist noch in Geltung (s. zu § 12).

4. Über das Verfahren bei der Straffestsetzung s. Anm. 5a zu § 12.

Lohn und Kost des Gesindes.

§ 32. Der Lohn, Kostgeld oder die Beköstigung des städtischen und ländlichen Gesindes ohne Ausnahme hängt bloß von freier Übereinkunft bei der Vermietung ab [1–3]).

1. Lohn ist jede Gegenleistung, welche das Gesinde kraft Vereinbarung erhält. Der Lohn kann auch in Naturalien bestehen (StrArch. 75 S. 63), er kann auch als Tantieme versprochen werden.

2. Frühere Verordnungen, Inhalts deren den Schäfern das Halten von Vorvieh statt der Löhnung verboten wurde, sind durch das G. vom 17. Mai 1882 (GS. S. 308) aufgehoben.

3. Nach dem EinkommensteuerG. vom 19. Juni 1906 ist der Haushaltungsvorstand verpflichtet, der Behörde auf Verlangen Auskunft über das Einkommen des Gesindes zu geben.

§ 33. Insofern bei der Vermietung nichts Bestimmtes hierüber abgemacht ist, muß dasjenige an Lohn, Kostgeld oder Beköstigung gewährt werden, was einem Gesinde derselben Klasse an dem Orte zur Zeit der Vermietung der Regel nach gegeben wurde; was in dieser Rücksicht Regel sei, bestimmt die Polizeiobrigkeit des Orts [1–3]).

1. **Stellung der Polizei.** § 33 bestimmt, daß mangels Vereinbarung über den Lohn usw. angemessene Beträge verlangt werden können. Er enthält eine Eigentümlichkeit, insofern er die Polizeiobrigkeit zur Bestimmung dessen beruft, was als angemessen anzusehen sei. Die Polizeiobrigkeit entscheidet hier

nicht als Richter, sondern, wie Rehbein Bd. IV S. 711 dies zutreffend nennt, als Arbitrator. Die Vorschrift ist materiell-rechtlicher Natur, sie beseitigt die Anwendnng der allgemeinen Regeln, z. B. die Vernehmung von Sachverständigen. Aber ihre Wirkung besteht nur, soweit überhaupt die Landesgesetzgebung Bestimmungen treffen kann. Deshalb ist sie bei der Frage der Beköstigung nicht mehr maßgebend (s. Anm. 3).

Soweit die Bestimmung noch gültig ist, hat sie zur Folge, daß im ordentlichen Prozeß seitens des Gerichts von der Polizeiobrigkeit Auskunft erfordert wird, welchen Betrag diese als Lohn und Kostgeld für angemessen erachte und daß das Gericht an die polizeiliche Feststellung gebunden ist. Auch hierbei trifft § 33 nur zu, wenn die Vergütung für die *geleisteten* Dienste gefordert wird; der Ersatzanspruch des Dienstboten, der zu Unrecht entlassen ist (§ 162) wird von der Bestimmung des § 33 nicht betroffen.

2. Die Feststellung der Polizeiobrigkeit über die Höhe des angemessenen Betrages enthält keine polizeiliche Verfügung, sondern die Äußerung eines Gutachtens, das jedoch nicht durch Befragen anderweitiger Sachverständiger angefochten werden kann. Da es sich nicht um eine polizeiliche Verfügung handelt, so ist auch ein Rechtsmittel im Verwaltungsstreitverfahren nicht angängig. Die entgegengesetzte herrschende Ansicht übersieht den Charakter der polizeilichen Erklärung. Dagegen erscheint wie gegen jede Maßnahme der Polizei auch gegen die Äußerung im Rahmen des § 33 die Beschwerde im Aufsichtswege statthaft.

3. **Verhältnis zu § 618 BGB.** Nach Art. 95 EG. zum BGB. ist der § 618 BGB. auf Gesindeverhältnisse für anwendbar erklärt. Nach Abs. 2 dieses Paragraphen hat der Dienstberechtigte, sofern der Dienstverpflichtete in die häusliche Gemeinschaft aufgenommen ist, u. a. in Ansehung der Verpflegung diejenigen Anordnungen zu treffen, welche mit Rücksicht auf die Gesundheit usw. des Verpflichteten erforderlich sind. Diese materiell-rechtliche Vorschrift des BGB. enthält

nichts davon, daß die Polizeiobrigkeit als endgültiger Arbitrator zu fungieren hat. Soweit daher im Spielraum des § 33 ein Rechtsstreit über die Beköstigung entsteht, kann der Richter in jeder sonstigen Weise feststellen, welche Beköstigung angemessen ist, er kann auch die Polizei um Auskunft ersuchen, er ist dazu aber nicht verpflichtet und nicht an deren Entscheidung gebunden.

§ 34. Weihnachts-, Neujahrs- und andere dergleichen Geschenke kann das Gesinde auch auf Grund eines Versprechens niemals gerichtlich einklagen[1–4].

1. Die Vorschrift ist materiell-rechtlich; auch die Polizeibehörde ist nicht befugt, derartige Geschenke für das Gesinde geltend zu machen (Rehbein IV S. 712, Zürn S. 46, OVG. 18 S. 418, MBl. f. i. V. 1890 S. 34).

2. Die Bestimmung greift nur Platz, wenn es sich um wirkliche Geschenke handelt; sie findet keine Anwendung, wenn die Geschenke bei der Mietung des Gesindes verabredet sind, sich also als Teil des Lohnes charakterisieren (Lindenberg zu § 34).

3. Die Vorschrift geht als Spezialvorschrift dem BGB. vor, selbst ein gerichtliches oder notarielles Versprechen über derartige Zuwendungen wäre daher unklagbar.

4. Auch die Aufrechnung ist ausgeschlossen („nicht einklagen").

§ 35. Alle provinzielle oder örtliche auf Gesetzen oder Herkommen beruhende Bestimmungen wegen solcher Geschenke sind vom 2. Januar 1811 ab aufgehoben und von diesem Zeitpunkte an durchaus nicht mehr verbindlich[1]).

1. Als Übergangsbestimmung jetzt ohne Bedeutung.

§ 36. In allen Fällen, wo Weihnachts- oder Neujahrsgeschenke[1]) während eines Dienstjahres[2]) schon wirklich gegeben worden, kann die Herrschaft dieselben auf

den Lohn anrechnen, wenn der Dienstvertrag im Laufe des Jahres durch Schuld des Gesindes wieder aufgehoben wird[3—6]).

1. Nur diese, keine sonstigen Schenkungen, insbesondere Geburtstagsgeschenke, Trinkgelder usw.

2. **Dienstjahr.** Das Dienstjahr rechnet vom Datum des Dienstantritts an, es fällt nicht mit dem Kalenderjahr zusammen. Ist der Dienstbote z. B. am 1. Oktober 1911 eingetreten, so ist die Anrechnung zulässig, sofern vor dem 1. Oktober 1912 die Auflösung des Gesindeverhältnisses erfolgt. Tritt die Auflösung aber erst zum 1. Oktober 1912 ein, so ist die Anrechnung ausgeschlossen.

3. **Laufendes Dienstjahr.** Nur Anrechnung der Weihnachts- oder Neujahrsgeschenke des betreffenden jedesmaligen (LG. I Berlin in den KGBl. 1899 S. 791) Dienstjahres, nicht früherer Dienstjahre, ist gestattet.

4. Ist der Lohn schon im voraus gezahlt, eine Anrechnung also nicht mehr durchführbar, so entfällt die Möglichkeit der Anwendung des § 36.

5. Eine Befugnis zur Rückforderung der Geschenke oder gar des Lohnes kann aus § 36 nicht entnommen werden. Das Recht zum Widerruf der Geschenke regelt sich vielmehr nach dem BGB., das hier, wo es sich um Schenkungen handelt, die einer sittlichen Pflicht oder einer auf den Anstand zu nehmenden Rücksicht entsprechen, einen Widerruf ausschließt (§ 534 BGB.).

6. Was unter „Schuld des Gesindes" zu verstehen ist, ist streitig geworden. Nußbaum, Anm. 4 zu § 36, vertritt die Auffassung, daß von einer Schuld des Gesindes nur die Rede sein kann, wenn eine Entlassung des Dienstboten infolge unrichtigen Verhaltens desselben auf Grund der §§ 117ff. GesO. herbeigeführt werde. Das LG. III Zivilkammer 1 im Urteil vom 17. Sept. 1910, abgedruckt in den KGBl. 1911 S. 9, hat sich in ausführlicher Begründung der Ansicht von Nuß-

baum angeschlossen mit dem Hinzufügen, daß auch ein Kontraktbruch des Gesindes, also ein ungesetzmäßiges Verlassen des Dienstes als eine Schuld des Gesindes im Sinne des § 36 anzusehen sei. Die Entscheidung verneint dagegen, daß die Anwendung der vertragsmäßigen oder gesetzlichen Kündigungsmöglichkeit eine Aufhebung des Vertrages durch Schuld des Gesindes darstelle. Im Gegensatz hierzu hält Lindenberg Anm. 1 und Anm. 3 zu § 36 eine Aufhebung durch Schuld des Gesindes auch dann für vorliegend, wenn die Kündigung vom Gesinde ausgeht, auch dann, wenn diese Kündigung sich in vertragsmäßigen oder gesetzlichen Grenzen hält. Lindenberg will den Nachdruck darauf legen, daß in denjenigen Fällen, in welchen das Gesinde wegen unberechtigten Verhaltens entlassen wird, die Aufhebung des Vertrages durch den Willen der Herrschaft erfolgt, und folgert daraus, daß mit dem Ausdruck Schuld des Gesindes andere Fälle gemeint sein müssen. Die Ansicht von Lindenberg kann nicht überzeugen; der Gedankengang des Gesetzgebers scheint viel richtiger in der angeführten Entscheidung des Landgerichts III berücksichtigt zu sein, auf welche im einzelnen verwiesen wird. Es ist anzunehmen, daß der Gesetzgeber einen Nachteil für das Gesinde mit der Anrechnung der Weihnachts- oder Neujahrsgeschenke vorsehen wollte, sofern ein schuldhaftes Handeln des Gesindes vorläge. Ein Gebrauch gesetzmäßiger oder vertragsmäßiger Rechte kann aber ohne zwingenden Grund nicht als schuldhaftes Handeln angesehen werden.

§ 37. Bei männlichen Bedienten ist die Livree ein Teil des Lohnes und fällt nach Ablauf der durch Vertrag bestimmten Zeit denselben eigentümlich zu. In Ermangelung einer solchen Bestimmung entscheidet die Polizeiobrigkeit wie § 33 über die Zeit, binnen welcher die Livree verdient ist[1—3]).

1. Die Gesindeordnung unterscheidet zwischen der gewöhnlichen Livree und der besonderen Staatslivree. Von der

ersteren ist die Rede in § 37, von der letzteren in den §§ 38 und 39. Die gewöhnliche Livree bleibt, solange der Bediente noch nicht die zwischen Herrschaft und Gesinde verabredete Zeit hindurch in Stellung war, Eigentum der Herrschaft, fällt aber mit Ablauf dieser Zeit dem Bedienten zu. Die besondere Livree bleibt stets Eigentum der Herrschaft.

Der Eigentumsübergang im ersteren Fall vollzieht sich nach den allgemeinen Regeln, für gewöhnlich also, da die Livree sich im Besitz der Bedienten befindet, unmittelbar mit dem Ablauf der Zeit. Sollte etwa beim Ablauf die Livree sich nicht im Besitz des Bedienten befinden, so wird dieser erst Eigentümer, wenn in Gemäßheit des BGB. Übergang des Eigentums stattgefunden hat, z. B. wenn die Livree übergeben ist.

Dem Bedienten steht gegen die Herrschaft ein Klagerecht auf Ausantwortung der Livree zu.

2. Ist zwischen der Herrschaft und dem Bedienten eine Zeit, nach welcher die Livree Eigentum des Bedienten werden sollte, nicht vereinbart, so hat die Polizeibehörde zu bestimmen, welche Zeit als maßgebend zu erachten ist, binnen welcher Zeit also der Bediente die Ansprüche auf die Livree erworben hat. Über die Stellung der Polizei hierbei gilt das zu § 33 Gesagte. Danach ist der Rechtsweg zulässig jedoch entscheidet das von der Polizei einzuholende Gutachten endgültig.

§ 38. Wird außer derselben noch besondere Staatslivree gegeben, so hat auf diese der Bediente keinen Anspruch.

§ 39. Mäntel, Kutscherpelze und dergleichen gehören nicht zur gewöhnlichen Livree.

Dauer der Dienstzeit.

§ 40. Die Dauer der Dienstzeit hängt von freier gegenseitiger Übereinkunft bei der Vermietung ab, doch kann niemand sich zu einer Dienstzeit verpflichten, die nicht entweder durch eine gewisse Anzahl von Jahren oder Monaten, Wochen, Tagen ausgedrückt oder doch so bestimmt ist, daß jedem Teile freisteht, nach vorgängiger Kündigung von dem Vertrage abzugehen. Wo dies dennoch geschehen sein sollte, muß der Dienende nach vorgängiger, einjähriger Aufkündigung jederzeit entlassen werden. Dienstkontrakte, welche Eltern oder Vormünder für ihre Kinder oder Pflegebefohlenen abschließen, können von denselben nach erlangter Volljährigkeit unbedingt nach § 112 aufgekündigt werden[1—4]).

1. § 40 enthält drei verschiedene Bestimmungen. Er setzt zunächst fest, wie die Dauer der Dienstzeit bestimmt werden soll, trifft im Satz 2 dann Vorschriften für den Fall, daß die Dienstzeit unbeschränkt ist und enthält endlich eine besondere Bestimmung für den Fall, daß Dienstverträge von Eltern oder Vormündern während der Minderjährigkeit für Kinder oder Mündel abgeschlossen sind.

2. Ist der Dienstvertrag nicht für eine bestimmte Zeit geschlossen, so entscheiden die Kündigungsvorschriften der GesO. (§ 41). Auf einen gewissen Zeitraum ist auch ein Dienstvertrag geschlossen, der die Leistung von Diensten für den Sommer, den Winter, die Reise usw. betrifft.

3. Satz 1 verbietet einen Dienstvertrag, der nicht auf bestimmte Zeit oder unter der Abrede der Kündbarkeit geschlossen ist. Satz 2 bestimmt, daß ein diesem Verbot zuwider eingegangener Vertrag jederzeit mit einjähriger Aufkündigung aufgehoben werden konnte. Diese Vorschrift betraf Verträge, die auf bestimmte Zeit eingegangen waren, nicht, so daß z. B. jemand, der auf 50 Jahre einen Dienstvertrag geschlossen hatte, an diese Zeit gebunden war. Nunmehr greift nach Art. 95 EG. den Satz 2 aufhebend § 624 BGB. ein, welcher folgendermaßen lautet:

§ 624 BGB. Ist das Dienstverhältnis für die Lebenszeit einer Person oder für längere Zeit als fünf Jahre eingegangen, so kann es von dem Verpflichteten nach dem Ablaufe von fünf Jahren gekündigt werden. Die Kündigungsfrist beträgt sechs Monate.

Er stellt das Gesinde günstiger als die frühere Bestimmung, insofern er eine Kündigung zuläßt, wenn der Dienstvertrag länger als auf fünf Jahre eingegangen ist; er stellt es ungünstiger, insofern ein Dienstvertrag auf Lebenszeit erst nach fünf Jahren gekündigt werden kann, während § 40 eine einjährige Kündigungsfrist setzt. Maßgebend ist indessen jetzt nur § 624 und zwar weil es sich hier um Vorschriften handelt, die im allgemeinen öffentlichen Interesse gegeben sind, auch in den Fällen, in denen der Gesindevertrag vor dem 1. Jan. 1900 geschlossen war. Die Ansicht von Nußbaum, welcher für die Geltung des § 624 unterscheiden will, ob er das Gesinde günstiger stellt als § 40 GesO. oder nicht, findet im Art. 95 EG. keine Stütze. Auch der Entscheidung des Reichsgerichts bei Gruchot 49 S. 659, in welcher ohne Erwähnung des § 624 BGB. ein auf Lebenszeit abgeschlossener Gesindevertrag (Abschluß 1898) mit einjähriger Kündigungsfrist für kündbar erklärt wird, kann nicht zugestimmt werden. Vgl. Jacobi Anm. 4 zu § 40; Maguhn Anm. 2 zu § 40.

4. § 40 Satz 3 enthält eine Vorschrift, welche mit den allgemeinen Bestimmungen des BGB. nicht im Einklang ist. Nach dem BGB. ist der Dienstvertrag, den der Vater oder die Mutter für das Kind, bzw. der Vormund für das Mündel abschließt, gültig; der Vertrag bedarf allerdings, wenn er vom Vormund für mehr als ein Jahr abgeschlossen wird, der Genehmigung des Vormundschaftsgerichts (§ 1822 Ziff. 7). Ist dies aber beobachtet oder handelt es sich um ein unter elterlicher Gewalt stehendes Kind, so ist das Kind bzw. Mündel auch über seine Volljährigkeit hinaus auf die durch Vertrag bestimmte Zeit gebunden und hat höchstens Anspruch auf Ersatz oder dergleichen gegen Eltern, Vater oder Mutter oder

Vormund, wenn diese bei Abschluß des Vertrages ihre Pflichten verletzt haben. Die für das Gesinderecht gegebene abweichende Bestimmung des § 40 Satz 3 bleibt aber als besondere Vorschrift des Gesinderechts nach Art. 95 EG. maßgebend. Dies muß auch gelten, obgleich nach Art. 95 die §§ 104—115 BGB. unbedingt anwendbar sind. Denn diese bestimmen zwar, mit wessen Genehmigung ein Vertrag für Minderjährige geschlossen werden kann und setzen damit etwaige anderweitige landesrechtliche Vorschriften in dieser Richtung außer Kraft, sie schließen aber nicht aus, daß besondere Vorschriften über die Aufhebung dieser Verträge durch Landesrecht innerhalb des Vorbehaltsgebietes angeordnet werden.

§ 41. Ist nichts Besonderes verabredet worden, so wird die Miete bei städtischem Gesinde auf ein Vierteljahr, bei Landgesinde aber auf ein ganzes Jahr für geschlossen angenommen [1—2].

1. **Städtisches und ländliches Gesinde.** Der Unterschied zwischen städtischem Gesinde und Landgesinde ist nicht danach zu bemessen, ob das Gesinde in der Stadt oder auf dem Lande dient, sondern welche Tätigkeit es entfaltet. So sind Dienstboten, welche auf einem Rittergut lediglich für den Haushalt beschäftigt sind, z. B. Diener, Kammerjungfer, städtisches Gesinde; dagegen Dienstboten, welche in der Stadt bei einem Ackerbürger Ackerwirtschaft besorgen, Landgesinde. (So jetzt die herrschende Meinung, Dernburg II § 311 V 1, Koch zu § 41, Lindenberg zu § 41; das Obertribunal schwankte, vgl. z. B. Bd. 17 S. 510.)

2. Der im § 41 festgesetzte Zeitraum rechnet nicht nach Kalenderfristen, sondern vom Dienstantritt an; irrig ist deshalb die viel verbreitete Meinung, daß die Kündigung des Gesindeverhältnisses immer sechs Wochen (bei ländlichem Gesinde drei Monate) vor Ablauf des Kalendervierteljahres erfolgen müsse. Eine Köchin, die am 1. Juni ihre Tätigkeit angetreten hat, kann nur sechs Wochen vor dem 1. September,

1. Dezember, 1. März, 1. Juni kündigen oder gekündigt werden.

Antritt des Dienstes.

§ 42. Die Antrittszeit ist in Ansehung des städtischen Gesindes der 2. Januar, April, Juli und Oktober jedes Jahres, insofern nicht ein anderes bei der Vermietung ausdrücklich ausbedungen worden ist. Fällt jedoch die Antrittszeit hiernach auf einen Sonn- oder Festtag, so zieht das Gesinde den nächsten Werktag vorher an[1–5]).

1. § 42 gibt eine gesetzliche Regelung. Vor dem Inkrafttreten des BGB. waren gegenüber dieser gesetzlichen Regelung polizeiliche Verordnungen abweichender Art als unverbindlich angesehen (v. Kamptz Bd. 9 S. 1058). Auch jetzt fehlt es für die Gültigkeit polizeilicher Verordnungen an einer gesetzlichen Handhabe. Ein abweichender Gebrauch war vor dem BGB. infolge der Bestimmungen des ALR. über Gewohnheitsrecht nicht wirksam möglich. Wenn das Polizeipräsidium zu Berlin in einem Bescheid vom 13. Mai 1898, Bl. f. Rechtspflege S. 52, gegenüber dem § 42 als ortsüblich erklärt, daß das Gesinde, welches monatsweise mit vierzehntägiger Kündigung gemietet sei, am Ersten anzuziehen hätte, so ist dieser Bescheid irrig gegenüber der Rechtslage, wie sie zur Zeit des ALR. bestand. Unter der Herrschaft des BGB. könnte sich ein abweichender Gebrauch bilden, doch müßte nachgewiesen werden, daß es sich in der Tat um eine allgemein in Berlin herrschende Auffassung handle, was um so schwieriger sein dürfte, als ja ein dauernder Ab- und Zugang von Dienstboten zwischen Berlin und den Vororten stattfindet, ein diesbezüglicher Gebrauch also nicht bloß in Berlin, sondern auch in den Vororten festgestellt werden müßte. Klein gibt zwar auf S. 16 an, daß in Berlin bei monatsweise gemietetem Gesinde der Erste und Fünfzehnte ortsüblich als Ziehtage gelten. Er

begründet diese Auffassung aber nicht und ist mutmaßlich durch den oben angeführten Bescheid des Polizeipräsidiums beeinflußt. Lindenberg, welcher noch bis zur siebenten Auflage unter Berufung auf den erwähnten Bescheid dieselbe Auffassung vertrat, sagt in der achten Auflage, daß es an einer gesetzlichen Bestimmung für monatsweise gemietetes Gesinde fehlt, und fügt ohne nähere Begründung hinzu, es habe das zum Beginn eines Monats gemietete Gesinde bei monatsweiser Mietung hiernach seinen Dienst am Ersten anzutreten.

Nach diesseitiger Auffassung ist zu unterscheiden, ob das Gesinde zum Quartalsmonat oder zu einem anderen Monat anzuziehen hat. Beim Quartalsmonat gibt § 42 eine ausdrückliche Regelung, die auch in keiner Weise abhängig ist von der Frage, welche Kündigungsfrist vereinbart ist oder auf wie lange das Gesinde gemietet ist. Daraus ergibt sich, daß ein Gesinde, welches zum Quartalsmonat anzieht, für die Regel am Zweiten den Dienst anzutreten hat. Bei anderen Monaten enthält das Gesetz nichts. Jeder Vertrag aber hat mit dem Zeitpunkt anzufangen, mit welchem seine Wirksamkeit beginnt. Danach nehmen wir an, daß ein Gesinde, welches zum Beginn eines Nichtquartalsmonats gemietet ist, am Ersten zuzuziehen hat. Gleichgültig hierbei ist, auf welche Zeit und mit welcher Kündigungsfrist gemietet ist.

2. Über den Begriff des städtischen Gesindes siehe Anm. 1 zu § 41.

3. Zu welcher Stunde des Tages das Gesinde anzieht, ist im § 42 nicht gesagt; jede Stunde muß als zulässig gelten.

Da aber das Gesinde, welches abzieht, noch Arbeiten zu verrichten hat, so wird es nicht früher abgehen können, als bis es diese Arbeiten erledigt hat. Hieraus folgt, daß die ziemlich allgemein beobachtete Erscheinung, wonach das Gesinde am Nachmittag weggeht und das neue Gesinde erst am Nachmittag eintrifft, zutreffend ist.

4. Die Übersiedelung eines Gesindes beim Antritt eines neuen Dienstes von einer Gemeinde in die andere kann für den Begriff des **Wohnsitzes** von Bedeutung werden. Die Frage, ob bei einer solchen Übersiedelung das Gesinde einen neuen Wohnsitz am Orte seines neuen Dienstes begründet, hängt davon ab, ob es in Gemäßheit des § 7 BGB. eine ständige Niederlassung am Orte der Ausübung der Gesindetätigkeit für sich errichtet; dies wird bei geschäftsfähigen Personen meistens der Fall sein. Die Ausführung von Jacobi (Anm. 4 zu § 42) beruht auf einer mißverständlichen Auffassung des AG. § 1 Abs. 4. Im Ausführungsgesetz sind nur die besonderen Vorschriften (Rheinisches Recht) aufgehoben, nach denen die Gesindetätigkeit ohne weiteres die Annahme eines Wohnsitzes in sich schloß. Aus der Bestimmung des Art. 14 AG. geht jedoch nicht, wie Jacobi annimmt, hervor, daß ein Dienstbote mit seiner Gesindetätigkeit keinen Wohnsitz begründet und seinen alten behält.

5. Für Rechtsstreitigkeiten gegen das Gesinde ist § 20 ZPO. beachtenswert. Nach demselben kann gegen einen Dienstboten wegen vermögensrechtlicher Ansprüche an dem Dienstort Klage erhoben werden, weil dieser Ort der Aufenthaltsort ist und § 20 Klage am Gericht des Beschäftigungsorts gegen Dienstboten zuläßt. Selbst wenn also ein Dienstbote z. B., weil er minderjährig ist, durch Annahme eines Dienstes einen Wohnsitz am Sitze der Dienstbotenherrschaft nicht begründet, vielmehr seinen alten Wohnsitz beibehält, so greift doch der Gerichtsstand des Aufenthaltsorts nach § 20 durch.

§ 43. Bei dem Landgesinde beruht die Antrittszeit desselben zunächst auf ausdrücklicher Übereinkunft bei der Vermietung; wo diese nicht stattfindet, vorläufig auf der in der Gegend üblichen Gewohnheit. Wo diese vor jetzt nicht bestimmt entscheidet, und nach Verlauf von fünf Jahren allgemein, ist der 2. April mit den im

vorigen Paragraphen angenommenen Bestimmungen wegen der Sonn= und Festtage die gesetzliche Anziehzeit [1–6]).

1. Die klein gedruckten Worte enthalten eine Übergangsvorschrift, die jetzt ohne Bedeutung ist.

2. Über die Wirksamkeit der Vorschrift siehe Anm. 1 zu § 42.

3. Über den Begriff des Landgesindes siehe Anm. 1 zu § 41.

4. Zufolge besonderer Bestimmungen gilt nicht der 2. April, sondern der 2. Januar als Umzugstermin für Landgesinde:

a) in den zum ständischen Verband der Mark Brandenburg und Niederlausitz gehörenden Landesteilen (Koch zu § 43, KabO. vom 28. Juli 1842, GS. S. 247);

b) in der Provinz Sachsen (Koch aaO., KabO. vom 20. Febr. 1846, GS. S. 150);

c) auch für die Provinz Schlesien ist der 2. Januar im Landtagsabschied vom 2. Juni 1827 als Umzugstermin festgesetzt (Koch, Zusatz a zu § 43). Dieser Landtagsabschied ist jedoch, weil er nicht als Gesetz publiziert wurde, ohne Geltung (Rehbein IV S. 708, Rönne Staatsrecht I § 8 Nr. 2, Lindenberg zu § 43 a. A. StrArch. 43 S. 227).

In Ostpreußen ist der Martinitag (10. Nov.) nach altem Herkommen der übliche Ziehtag (StrArch. 43 S. 227; BA. f. H. 10, 15). Eine Verordnung ist indessen über die Geltung dieses Termins für Ostpreußen nicht erlassen, deshalb gilt als gesetzlicher Ziehtag auch dort der 2. Januar (StrArch. 43 S. 227). Meistens wird freilich als stillschweigend vereinbart anzusehen sein, daß gemäß dem vorerwähnten Herkommen der Umzug am 10. November erfolgen soll (Nußbaum zu § 43).

5. Für Schäfer und Schäferknechte ist durch § 2 des G. vom 17. Mai 1882, GS. S. 309, als Umzugstermin der letzte Werktag im Juni bestimmt.

6. Auf Tagelöhner und Instleute findet die Vorschrift des § 43 keine Anwendung (v. Kamptz I S. 65).

§ 44. Die gesetzlichen oder nach § 43 auf landüblichen Gewohnheiten beruhenden **Antrittstage für das neue Gesinde sind zugleich die Abzugstage für das alte. Kein Gesinde darf den Dienst wider Willen der Herrschaft früher verlassen, es sei denn, daß seine Dienstzeit nach ausdrücklicher gegenseitiger Übereinkunft früher beendigt wäre**[1–3].

1. Die klein gedruckten Worte haben jetzt keine Bedeutung mehr (vgl. Anm. 1 zu § 43).

2. Das Gesinde ist verpflichtet, am Umzugstage so lange der alten Herrschaft Dienste zu leisten, als es unter Berücksichtigung seiner Pflicht zum Antritt der neuen Herrschaft gegenüber dies tun kann (RG. in der DJZ. 1898 S. 380).

3. Ein früheres Verlassen kann nach Maßgabe der §§ 167, 168 zu einer zwangsweisen Zurückführung seitens der Polizei, zur Bestrafung und zum Schadensersatz Anlaß geben.

§ 45. Nach einmal gegebenem und genommenem Mietsgelde ist die Herrschaft schuldig, das Gesinde anzunehmen und letzteres, den Dienst zur bestimmten Zeit anzutreten[1–4].

1. Die Ausdrucksweise des Gesetzes ist ungenau und namentlich gegenüber der jetzigen Rechtslage (s. die Anm. zu §§ 22, 23) nicht erschöpfend. S o b a l d d e r M i e t s v e r t r a g g e s c h l o s s e n ist (§ 22), besteht beiderseits die Verpflichtung zur Erfüllung.

2. Kraft besonderer Bestimmung des § 4 der VO. vom 23. Sept. 1846 kann die Herrschaft die Annahme des Gesindes verweigern, wenn das Gesinde kein Dienstbuch vorlegt.

3. Ein Rücktritt ist nach den §§ 48, 52, 53 GesO., außerdem aus allgemeinen zivilrechtlichen Gründen (Zwang, Irrtum usw.), wenn diese Platz greifen, zugelassen.

4. Die vielfach verbreitete Ansicht, daß innerhalb 24 Stunden die Herrschaft unter Verzicht auf das Mietsgeld, das Gesinde unter Rückgabe des Mietsgeldes zurücktreten könne, ist dem positiven Gesetz gegenüber eine irrige. Nach der jetzigen Rechtslage kann sich aber ein Gewohnheitsrecht oder ein Gebrauch dieser Art bilden (vgl. Anm. 1 zu § 25).

§ 46. Weder der eine noch der andere Teil kann sich davon durch Überlassung oder Zurückgabe des Mietsgeldes losmachen[1]).

1. Das Mietsgeld gilt mithin nicht als Reugeld.

§ 47. Weigert sich die Herrschaft das Gesinde anzunehmen, so verliert sie das Mietsgeld und muß das Gesinde ebenso schadlos halten wie auf den Fall, wenn das Gesinde unter der Zeit ohne rechtlichen Grund entlassen worden, unten verordnet wird (§ 160 sqq.[1–4]).

1. **Weigerung der Herrschaft.** Der § 47 ist nur anwendbar, wenn eine grundlose Weigerung auf Seiten der Herrschaft vorliegt. Er setzt für den Fall solcher Weigerung zwei Folgen fest:

a) Den **Verlust des Mietsgeldes**, d. h. den Verlust der Befugnis zur Anrechnung des Mietsgeldes.

b) Die **Verpflichtungen**, welche in den **§§ 160 ff.** bei unrechtmäßiger Entlassung angeordnet sind. Danach muß die Herrschaft bis zum Ablauf der Kündigungsfrist oder bis zum anderweitigen Indiensttreten des Gesindes diesem den Lohn zahlen und für Kost und Logis Ersatz gewähren. Sie muß auch, wenn der neue Dienst dem Gesinde weniger Lohn einbringt, die Differenz erstatten. Über die Frage, ob das Gesinde einen anderen Dienst aufsuchen muß s. die Anm. zu § 163 GesO.

2. **Notwendigkeit der Anrufung der Polizei.** Aus der Bezugnahme auf die §§ 160 ff. ergibt sich auch, daß hier bei der Weigerung zur Annahme des Gesindes, die **Polizei** zunächst von

seiten des Gesindes angerufen werden muß, ehe das Gesinde den Rechtsweg beschreiten kann [Reskript vom 17. April 1812, abgedruckt hinter der GesO.]; OTr. 59 S. 256; Rehbein IV S. 708ff.). Die Tätigkeit der Polizei ist hier nur eine vorläufige. Lehnt die Herrschaft die Vermittelung der Polizei ab, so hat die Polizei dem Gesinde ein Attest darüber auszustellen, und das Gesinde auf den Klageweg zu verweisen.

3. **Befugnisse der Polizei.** Weitergehende Befugnisse stehen der Polizeibehörde nicht zu. Dies folgt aus dem Gegensatz des § 47 zu dem § 51, welcher Vorschriften über die Weigerung des Gesindes gibt. Der im § 51 angewendete Ausdruck „von der Obrigkeit durch Zwangsmittel angehalten werden" fehlt im § 47. Überdies ist auch im § 160 nur von Anhalten seitens der Obrigkeit, nicht von Anhalten durch Zwangsmittel die Rede. Die Polizei kann deshalb, wie übereinstimmend angenommen wird, weder Geldstrafe gegen die Herrschaft festsetzen, noch durch Zwangsmaßregeln den Dienstantritt herbeiführen. Sie ist aber auch nicht befugt, im öffentlichen Interesse irgendwelche Anordnungen gegen die Herrschaft zu erlassen (Reskript des Min. d. Inn. in v. Kamptz, Jahrb. für die Preußische Gesetzgebung 42 S. 110, StrArch. 57 S. 225, RG. bei Gruch. 26 S. 1048, Nußbaum zu § 47, Jacobi zu § 47). Eine etwaige Notlage des nicht angenommenen Gesindes kann der Polizei zwar Anlaß geben, es aus öffentlichen Mitteln zu unterstützen, und die Polizei würde dann befugt sein, aus dem Rechte des Gesindes im Prozeßwege von der Herrschaft Ersatz der Unterstützungskosten zu fordern. Die gesetzliche Grundlage dieser Befugnis wäre aber nicht im § 47 GesO., sondern in allgemein rechtlichen Vorschriften zu erblicken.

4. **Keine Klage des Gesindes auf Erfüllung.** Schon nach den Vorschriften des BGB. hat der Dienstverpflichtete keinen Anspruch auf Annahme seiner Dienste, sondern kann, wenn der Dienstberechtigte mit der Annahme der Dienste in Verzug

kommt, nach § 615 BGB. nur die vereinbarte Vergütung verlangen. § 47 weicht aber insofern von den Vorschriften des BGB. ab, als an Stelle der Verzugsvoraussetzung folgende Erfordernisse treten:

1. die Weigerung der Herrschaft,
2. die Anrufung der Polizei,
3. die Erfolglosigkeit des polizeilichen Vermittelungsversuchs.

Liegen diese Voraussetzungen vor, so hat das Gesinde die oben unter 1 aufgeführten Rechte und zwar nur diese.

Man kann auch nicht mit Seyffarth (Anm. 2 zu § 47) annehmen, daß das Gesinde ein Rücktrittsrecht noch besonders aussprechen muß und daß dabei die Vorschriften des § 326 BGB. zu beachten sind. Die Rechtslage ist vielmehr nach § 47 in Verbindung mit §§ 160ff. eine andere. Durch die grundlose Weigerung der Herrschaft und Ablehnung der polizeilichen Vermittelung ist der Vertrag aufgehoben, das Gesinde braucht nicht mehr den Dienst anzutreten. Ob es einen neuen Dienst suchen will oder nicht, ob es Entschädigung beanspruchen will oder nicht, hängt ganz von seinem Belieben ab, nur kann es unter Umständen auf die Entschädigungsansprüche des Gesindes schmälernd einwirken, wenn das Gesinde unterläßt, einen neuen Dienst anzutreten (vgl. die Anm. zu § 163).

§ 48. Doch kann die Herrschaft von dem Vertrage vor Antritt des Dienstes aus eben den Gründen abgehen, aus welchen sie berechtigt sein würde, das Gesinde vor Ablauf der Dienstzeit wieder zu entlassen (§ 117 sqq.[1]).

1. § 48 gibt der Herrschaft das Recht zum Rücktritt unter Rückforderung des Mietsgeldes aus denjenigen Gründen, welche die Herrschaft, nachdem das Gesinde in Dienst getreten ist, berechtigen, das Gesinde zu entlassen. Die in Bezug genommenen §§ 117ff. betreffen meistens Zuwiderhandlungen gegen die Herrschaft oder Unzuverlässigkeit des Gesindes. § 48 kann

nicht ein derartiges Verhalten gegen die neue Herrschaft im Auge haben, denn gegen diese kann der neue Dienstbote, der noch gar nicht seinen Dienst angefangen hat, nur in den seltensten Fällen sich vergehen. Die Bestimmung ist vielmehr dahin auszulegen, daß die neue Herrschaft auch dann zurücktreten kann, wenn sie nachträglich erfährt, daß der bisherigen Herrschaft gegenüber Umstände vorliegen, auf Grund deren diese nach den §§ 117ff. das Dienstverhältnis aufheben kann. Für diese Auslegung spricht auch die Bestimmung, welche im umgekehrten Fall nach § 52 für den Rücktritt seitens des Gesindes gegeben ist.

Im § 52 ist allerdings nur auf Vorfälle im letzten Dienstjahr Bezug genommen. Eine derartige Beschränkung findet sich im § 48 nicht, für eine Auslegung nach dieser Richtung fehlt es an jedem Anhalt (zustimmend Maguhn Anm. 1, a. A. Jacobi).

§ 49. Auch ist sie dazu berechtigt, wenn das Gesinde zuerst den Dienst anzutreten sich geweigert hat.

§ 50. In beiderlei Fällen kann die Herrschaft das gegebene Mietsgeld zurückfordern.

§ 51. Weigert sich das Gesinde, den Dienst anzutreten[1—3]), so muß es dazu von der Obrigkeit durch Zwangsmittel angehalten werden[4—8]). Bleiben diese fruchtlos und ist die Herrschaft deshalb genötigt, einen anderen Dienstboten zu mieten, so muß das Gesinde nicht allein den Schaden, welcher der Herrschaft hierdurch erwächst, ersetzen und das Mietsgeld zurückgeben, sondern es verfällt noch überdies in eine Strafe, die nach Maßgabe der Verschuldung auf zwei bis zehn Taler oder bei Unvermögenden auf verhältnismäßiges Gefängnis festzusetzen ist[9—13]).

1. Die §§ 49—51 bilden den Gegensatz zu § 47. Während im § 47 die Weigerung der Herrschaft erörtert ist, treffen diese

Paragraphen Vorschriften **bei Weigerung des Gesindes.** Der Herrschaft stehen zweierlei Rechte zu.

2. **Entweder sie geht vom Vertrage ab** (s. § 49); alsdann hat sie nur den Anspruch auf Rückgabe des Mietsgeldes; die Rückforderung erfolgt im Wege der Klage. Anrufung der Polizei ist nicht nötig.

3. **Oder sie bleibt beim Vertrage stehen.** Dann hat sie nach § 51 zunächst die Obrigkeit anzurufen, damit diese Zwangsmittel anwendet, und erst, nachdem dies erledigt, die weiteren im § 51 angeführten Rechte.

4. Die Anrufung der Obrigkeit (jetzt die Ortspolizeibehörde, vgl. Anm. 2 zu § 9) muß geschehen, ehe die weiteren Schritte zulässig sind (vgl. das Reskript vom 17. April 1812, abgedr. hinter der GesO.). Zuständig ist die Polizeibehörde des Ortes, an dem die Dienste zu leisten sind (OVG. in MBl. f. i. V. 1901 S. 174 gegen KG. bei Johow Bd. 11 S. 258; Lindenberg Anm. 2 zu § 11).

5. Die **Zwangsmittel** ergeben sich jetzt aus dem § 132 des LVG. Danach hat die Polizeibehörde

a) sofern es tunlich ist, die Handlung durch einen Dritten ausführen zu lassen, und die Kosten von dem Verpflichteten einzuziehen;

b) wenn die Handlung durch einen Dritten nicht geleistet werden kann oder der Verpflichtete die Kosten nicht tragen kann, Geldstrafe mit subsidiärer Haft anzudrohen. Wenn diese Androhung fruchtlos bleibt, ist die Geldstrafe festzusetzen und einzuziehen (a. A. nur Lindenberg Anm. 4 B zu § 51);

c) wenn die Erzwingung der Handlung sonst nicht ausführbar ist, z. B. wenn die Geldstrafe nicht beigetrieben oder durch die Beitreibung das Gesinde doch nicht zum Antritt veranlaßt wird, so kann die Androhung der zwangsweisen Zuführung des Gesindes und demnächst diese Zuführung erfolgen.

Das zu a angegebene Zwangsmittel ist hier gegenüber der Vorschrift des § 51 nicht anwendbar; nur die zu b und c angeführten stehen in Frage. Den Zwangsmitteln muß die Androhung vorangehen, in ihr muß eine bestimmte Frist gesetzt sein.

Die Polizeibehörden haben je nach ihrer Stellung bei der Anwendung der Zwangsmittel verschiedene Befugnisse; der Amtsvorsteher auf dem Lande und der Bürgermeister in einem Landkreise kann nur Geldstrafe bis zu 60 M., im Nichtbeitreibungsfalle eine Woche Haft im Höchstfall festsetzen. Die Polizeibehörden in einem Stadtkreis und der Landrat können dagegen im Höchstfall bis zu 150 M. Geldstrafe bzw. zwei Wochen Haft anordnen. Soweit für das flache Land oder eine Stadt, die zu einem Landkreis gehört, eine Verfügung zu erlassen ist, die über 60 M. bzw. eine Woche Haft hinausgeht, hat die Anordnung seitens des Landrats zu geschehen.

6. Die Androhung der Geldstrafe oder der Zwangszuführung unterliegt den Rechtsmitteln im Verwaltungsstreitverfahren. Dem Gesinde steht also das Recht zu, entweder Beschwerde zu erheben oder Klage einzureichen (§§ 127, 128, 129 Abs. 3 LVG.). Über die Hemmung der Vollstreckung durch Rechtsmittel vgl. §§ 53, 133 Abs. 3 LVG., wonach Haftstrafen überhaupt nicht, sobald Einlegung des Rechtsmittels erfolgt ist, andere Anordnungen nur im Interesse des Gemeinwohls vollstreckt werden können.

Gegen die Festsetzung bzw. Einziehung der Geldstrafe oder gegen die Ausführung des Zwanges gibt es hingegen nur die Beschwerde im Aufsichtswege (§ 133 Abs. 2 LVG.).

7. Eine Wiederholung der polizeilichen Zwangsmittel ist im Falle des § 51 nicht statthaft („bleiben diese fruchtlos"), vgl. KG. bei Johow 10 S. 224.

8. Die Zwangsmittel sind unzulässig, wenn das Gesinde seinen alten Dienst zu der Zeit, zu welcher es den neuen antreten soll, noch nicht gelöst hat (OVG. vom 28. Febr. 1877 bei v. Rönne Ergänz. zu § 51 GesO.).

9. Die Polizeibehörde hat nur auf Anrufen der Herrschaft, nicht von Amtswegen einzugreifen.

10. Die Entscheidung der Polizeibehörde ist keine endgültige. Lehnt die Polizeibehörde ein Einschreiten ab, gleichviel, ob aus formellen oder materiellen Gründen, so stehen der Herrschaft nicht nur die Rechtsmittel im Verwaltungsstreitverfahren zu, sondern sie kann auch im ordentlichen Rechtswege Klage auf Zurückführung erheben. Hierbei ist aber zu beachten, daß ein gerichtliches Urteil auf Dienstantritt im Gegensatz zu den polizeilichen Maßregeln nach § 888 Abs. 2 ZPO. nicht vollstreckt werden kann.

Umgekehrt kann auch das Gesinde den Rechtsweg beschreiten, um gegenüber der polizeilichen Verfügung im Rechtsweg darzutun, daß es zu Recht den Dienstantritt verweigert hat.

11. Sind die Zwangsmittel erschöpft, so kann die Herrschaft – vorausgesetzt, daß die Weigerung des Gesindes unbegründet war — das Mietsgeld zurückfordern und den Schaden ersetzt verlangen, den sie durch Annahme eines anderen Dienstboten erleidet. Diesen Anspruch hat sie im Wege der Klage zu verfolgen, wobei sie die vorherige Anrufung der Polizei nachzuweisen hat. Über den Umfang der Ersatzansprüche der Herrschaft s. die Anm. zu § 168.

12. Die am Schluß des § 51 angeordnete Strafe tritt ebenso wie die Schadensersatzpflicht nur ein, wenn die polizeilichen Zwangsmittel erfolglos geblieben sind. Wegen der Festsetzung dieser Strafe und des Verfahrens sowie der Umwandlung in Markwährung s. die Anm. zu § 12. Statt auf Gefängnis ist jetzt auf Haft zu erkennen (vgl. Art. VIII Abs. 3 z. PrStGB. und § 1 Abs. 3 RStGB., ferner RG. in St. 13 S. 93). Die Strafe kann auch ohne Antrag der Herrschaft verhängt werden.

13. Die Strafvorschrift ist auch durch das G. vom 24. April 1854 nicht beseitigt, da dieses Gesetz von einem bereits angetretenen Dienst spricht. Johow 11 S. 254.

§ 52. Kann jedoch das Gesinde nachweisen, daß die Herrschaft im letztverflossenen Dienstjahre sich solche

Handlungen habe zuschulden kommen lassen, wodurch es nach §§ 136—140 zur Verlassung des Dienstes ohne Aufkündigung berechtigt werden würde, so kann dasselbe zum Antritt des Dienstes nicht gezwungen werden, sondern ist nur gehalten, das Mietsgeld zurückzuzahlen 1—3).

1. § 52 gibt dem Gesinde in gewissen Fällen vor dem Dienstantritt ein Rücktrittsrecht.

2. Macht das Gesinde von diesem Rücktrittsrecht Gebrauch, so gilt der Dienstvertrag als aufgehoben; dem entspricht, daß das Gesinde das Mietsgeld zurückzahlen muß.

3. Wendet ein Gesinde, gegen welches die Herrschaft nach § 51 Zwangsmittel seitens der Polizei verlangt, ein, daß ihm ein Rücktrittsrecht aus § 52 zur Seite steht, so hat die Polizei zwar das Recht, zu untersuchen, ob ein solcher Rücktrittsgrund vorliegt. Zweckmäßiger wird aber die Polizei in derartigen Fällen die Herrschaft auf den Rechtsweg weisen, sofern auch nur die Möglichkeit vorliegt, daß der Einwand des Gesindes begründet sein könnte; denn der in der GesO. vorgeschriebene Eingriff der Verwaltungsbehörde ist eine solche Ausnahme von der gewöhnlichen Rechtslage, daß er nur angewendet werden darf, wenn feststeht, daß das Gesinde zu Unrecht den Dienstantritt verweigert. Ausführung von Zwangsmaßregeln in Fällen, in welchen nachher im Prozeßwege das Gesinde Recht erhält, würde dem Gesinde Schäden zufügen, die nicht wieder gutgemacht werden können.

§ 53. Wird das Gesinde durch Zufall, ohne seine Schuld, den Dienst anzutreten verhindert, so muß die Herrschaft mit Zurückgabe des Mietsgeldes sich begnügen 1—3).

1. § 53 erörtert die Rechtslage, sofern Gesinde am Antritt des Dienstes durch Zufall verhindert wird. Die Worte „ohne seine Schuld" sind überflüssig. Die Bestimmung, daß

hier die Herrschaft nur die Rückgabe des Mietsgeldes verlangen kann, steht im Einklang mit dem allgemeinen Grundsatz, daß Zufall ein Vertragsverhältnis ohne jede Ersatzpflicht aufhebt.

2. Mit Unrecht will Nußbaum § 616 BGB. auf den Fall des § 53 anwenden. § 616, welcher zufolge Art. 14 § 1 AG. auch beim Gesindeverhältnis maßgebend ist, enthält nur Bestimmungen für den Fall, daß das Dienstverhältnis bereits tatsächlich angefangen hat. Dies folgt aus dem zweiten Satz des § 616 (Anrechnung aus einer Kranken- oder Unfallversicherung).

3. Wird das Gesinde durch eigene Schuld am Dienstantritt verhindert, so greifen lediglich die §§ 49—51 GesO. Platz. Die Anwendung der allgemeinen Vorschriften des BGB., die Nußbaum zulassen will, ist nicht angängig. Denn die §§ 48—55 regeln den Dienstantritt seitens des Gesindes erschöpfend und bestimmen in den Fällen der §§ 48, 52, 53, 54 zugunsten des Gesindes, während für die §§ 49 und 51 die Weigerung, d. h. die schuldhafte Weigerung übrig bleibt.

§ 54. Erhält weibliches Gesinde vor dem Antritte der Dienstzeit Gelegenheit zu heiraten, so steht demselben frei, eine andere taugliche Person zur Versehung des Dienstes an seiner Statt zu stellen[1—2].

1. § 54 behandelt einen besonderen Rücktrittsgrund — vor dem Dienstantritt — für weibliches Gesinde, wenn dasselbe Gelegenheit erhält „zu heiraten".

Wußte bei Abschluß des Gesindevertrages das Gesinde schon, daß es Gelegenheit zum Heiraten hat, so entfällt das Rücktrittsrecht. Da indes die Vorschrift zugunsten des Gesindes gegeben ist, so wird man sie dahin auslegen müssen, daß eine Verlobung des Gesindes, die schon beim Abschluß des Mietsvertrages besteht, kein Hindernis für die Anwendung des Paragraphen bietet, wenn erst nachher z. B. durch Annahme einer günstigen Stellung seitens des Bräutigams die Möglichkeit alsbaldiger Heirat eintritt. Über die Einwirkung einer Heiratsgelegenheit nach dem Antritt des Dienstes s. § 147.

2. Der Rücktritt ist davon abhängig, daß das Gesinde eine andere taugliche Person an seiner Statt bestellt. Entsteht Streit, ob die zur Vertretung bestellte Person tauglich ist, so wird das weitere Verfahren sich nach § 51 (s. Anm. dazu) regeln.

§ 55. Ist es dazu nicht imstande[1]), so muß auch dergleichen Gesinde den Dienst in Städten auf ein Viertel- und bei Landwirtschaften auf ein halbes Jahr antreten[2—4]).

1. D. h. zur Stellung einer geeigneten Vertreterin.

2. Die Worte „in Städten und bei Landwirtschaften" sind dahin auszulegen, daß es sich im ersteren Falle um städtisches, im letzteren um ländliches Gesinde im Sinne der §§ 42, 43 handelt. S. die Anm. dazu.

3. Sind vertragsmäßig kürzere Kündigungsfristen vereinbart, so greifen diese Platz.

4. Der Dienst hört jedoch nicht ohne weiteres auf, es muß eine Kündigung erfolgen, sei es in der vereinbarten kürzeren Kündigungszeit, sei es, wenn diese nicht vorliegt, mit der im § 112 vorgesehenen Frist (a. A. Jacobi, der für erforderlich hält, daß das Gesinde den Dienst spätestens beim Antritt kündigt).

Pflichten des Gesindes in seinen Diensten.

§ 56. Nur zu erlaubten Geschäften können Dienstboten gemietet werden[1]).

1. Die Regel steht im Einklang mit allgemeinen Vorschriften (vgl. §§ 134, 138 BGB.).

§ 57. Gemeines Gesinde[1]), welches nicht ausschließend zu gewissen bestimmten Geschäften gemietet worden, muß sich allen häuslichen Verrichtungen nach dem Willen der Herrschaft unterziehen[2–5]).

1. „Gemeines Gesinde" ist gebraucht, um den Gegensatz zu Hausoffizianten zu bezeichnen. § 57 ist also bei jedem Dienstboten maßgebend, der überhaupt dem Gesinde angehört (vgl. Einl. S. 35 und Anm. 6 zu § 1).

2. Von der Anwendung des § 57 ist nicht schon dann abzusehen, wenn ein Gesinde zu gewissen bestimmten Geschäften gemietet ist, sondern erst, wenn mit Sicherheit aus der Vereinbarung der Parteien hervorgeht, daß es lediglich diese bestimmten Geschäfte ausüben soll. Ein Dienstmädchen, das als Köchin gemietet ist, kann deshalb noch nicht andere häusliche Verrichtungen verweigern. Das Recht dazu steht ihr vielmehr erst zu, wenn sich ergibt, daß sie keine anderen Verrichtungen vornehmen sollte. Eine solche Vereinbarung ist z. B. anzunehmen, wenn beim Mieten gesagt wird, daß ein besonderes Küchenmädchen zum Abwaschen des Geschirrs und zum Reinigen der Küche da ist und andere Personen, wie Hausmädchen, Diener usw. das Reinigen der Wohnung, das Servieren usw. besorgen.

3. Obgleich § 57 nur von häuslichen Verrichtungen spricht, muß er doch auch auf landwirtschaftliche Verrichtungen ausgedehnt werden (s. § 1).

4. Die Bestimmung des § 57 ist für das Gesinde sehr belastend. Sie verpflichtet es, ohne Anspruch auf besondere Vergütung, alle Arbeiten nach dem Willen der Herrschaft zu erledigen.

Die Entscheidung des Obertribunals bei Simon und von Strampff Rechtsprechung, Bd. 3 S. 80, welche dem Gesinde das Recht gibt, für außergewöhnliche Dienste in der Krankheit der Herrschaft eine besondere Belohnung zu fordern, kann leider, so sehr auch eine solche Vorschrift de lege ferenda zu wünschen wäre, gegenüber dem § 57 nicht aufrechterhalten werden (Koch Anm. 7 zu § 873 I 11, Foerster-Eccius § 178 Anm. 15).

5. Zu beachten ist freilich (dies ist in der bisherigen Literatur meist übersehen, neuerdings aber von Lindenberg Anm. 4 zu § 57 und Maguhn Anm. 3 zu § 57 anerkannt), daß § 57 von der nach Art. 95 EG. maßgebenden Vorschrift des § 618 BGB. mit betroffen wird. Denn nach § 618 Abs. 2 hat der Dienstberechtigte, sofern der Verpflichtete in die häusliche Gemeinschaft aufgenommen ist, in Ansehung der Arbeits- und Erholungszeit diejenigen Einrichtungen und Anordnungen zu treffen, welche mit Rücksicht auf die Gesundheit der Verpflichteten erforderlich sind. Hiernach muß nunmehr die Herrschaft, anders als nach § 57, diejenigen Einschränkungen einhalten, welche den vorgedachten Vorschriften des BGB. entsprechen. Bei Zuwiderhandlungen trifft die Herrschaft die Schadensersatzpflicht aus § 618 Abs. 3 BGB.

Dagegen ist nicht anzunehmen, daß das Gesinde alsdann den Dienst sofort aufheben kann. Denn in den Aufhebungsgründen der GesO. §§ 136—142 findet sich eine Bestimmung, nach welcher bei übermäßiger Anstrengung das Gesinde den Dienst aufheben kann, nicht; unter die Vorschrift des § 137 wird eine Überanstrengung selten fallen. Und der § 626 BGB. ist im Gesinderecht nicht für anwendbar erklärt.

§ 58. Allen zur herrschaftlichen Familie gehörenden, oder darin in bestimmten Verhältnissen, oder bloß gastweise aufgenommenen Personen ist es diese Dienste zu leisten schuldig[1—2].

1. Die Dienste des Gesindes sind nicht bloß dem Dienstherrn selbst zu leisten, sondern auch seiner Familie, also Frau und Kindern, ferner auch den sonst dauernd zur Familie gehörigen Personen, also zunächst Verwandten, dann auch solchen Personen, die, gleichviel ob verwandt oder nicht, als Gäste

aufgenommen sind; weiter auch anderen Personen, welche zur Familie zu rechnen sind und nach ihrer Stellung die Leistung von Diensten zu erwarten haben, z. B. Hauslehrer, Erzieherin, Gesellschaftsfräulein usw.

2. Zuwiderhandlungen fallen unter das Gesetz vom 24. April 1854 § 1.

§ 59. Dem Haupte der Familie kommt es zu, die Art und Ordnung zu bestimmen, in welcher die zur Familie Gehörigen, oder nach § 58 in ihr Aufgenommenen, diese Dienste gebrauchen sollen[1].

1. Haupt der Familie ist an sich der Dienstherr, wenn ein solcher nicht vorhanden, das sonstige Oberhaupt, z. B. bei einer Familie, wo der Mann und Vater nicht mehr lebt, die Mutter, bei einem Haushalt, der von elternlosen Kindern geführt wird, das älteste Kind. Die an sich nach § 59 maßgebende Entscheidung des Familienhauptes untersteht jetzt der Einschränkung des § 618 BGB. (s. Anm. 5 zu § 57).

§ 60. Auch Gesinde, welches zu gewissen Arbeiten oder Diensten angenommen ist, muß dennoch auf Verlangen der Herrschaft andere häusliche Verrichtungen mit übernehmen, wenn das dazu bestimmte Nebengesinde durch Krankheit oder sonst auf eine Zeitlang daran verhindert wird[1–2].

1. § 60 spricht im Gegensatz zu § 57 von dem Gesinde, welches zu gewissen Arbeiten oder Diensten angenommen ist. Derartiges Gesinde ist nur in dem Falle verpflichtet, anderweite Dienste zu leisten, wenn der sonst zu dieser Verrichtung bestimmte Dienstbote verhindert ist. Ein ausdrücklich nur zum Kochen gemietetes Mädchen muß daher, wenn das mit der Reinigung der Küche und des Geschirrs sonst beauftragte Küchenmädchen krank oder sonst durch irgendeinen Zufall behindert wird, seinerseits, wenn die Herrschaft es verlangt, diese Reinigung besorgen.

2. Auch hier greift der § 618 BGB. ein, nach ihm sind Aushilfebeschäftigungen, welche übermäßig werden, zu beurteilen.

§ 61. Wenn unter den Dienstboten Streit entsteht, welcher von ihnen diese oder jene Arbeit nach seiner Bestimmung zu verrichten schuldig sei, so entscheidet allein der Wille der Herrschaft.

§ 62. Das Gesinde ist ohne Erlaubnis der Herrschaft nicht berechtigt, sich in den ihm aufgetragenen Geschäften von anderen vertreten zu lassen[1—2].

1. **Persönliche Leistung.** Das Gesinde ist hiernach verpflichtet, die Dienste persönlich zu leisten, ein Gedanke, den auch das BGB. für den Dienstvertrag ausspricht (§ 613 BGB.). Ausnahmsweise kann ein Dienstbote gegen den Willen der Herrschaft Annahme eines Stellvertreters in den Fällen der §§ 54 und 149 verlangen. — Wie die Rechtslage sich gestaltet, wenn die Herrschaft gezwungen ist, für den Dienstboten ihrerseits einen Vertreter zu nehmen, ist in § 63 nicht entschieden; maßgebend hierfür sind die allgemeinen Vorschriften. Zu unterscheiden ist hierbei, ob der Dienstbote durch Verschulden oder durch Zufall bzw. höhere Gewalt behindert ist, seinen Dienst zu verrichten. Greift Zufall (z. B. Krankheit) oder höhere Gewalt (z. B. Vorladung als Zeuge, Einberufung zur Kontrollversammlung) ein, so kann die Herrschaft Ersatz der für die Aushilfe aufgewendeten Kosten nicht verlangen. Die Frage des Lohnabzuges in diesem Fall ist durch § 616 BGB., welcher nach Art. 14 § 1 AG. für das Gesinderecht maßgebend ist, besonders geregelt (über § 616 s. Anm. zu § 82). Ist durch Verschulden des Gesindes die Herrschaft zur Annahme eines Vertreters genötigt, so muß der Dienstbote Ersatz leisten.

2. **Haftung für Vertreter.** Hat der Dienstherr, gleichviel aus welchem Grunde, einen Vertreter für den Dienstboten angenommen, so kann die Frage, ob der Dienstbote für diesen Vertreter haftet, nicht auftauchen. Sofern indessen

der Dienstbote selbst für einen Vertreter sorgte und sorgen mußte, weil er sonst nicht zeitweilig seine Dienstätigkeit hätte aufgeben können (z. B. wenn der Dienstbote eine Reise unternehmen will), konnte es vor dem BGB. zweifelhaft werden (vgl. die Fassung des § 63), wie weit die Haftung des Gesindes für diese von ihm gewählten Vertreter ging.

Nachdem jetzt durch Art. 95 AG. die §§ 278 und 831 BGB. für anwendbar erklärt sind, ist lediglich nach diesen Bestimmungen die Frage zu entscheiden.

Nach § 278 BGB. haftet der Dienstbote für die Handlungen, welche sein Vertreter innerhalb der Dienstverpflichtungen vornimmt, ganz allgemein, wie sich aus dem Wortlaut des § 278 BGB. ergibt.

§ 278 BGB. **Der Schuldner hat ein Verschulden seines gesetzlichen Vertreters und der Personen, deren er sich zur Erfüllung seiner Verbindlichkeit bedient, in gleichem Umfange zu vertreten wie eigenes Verschulden. Die Vorschrift des § 276 Abs. 2 findet keine Anwendung.**

Die Auffassung von Nußbaum, daß unter den Personen, deren der Schuldner sich zur Erfüllung seiner Verbindlichkeiten bedient, nur Gehilfen zu verstehen sind, erscheint nicht zutreffend. Nach dem Wortlaut und Sinn der Bestimmung muß diese Haftung auch dann angenommen werden, wenn der Schuldner zeitweilig die Verpflichtung, die er eigentlich selbst erfüllen wollte oder sollte, durch einen anderen ausüben läßt. Wenn der Schlosser A. durch irgendeine andere Arbeit behindert ist, die Tür des X. zu reparieren, und weil seine Gehilfen beschäftigt sind, den B., welcher selbständiger Schlossermeister ist, statt seiner schickt, so bedient er sich eben des B. zur Erfüllung seiner Verbindlichkeit. Anders läge der Fall, wenn er direkt vorschlägt, anstatt seiner den B. zu beauftragen. Aber der vorliegende § 62 GesO. geht nicht von dem Gedanken aus, daß ein neuer Dienstvertrag abgeschlossen wird, sondern gerade von der Einstellung eines Vertreters.

Außerhalb der vertraglichen Verpflichtung haftet nach dem

BGB. der Dienstbote im Fall des § 62, sofern er nicht die ihn befreienden Tatumstände des § 831 nachweist.

§ 831. Wer einen anderen zu einer Verrichtung bestellt, ist zum Ersatze des Schadens verpflichtet, den der andere in Ausführung der Verrichtung einem Dritten widerrechtlich zufügt. Die Ersatzpflicht tritt nicht ein, wenn der Geschäftsherr bei der Auswahl der bestellten Person und, sofern er Vorrichtungen oder Gerätschaften zu beschaffen oder die Ausführung der Verrichtung zu leiten hat, bei der Beschaffung oder der Leitung die im Verkehr erforderliche Sorgfalt beobachtet oder wenn der Schaden auch bei Anwendung dieser Sorgfalt entstanden sein würde.

Die gleiche Verantwortlichkeit trifft denjenigen, welcher für den Geschäftsherrn die Besorgung eines der im Abs. 1 Satz 2 bezeichneten Geschäfte durch Vertrag übernimmt.

§ 63. Hat das Gesinde der Herrschaft eine untaugliche oder verdächtige Person zu seiner Vertretung wissentlich vorgeschlagen, so muß es für den durch selbige verursachten Schaden haften[1]).

1. Durch das Eingreifen der §§ 278 und 831 BGB. (s. Anm. 2 zu § 62) bedeutungslos.

§ 64. Das Gesinde ist schuldig, seine Dienste treu, fleißig und aufmerksam zu verrichten.

§ 65. Fügt es der Herrschaft vorsätzlich oder aus grobem oder mäßigem Versehen Schaden zu, so muß es denselben ersetzen[1—8]).

1. Die Unterscheidung zwischen groben, mäßigen und geringen Versehen (§ 66) ist zwar dem BGB. fremd, welches im § 276 schlechthin von Fahrlässigkeit spricht; da indessen die §§ 65 u. 66 die im dritten Titel des ALR. Teil I enthaltenen Abstufungen: grobes, mäßiges und geringes Versehen, wörtlich wiederholen, so liegt ein Fall sogenannter unechter Verweisung vor (Niedner Anm. 3 zu Art. 4; Stranz-Gerhard S. 26). Die Abstufungen gelten im Rahmen der §§ 65, 66 als Bestand-

teile des Gesinderechts und sind für dieses in Kraft geblieben. Die abweichende Ansicht von Seyffarth berücksichtigt die Bedeutung der landesrechtlichen Vorbehalte nicht genügend.

2. Zur Auslegung der Begriffe ist auf das ALR. zurückzugehen. Grobes Versehen ist danach dasjenige, welches bei gewöhnlichen Fähigkeiten ohne Anstrengung der Aufmerksamkeit (I 3 ALR. § 18), mäßiges dasjenige, welches beim gewöhnlichen Grade von Aufmerksamkeit (§ 20 aaO.), geringes, welches nur bei vorzüglichen Fähigkeiten oder bei einer besonderen Kenntnis der Sache oder des Geschäfts oder durch eine ungewöhnliche Anstrengung der Aufmerksamkeit vermieden werden konnte (§ 22 aaO.).

3. Für den Umfang der Schadensersatzpflicht sind jetzt die allgemeinen Vorschriften des BGB. §§ 249 ff. maßgebend. Die Vorschriften des BGB. (§ 828), welche für die Schadensersatzpflicht bis zum 7. Lebensjahre bzw. 18. Lebensjahre einschränkende Bestimmungen treffen, sind auch für die Schadensersatzpflicht des Gesindes von Bedeutung, da sie auch für vertraglichen Schaden anzuwenden sind.

§ 66. Wegen geringer Versehen ist ein Dienstbote nur alsdann zum Schadensersatze verpflichtet, wenn er wider den ausdrücklichen Befehl der Herrschaft gehandelt hat[1–2]).

1. Vgl. Anm. 1–3 zu § 65.

2. Abgesehen von den Fällen der §§ 66 u. 67 besteht, sofern nur geringes Versehen vorliegt, eine Schadensersatzpflicht des Dienstboten nicht.

§ 67. Desgleichen, wenn er sich zu solchen Arten der Geschäfte hat annehmen lassen, die einen vorzüglichen Grad von Aufmerksamkeit oder Geschicklichkeit voraussetzen.

§ 68. Wegen der Entschädigung, zu welcher ein Dienstbote verpflichtet ist, kann die Herrschaft an den Lohn desselben sich halten[1–2]).

1. Der § 68 gibt der Herrschaft eine Aufrechnungsbefugnis, abweichend von § 394 BGB., wonach gegen unpfändbare Forderungen (und dies wird die Lohnforderung des Gesindes fast immer sein) eine Aufrechnung nicht statthaft ist. Als besondere Vorschrift des Gesinderechts ist diese Bestimmung gültig geblieben; überdies ist aber noch durch Art. 14 § 1 AG. die Aufrechnungsbefugnis wegen der Entschädigungsforderung der Herrschaft landesgesetzlich ausdrücklich zugelassen. A. A. neuerdings Cordes in DJZ. 1907 S. 383 und 1908 S. 294; gegen ihn zutreffend Frommherz in DJZ. 1907 S. 1248.

2. Nur wegen der Entschädigungsansprüche besteht die Aufrechnungsbefugnis, nicht etwa wegen Rückzahlung von Darlehen oder Erstattung von Auslagen.

§ 69. **Kann der Schade weder aus rückständigem Lohne noch aus anderen Habseligkeiten des Dienstboten ersetzt werden, so muß er denselben durch unentgeltliche Dienstleistung auf eine verhältnismäßige Zeit vergüten[1—6].**

1. § 69 ist des öfteren so ausgelegt worden, als gäbe er der Herrschaft ein Zurückbehaltungsrecht an den Habseligkeiten des Dienstboten, damit die Herrschaft in dieser Weise zur Befriedigung für ihren Entschädigungsanspruch gelange (vgl. Koch Anm. zu § 69 GesO., Lindenberg zu § 69, Jacobi ebenda, auch RGStrafs. Bd. 23 S. 356). Indessen läßt sich aus dem Wortlaut des § 69 ein derartiges Zurückbehaltungsrecht nicht entnehmen; die Deutung, daß ein Ersatz im Wege der Zwangsvollstreckung gemeint sei, ist durchaus angängig. Ihr ist um so mehr zu folgen, als ein derartiges Zurückbehaltungsrecht eine auffallende Abweichung von den sonstigen Vorschriften des ALR. über das Retentionsrecht enthalten würde. Ebenso Zürn S. 57ff., Nußbaum Anm. 1 zu § 69, Maguhn Anm. 1 zu § 69.

Auch nach dem BGB. ist das Zurückbehaltungsrecht zu verneinen für diejenigen Sachen, die sich zwar in der Wohnung, nicht aber im Besitz der Herrschaft befinden, und wird auch nicht anzunehmen sein bei denjenigen Objekten, die etwa zur Aufbewahrung der Herrschaft übergeben sind (z. B. Wertsachen, Sparkassenbücher, Gesindebücher). Denn der Wille des Gesindes geht jedenfalls bei solcher Aufbewahrung dahin, daß es diese Sachen jederzeit zurückverlangen kann, so daß die Ausnahme des § 273 Abs. 1 BGB. Platz greift. So auch Lindenberg Anm. 1 zu § 69 und die dort zitierte, nicht abgedruckte Entsch. des LG. vom 23. März 1906.

2. **Will man annehmen, daß der § 69 der Herrschaft ein Zurückbehaltungsrecht gibt**, so ist folgendes zu beachten:

a) Das Zurückbehaltungsrecht kann nur ausgeübt werden, um den Entschädigungsanspruch der Herrschaft zu schützen, nicht, um das Gesinde zur Fortsetzung des Dienstes zu zwingen (RGSt. 23 S. 326) oder für andere Ansprüche der Herrschaft.

b) Soweit ein Zurückbehaltungsrecht durch andere zwingende Gesetze untersagt ist, z. B. durch das Gesetz über die Invaliditätsversicherung bezüglich der Quittungskarten, oder durch das Krankenversicherungsgesetz bezüglich der Krankenkassenbücher, fällt das Zurückbehaltungsrecht selbstverständlich fort.

c) Bezüglich der Gesindedienstbücher und anderer Legitimationspapiere bestehen zwar solche Bestimmungen nicht, doch wird man (in Abweichung von der ersten Auflage) mit der herrschenden Meinung diese Gegenstände gleichwohl wegen ihrer Natur aus allgemeinen Erwägungen vom Zurückbehaltungsrecht ausschließen.

d) Eine Beschränkung auf die pfändbaren Sachen ist nicht vorhanden.

3. Bei **Verneinung** des Zurückbehaltungsrechts kann eine Befriedigung der Herrschaft nur im Wege der Zwangsvollstreckung erfolgen oder, wenn ein Arrestgrund vorhanden ist, im Wege des Arrestes. Sofern die Voraussetzung der Selbsthilfe nach §§ 229, 230 etwa vorliegen würde, wäre zwar keine Zurückbehaltung, wohl aber eine Wegnahme der Sachen möglich.

4. Das EG. zur PrKO. vom 8. Mai 1855 hatte im Art. XI Nr. 3 den der Dienstherrschaft wegen der dem Dienstboten zum Behufe seiner Dienstverrichtung anvertrauten Gelder und Sachen durch die Allgemeine Gerichtsordnung eingeräumten Titel zum Pfandrecht aufrechterhalten. Diese Vorschrift ist zwar durch die konkursrechtlichen Bestimmungen der Reichsgesetze nicht aufgehoben, muß aber gegenüber dem BGB. als beseitigt gelten, weil dieses einen Titel zum Pfandrecht nicht kennt.

5. Die Frage, ob das Zurückbehaltungsrecht befugterweise oder wegen berechtigter Ansprüche ausgeübt wird, unterliegt nicht polizeilicher, sondern gerichtlicher Regelung.

6. Das Recht der Herrschaft, die unentgeltliche Dienstleistung des Gesindes zum Ersatz des Schadens zu verlangen, ist nur subsidiär, wenn in der anderen, im § 69 vorgesehenen Weise, die Herrschaft nicht zu ihrer Befriedigung gelangen kann. Der Anspruch der Herrschaft kann nur gerichtlich, nicht polizeilich geltend gemacht werden. Die Klage würde auf Dienstleistung für eine bestimmte Zeit zu gehen haben; das Urteil, welches die Verpflichtung des Dienstboten dazu ausspricht, ist jedoch nicht vollstreckbar (§ 888 Abs. 2 ZPO.).

Außer seinen Diensten.

§ 70. Auch außer seinen Diensten ist das Gesinde schuldig, der Herrschaft Bestes zu befördern, Schaden und Nachteil aber, soviel an ihm ist, abzuwenden.

§ 71. Bemerkte Untreue des Nebengesindes ist es der Herrschaft anzuzeigen verbunden.

§ 72. Verschweigt es dieselbe, so muß es für allen Schaden, welcher durch die Anzeige hätte verhütet werden können, bei dem Unvermögen des Hauptschuldners selbst haften.

§ 73. Allen häuslichen Einrichtungen und Anordnungen der Herrschaft muß das Gesinde sich unterwerfen[1]).

1. Ein Zuwiderhandeln gegen die Anordnungen der Herrschaft unterliegt der Bestrafung nach dem G. vom 24. April 1854 (abgedruckt unter den Ergänzungen zur GesO.).

§ 74. Ohne Vorwissen und Genehmigung der Herrschaft darf es sich auch in eigenen Angelegenheiten vom Hause nicht entfernen[1—4]).

1. § 74 ist durch den nach Art. 95 EG. maßgebenden § 618 BGB. eingeschränkt. Nach diesem hat der Dienstberechtigte, wenn der Verpflichtete in die häusliche Gemeinschaft aufgenommen ist, in bezug auf die Arbeits- und Erholungszeit diejenigen Anordnungen zu treffen, welche mit Rücksicht auf die Gesundheit, die Sittlichkeit und die Religion des Verpflichteten erforderlich sind. Wenn eine Entfernung des Gesindes in eigenen Angelegenheiten unter diese Voraussetzungen fällt, muß ihm jetzt auch die Berechtigung zu dieser Entfernung ohne Vorwissen und Genehmigung der Herrschaft zugesprochen werden.

2. Soweit nicht § 618 BGB. eingreift, ist ein Zuwiderhandeln gegen § 74 nach dem G. vom 24. April 1854 strafbar; außerdem bildet dieses Zuwiderhandeln einen Grund zur sofortigen Entlassung, sofern die Bedingungen der §§ 125 und 129 dabei zutreffen.

3. Ein Recht des Gesindes auf bestimmte Ausgehtage besteht zwar nach der GesO. nicht; wohl aber kann es nach § 618 Abs. 2 zugesprochen werden. Die herkömmliche Auffassung darüber, die vielfach, z. B. in Berlin, dahin geht, daß das Gesinde alle 14 Tage des Sonntags Ausgehtag hat, wird bei der Prüfung, wieweit eine angemessene Erholungszeit im Sinne des § 618 zu gewähren ist, von Bedeutung sein.

4. Eine besondere Bestimmung, daß das Gesinde zur Aufsuchung eines neuen Dienstes sich aus dem Hause der Herrschaft entfernen kann, ist in der GesO. zwar nicht enthalten; aber aus allgemeinen Regeln und mangels einer entgegenstehenden gesinderechtlichen Vorschrift muß § 629 BGB. auch auf Gesindeverhältnisse für anwendbar erklärt werden. Demgemäß hat nach der Kündigung eines Dienstverhältnisses die Herrschaft dem Gesinde auf Verlangen angemessene Zeit zum Aufsuchen eines neuen Dienstes zu gewähren (so auch sämtlich die neueren Kommentare, ferner Möllmann S. 28).

§ 75. Die dazu von der Herrschaft gegebene Erlaubnis darf nicht überschritten werden[1]).

1. Vgl. Anm. 1—4 zu § 74.

§ 76. Die Befehle der Herrschaft und ihre Verweise muß das Gesinde mit Ehrerbietung und Bescheidenheit annehmen[1]).

1. Zuwiderhandlungen gegen § 76 berechtigten, sofern die Voraussetzungen der §§ 117, 118 GO. zutreffen, die Herrschaft zur sofortigen Entlassung des Gesindes. Außerdem kann nach Maßgabe des G. vom 24. April 1854 ein Verstoß des Gesindes gegen die Vorschrift des § 76 mit Strafe belegt werden.

§ 77. Reizt das Gesinde die Herrschaft durch ungebührliches Betragen zum Zorn, und wird in selbigem von ihr mit Scheltworten oder geringen Tätlichkeiten behandelt, so kann es dafür keine gerichtliche Genugtuung fordern[1—4]).

1. Der § 77 GesO. ist durch Art. 95 Abs. 3 EG. zum BGB. nicht berührt; insofern ist das Reskript des Ministers des Innern, MBl. i. V. 1898 S. 201 zutreffend. Denn § 77 gibt der Herrschaft kein Züchtigungsrecht, sondern gewährt der Herrschaft nur unter gewissen Umständen einen Strafausschließungsgrund. Auch der § 227 II 7, der von

einem Züchtigungsrecht der Gutsherrschaft sprach, ist bereits durch die frühere Gesetzgebung mit der Aufhebung der Gutsuntertänigkeit fortgefallen.

2. Dagegen ist der § 77 **bereits aufgehoben durch das Strafgesetzbuch.** Nach § 2 EG. z. StGB. sind die Bestimmungen der Landesgesetze, soweit nicht ausdrückliche Ausnahmen angeordnet sind, beseitigt, wenn das StGB. die betreffenden Materien reichsgesetzlich geordnet hat. § 77 handelt von einer Strafausschließung bei gewissen Beleidigungen und Körperverletzungen. Hierüber bestimmt jetzt das StGB. in den §§ 193, 199 u. 233. Lediglich nach Maßgabe dieser Vorschriften ist zu prüfen, ob eine Herrschaft, welche ein Gesinde beleidigt oder ihm eine Körperverletzung zugefügt hat, wegen Wahrnehmung berechtigter Interessen oder wechselseitiger Beleidigungen bzw. Körperverletzungen straffrei bleibt. (So die überwiegende Meinung, Olshausen Anm. 13 zu § 223 StGB., Weißler, DJZ. 1899 S. 18, Brettner 1899 S. 292, Fuld, ArchÖffR. 1899 S. 107, Niedner Anm. 2b zu Art. 95, Nußbaum Anm. 1 zu § 77 und in ZStW. 20, 413ff., Seyffarth zu § 77, Foerster-Eccius § 237 Anm. 23, Zürn S. 63, Staudinger Anm. 3a zu Art. 95 EG. z. BGB., Stranz-Gerhard S. 456.)

Anderer Ansicht, das zu 1 angeführte Min.-Reskript, Delius, PrVerwBl. 20 S. 89, OTr. Bd. 67 (Anhang Kriminalsachen) S. 64, RGSt. Bd. 2 S. 7 allerdings nur indirekt; KG. in Selbstverwaltung 1887 S. 237, OLG. Marienwerder in SozMon. 1901, 170, Rehbein Bd. 4 S. 710, Jacobi Anm. 7 zu § 77, Lindenberg zu § 77.

3. Wer § 77 noch für geltend erachtet, wird folgende Punkte in Betracht zu ziehen haben:

a) Da § 77 nur einen Ausschließungsgrund gewährt, so ist erst im Hauptverfahren zu prüfen, ob die Voraussetzungen des § 77 vorliegen.

Die abweichende Ansicht im Reskript vom 12. Juli 1845 (MBl. i. V. 1845 S. 221) ist nicht zutreffend.

b) Der § 77 steht nur der Herrschaft selbst, also dem Dienstherrn und seiner Ehefrau, zur Seite, nicht aber Familienmitgliedern oder höheren Beamten; so Inspektoren, Administratoren (StrArch. Bd. 10 S. 72, Rehbein Bd. 4 S. 110, OVG. 30, 435; ungenau StrArch. Bd. 35 S. 34).

c) Die Strafausschließung findet nur statt, wenn Scheltworte oder geringe Tätlichkeiten vorliegen; Scheltworte sind gleichbedeutend mit Beleidigung (§ 185 StGB.). Bei übler Nachrede (§§ 186, 187 StGB.) steht der Herrschaft der § 77 nicht zur Seite. Feststellung für den einzelnen Fall ist es, ob eine geringe Tätlichkeit vorliegt oder eine stärkere (RG. in JW. 1891 S. 373); dagegen kann sowohl eine tätliche Beleidigung, als auch eine leichte Körperverletzung unter den Begriff der geringen Tätlichkeit des § 77 fallen.

d) Fernere Voraussetzung für die Strafausschließung des § 77 ist, daß die Handlung der Herrschaft durch das Verhalten des Gesindes veranlaßt und von der Herrschaft in gereiztem Zustande (Zorn) verübt ist. Dies schließt zwar nicht in sich, daß die Züchtigung unmittelbar auf das Verhalten des Gesindes folgt (RG. in Selbstverw. 1887 S. 237), immerhin muß jedoch ein Zusammenhang bestehen, und dieser würde zu verneinen sein, wenn zwischen dem Verhalten und der Kenntnis davon einerseits und der Züchtigung anderseits längere Zeit vergangen ist.

e) Ungebührliches Betragen liegt nicht bloß bei Äußerungen und positiven Handlungen, sondern auch bei Unterlassung vor, so z. B. bei der Unterlassung wiederholt gegebener Anordnungen (Goltdammer 10 S. 769).

f) Die Geltung des § 77 ist nicht auf das Privatklageverfahren beschränkt, sondern greift auch Platz bei einer von der Staatsanwaltschaft erhobenen Anklage (RGSt. 2 S. 7).

4. Eine Übertragung des Züchtigungsrechtes der Eltern auf die Dienstherrschaft erscheint unzulässig (ebenso Lindenberg

Anm. 6 zu § 77, Maguhn Anm. 2 zu § 77; a. A. Staudinger Anm. 2a zu Art. 95 EG. z. BGB.).

§ 78. Auch solche Ausdrücke oder Handlungen, die zwischen anderen Personen als Zeichen der Geringschätzung anerkannt sind, begründen gegen die Herrschaft noch nicht die Vermutung, daß sie die Ehre des Gesindes dadurch habe kränken wollen [1]).

1. § 78 ist seinerzeit gegeben worden im Hinblick auf den damals noch geltenden Titel 20 Teil II des ALR. In diesem waren bestimmte Ausdrücke oder Handlungen aufgeführt, welche die Vermutung der beleidigenden Absicht in sich schließen sollten. Durch § 78 sollte eine Ausnahme hiervon festgesetzt werden.

Da die Vorschriften des 20. Titels längst beseitigt sind, das Strafgesetzbuch überdies erschöpfende Vorschriften über die beleidigende Absicht enthält, so ist § 78 für aufgehoben zu erachten (Zürn S. 64, Kaehler S. 157, Nußbaum Anm. 1 zu § 78, Jacobi zu § 78; jetzt auch Lindenberg zu § 78 unter Aufgabe seiner früheren abweichenden Ansicht. A. A. OTr. vom 1. März 1877, zit. bei Dernburg § 196 Note 14.

§ 79. Außer dem Falle, wo das Leben oder die Gesundheit des Dienstboten durch Mißhandlungen der Herrschaft in gegenwärtige und unvermeidliche Gefahr gerät, darf er sich der Herrschaft nicht tätlich widersetzen [1]).

1. Da das Strafgesetzbuch erschöpfende Vorschriften über den Begriff der Notwehr enthält, ist § 79 für aufgehoben zu erachten. Rehbein IV S. 710 will dem § 79 noch in betreff des Entlassungsgrundes des § 117 eine Bedeutung beimessen, desgl. Seyffarth. Diese Ansicht findet jedoch durch den Zusammenhang ihre Widerlegung; die Vorschriften der §§ 77—80 erörtern sämtlich strafrechtliche Handlungen des Gesindes. So auch jetzt Lindenberg unter Aufgabe seiner früheren abweichenden Ansicht.

§ 80. Vergehungen des Gesindes gegen die Herrschaft müssen durch Gefängnis oder öffentliche Strafarbeit, nach den Grundsätzen des Kriminalrechts, geahndet werden[1]).

1. Der Paragraph ist durch mit ihm übereinstimmende neuere strafrechtliche Vorschriften gegenstandslos geworden. Außer dem Strafgesetzbuch kommt das in den Ergänzungen abgedruckte G. vom 24. April 1854 zur Anwendung.

§ 81. Auf die Zeit, durch welche das Gesinde wegen Erleidung solcher Strafen seine Dienste nicht verrichten kann, ist die Herrschaft befugt, dieselben durch andere auf dessen Kosten besorgen zu lassen[1—2]).

1. Ein Dienstbote, welcher eine Freiheitsstrafe erleidet, kann (s. § 132 GesO.) nicht ohne weiteres entlassen werden, sondern erst dann, wenn diese Freiheitsstrafe länger als acht Tage dauert.

2. Hiervon unabhängig gibt § 81 der Herrschaft ein Recht, die Tätigkeit des Gesindes auf dessen Kosten anderweitig besorgen zu lassen, wenn das Gesinde durch die Erleidung solcher Strafen (wie sie § 80 festsetzte, also jetzt Freiheitsstrafen) seinen Dienst nicht verrichten kann. § 616 BGB., der nach Art. 14 § 1 AG. anwendbar ist, schränkt den § 81 ein, sofern der höchst selten denkbare Fall vorliegt, daß die Strafe ohne Verschulden über das Gesinde verhängt ist. A. A. Lindenberg, der nur Art. 95 EG., nicht aber Art. 14 § 1 AG. z. BGB. berücksichtigt.

Pflichten der Herrschaft.

§ 82. Die Herrschaft ist schuldig, dem Gesinde Lohn und Kleidung zu den bestimmten Zeiten ungesäumt zu entrichten[1—9]).

1. Zeit der Lohnzahlung. § 82 sagt nicht, welche Zeiten als „bestimmte“ anzusehen sind. Die GesO. enthält auch

sonst nichts darüber, wann mangels Vereinbarung der Lohn zu zahlen ist. Man wird jetzt die allgemeinen Grundsätze des BGB. zur Anwendung bringen, welches bestimmt:

§ 614. Die Vergütung ist nach der Leistung der Dienste zu entrichten. Ist die Vergütung nach Zeitabschnitten bemessen, so ist sie nach dem Ablaufe der einzelnen Zeitabschnitte zu entrichten.

Diese Vorschrift ist jedoch nur maßgebend, wenn nichts anderes vereinbart ist. Wo ein Ortsgebrauch besteht, wird im Zweifel anzunehmen sein, daß seine Beobachtung zwischen den Vertragschließenden vereinbart ist (Planck zu § 614).

2. **Verzug.** Einer Aufforderung bedarf es nicht; zahlt die Herrschaft nicht nach Ablauf der bestimmten Zeit, so ist sie im Verzuge. Im Falle eines derartigen Verzuges hat das Gesinde nach § 145 die Befugnis, vor Ablauf der Dienstzeit nach vorhergegangener Aufkündigung den Dienst zu verlassen.

3. **Wohnung.** § 82 sagt nichts darüber, daß die Herrschaft dem Gesinde auch Wohnung zu gewähren hat, obgleich die GesO. davon ausgeht, daß das Gesinde zur häuslichen Gemeinschaft gehört und in der Regel bei der Herrschaft Wohnung hat. Aus allgemeinen Grundsätzen war indessen schon immer anzunehmen, daß die Herrschaft, welche der Verpflichtung zur Verschaffung einer Wohnung nicht oder nicht in ausreichender Weise nachkommen, vertragswidrig handelt. Jetzt greift § 618 BGB. ein hinsichtlich der Beschaffenheit der Wohnung.

Die in der Rechtsprechung bisher angenommenen Grundsätze werden trotzdem nach wie vor zu beachten sein, daß z. B. das Gesinde nur befugt ist, in denjenigen Teilen der Wohnung sich aufzuhalten, welche nach der Verabredung oder den Anordnungen der Herrschaft ihm als zugewiesen zu betrachten sind (RGSt. 13 S. 189). Mit der Entlassung erlischt jedes Recht des Dienstboten. Der Dienstbote, welcher länger verbleibt, macht sich unter Umständen des Hausfriedensbruchs schuldig (RGRspr. 1 S. 33). Ein solcher Hausfriedensbruch kann auch vorliegen, wenn das Gesinde trotz Aufforderung der

Herrschaft Teile der Wohnung, in denen es sich nicht aufzuhalten hat, nach Erledigung seiner Dienstobliegenheiten nicht verläßt; überdies kann hier die Strafvorschrift des G. vom 24. April 1854 eingreifen.

4. **Rechtsweg.** § 82 enthält nichts davon, daß Streitigkeiten wegen pünktlicher Gewährung von Lohn und Kleidung durch die Polizei zu erledigen sind; lediglich der ordentliche Rechtsweg ist maßgebend (MBl. i. V. 1890 S. 34); nur über die Höhe des Lohnes ist eventuell nach § 33 GesO. die polizeiliche Entscheidung in dem dort besprochenen Umfange entscheidend.

5. **Verjährungsvorschriften** enthält die GesO. nicht. Deshalb greifen die allgemeinen Bestimmungen des BGB. ein, nach welchen Ansprüche des Gesindes einer zweijährigen Verjährung unterliegen (§ 196 BGB.). Das früher geltende G. von 1838 sah eine vierjährige Verjährung vor. Für den Übergangszustand ist Art. 169 EG. maßgebend.

6. Nach § 614 BGB. (s. Anm. 1) erfolgt die **Lohnzahlung nachträglich.** Der Dienstbote muß mithin, wenn nichts anderes abgemacht ist, vorleisten.

7. **Zahlung bei Nichtleistung.** § 616 BGB. Trotz Nichtleistung kann das Gesinde Lohn verlangen:

a) sofern die Verpflichtungen der Herrschaft zur Fürsorge in Krankheitsfällen gemäß § 86 GesO. Platz greifen;

b) sofern die Behinderung des Gesindes nicht erhebliche Zeit dauert und ohne Verschulden des Gesindes eintritt. Das ergibt sich aus dem (nach Art. 14 § 1 AG. zum BGB. anwendbaren):

§ 616 BGB. Der zur Dienstleistung Verpflichtete wird des Anspruchs auf die Vergütung nicht dadurch verlustig, dass er für eine verhältnismässig nicht erhebliche Zeit durch einen in seiner Person liegenden Grund ohne sein Verschulden an der Dienstleistung verhindert wird. Er muss sich jedoch den Betrag anrechnen lassen, welcher ihm für die Zeit der Verhinderung aus einer auf Grund gesetzlicher Verpflichtung bestehenden Kranken- oder Unfallversicherung zukommt.

Hinsichtlich dieses Paragraphen ist folgendes zu bemerken:

α) Der Ausdruck „verhältnismäßig nicht erhebliche Zeit“ ist wenig glücklich; die Ansichten über seine Bedeutung gehen auseinander. Während die eine Ansicht nur diejenige Zeit in Betracht ziehen will, während welcher der Dienstverpflichtete ohne Vertreter fortbleiben kann, will Planck (zu § 616) noch eine vierzehntägige militärische Übung unter den Paragraphen fallen lassen. Mit Nußbaum ist anzunehmen, daß die erste Ansicht deshalb nicht zutrifft, weil mancher Dienstverpflichtete überhaupt nicht ohne Vertreter fortbleiben kann. Freilich kann man nicht, wie Nußbaum, vom Standpunkte des Gesinderechts den Paragraphen interpretieren, da er gerade für andere Dienstverträge gegeben ist. Schon deshalb ist die Ansicht von Nußbaum, daß acht Tage (in Anlehnung an § 132 GesO.) als verhältnismäßig nicht erhebliche Zeit immer anzusehen seien, abzulehnen. Zudem liegt auch eine absolute Interpretation wohl kaum im Sinne des Gesetzgebers. Man wird vielmehr hier, wie häufig beim BGB., auf der Grundlage des einzelnen Falles entscheiden müssen. Es wird darauf ankommen, wie lange der Dienstvertrag läuft (ebenso RG. im Recht 1904 S. 251), welche Leistung von dem Dienstverpflichteten vorzunehmen ist und in welche Periode seiner Arbeitsleistung gerade die Verhinderung fällt. Wenden wir diese Auffassung beim Gesindeverhältnis an, so ist z. B. folgendes zu sagen: Tritt eine Behinderung des Gesindes in den letzten zwei Wochen vor seinem Abgange ein, so wird ein Fortbleiben von acht Tagen jedenfalls als eine verhältnismäßig sehr erhebliche Zeit angesehen werden können. Ist hingegen eine Kündigung des Dienstverhältnisses nicht in Aussicht genommen, vielleicht auch vertrags- oder gesetzmäßig erst zum Ablauf des Vierteljahres möglich, so kann die Entfernung von acht Tagen sehr wohl unter den § 616 fallen.

Eine Abwesenheit von zwei Wochen zu einer Militärübung wird für die Regel als zu lange angesehen werden müssen. Wird aber der betreffende Diener etwa zu dieser Übung einberufen, während die Herrschaft verreist ist, bleibt die Herrschaft noch viele Wochen fort, und ist außerdem jemand zur Bewachung des Hauses da, so wird diese Behinderung als verhältnismäßig nicht erhebliche Zeit angesehen werden können. So wird z. B. ferner eine Behinderung der Köchin auf acht Tage unter gewöhnlichen Verhältnissen gewiß dem § 616 untergeordnet werden können; tritt diese Behinderung aber gerade ein, während Logierbesuch da ist und mit einer Aushilfe sehr schlecht gewirtschaftet werden kann, so wird man acht Tage als eine verhältnismäßig sehr erhebliche Zeit ansehen müssen.

β) Man darf den Ausdruck „in seiner Person" nicht zu eng interpretieren. Wenn auch wohl in erster Linie an Erkrankung, militärische Übung usw. gedacht ist, so wird doch auch der Todesfall eines nahen Verwandten oder dessen Erkrankung, auch ein freudiges Ereignis, z. B. Hochzeit eines Bruders, der siebzigste Geburtstag des Vaters oder der Mutter als ein in der Person des Dienstverpflichteten liegender Grund zu erachten sein (a. A. Lindenberg S. 87).

γ) § 616 wird für die Regel so anzuwenden sein, daß das Gesinde nur den Anspruch auf die Barvergütung behält. Im Zweifel wird als Willensmeinung der Parteien anzusehen sein (s. Planck zu § 616), daß der Dienstberechtigte, der seinerseits Kost und Wohnung ausgibt, diese Art der Vergütung nicht beanspruchen kann.

Überdies ist zu beachten, daß § 616 nur von Weiterleistung der Vergütung spricht. Der Dienstverpflichtete ist danach höchstens nur verpflichtet, Wohnung und Kost in natura weiter zu gewähren; eine Pflicht, den Betrag derselben etwa im Wege der Ersatzleistung zu zahlen, kann aus dem § 616 nicht entnommen werden, ist auch nicht aus dem Gesichtspunkt der Ersparnis (Bereicherung) zu folgern, zumal diese auch tatsächlich kaum vorliegen wird.

δ) Der § 616 enthält keine absolute Vorschrift, er kann durch Vertrag geändert werden.

8. § 82 berührt den Fall nicht, in welchem die Herrschaft berechtigt ist, Abzüge vom Lohn zu machen, z. B. wenn sie Entschädigungsansprüche hat, wenn sie unter den Voraussetzungen des § 88 bei Erkrankung des Gesindes sich an den Lohn halten darf.

9. **Beschlagnahme.** Eine Beschlagnahme des Gesindelohns ist an sich infolge des G. vom 21. Juni 1869, betr. die Beschlagnahme des Arbeits- oder Dienstlohnes, vor Fälligkeit nicht möglich. Jedoch ist dieses Verbot hinfällig, wenn es sich um Unterhaltsansprüche der Verwandten, des Ehegatten, des früheren Ehegatten und des unehelichen Kindes unter den Maßgaben handelt, welche im G. vom 29. März 1897 (RGBl. S. 159) näher bezeichnet sind. Ferner ist nach dem Einführungsgesetz zu dem Gesetz, betr. Änderung der ZPO. vom 17. Mai 1898 (RGBl. S. 332), die Beschlagnahme zulässig, wenn etwa der Gesamtbetrag der Vergütung mehr als 1500 M. für das Jahr übersteigt. Hierbei ist Lohn, Verpflegung, Wohnung usw. zusammenzurechnen. Unmöglich ist nicht, daß der Gesindelohn in einem besonders gearteten Fall diese Höhe übersteigt.

§ 83. Ist auch Kost versprochen worden, so muß selbige bis zur Sättigung gegeben werden. Offenbar der Gesundheit nachteilige und ekelhafte Speisen kann das Gesinde anzunehmen nicht gezwungen werden. In Fällen, wo über die Beköstigung Streit entsteht, entscheidet in Ermangelung bestimmter Verabredung die Polizeiobrigkeit wie § 33, über die Menge und Beschaffenheit derselben[1–2]).

1. Über die rechtliche Bedeutung der Entscheidung der Polizeiobrigkeit s. Anm. 1 zu § 33.

2. § 618 BGB. greift zufolge Art. 95 EG. ein. Derselbe lautet:

Der Dienstberechtigte hat Räume, Vorrichtungen oder Gerätschaften, die er zur Verrichtung der Dienste zu beschaffen

hat, so einzurichten und zu unterhalten, und Dienstleistungen, die unter seiner Anordnung oder seiner Leitung vorzunehmen sind, so zu regeln, dass der Verpflichtete gegen Gefahr für Leben und Gesundheit so weit geschützt ist, als die Natur der Dienstleistung es gestattet.

Ist der Verpflichtete in die häusliche Gemeinschaft aufgenommen, so hat der Dienstberechtigte in Ansehung des Wohn- und Schlafraums, der Verpflegung sowie der Arbeits- und Erholungszeit diejenigen Einrichtungen und Anordnungen zu treffen, welche mit Rücksicht auf die Gesundheit, die Sittlichkeit und die Religion des Verpflichteten erforderlich sind.

Erfüllt der Dienstberechtigte die ihm in Ansehung des Lebens und der Gesundheit des Verpflichteten obliegenden Verpflichtungen nicht, so finden auf seine Verpflichtung zum Schadensersatze die für unerlaubte Handlungen geltenden Vorschriften der §§ 842—846 entsprechende Anwendung.

Da hiernach der Dienstberechtigte in Ansehung der Verpflegung diejenigen Einrichtungen und Anordnungen zu treffen hat, welche mit Rücksicht auf die Gesundheit des Verpflichteten erforderlich sind, so ist § 83 bedeutungslos geworden. Die Vorschrift über die Anrufung der Polizeiobrigkeit ist auch hinfällig, da der § 618 die Beurteilung, ob den Vorschriften genügt ist, schlechthin dem Ermessen des Richters überläßt und für eine ausschlaggebende Begutachtung durch die Polizeiobrigkeit kein Raum mehr ist. (Vgl. Anm. 3 zu § 33.)

§ 84. Die Herrschaft muß dem Gesinde die nötige Zeit zur Abwartung des öffentlichen Gottesdienstes lassen und dasselbe dazu fleißig anhalten[1]).

1. § 618 BGB. legt der Herrschaft ebenfalls die Verpflichtung auf, dem Gesinde die nötige Zeit zur Abwartung des Gottesdienstes zu lassen. Die Verpflichtung, das Gesinde dazu anzuhalten, ist in den § 618 nicht aufgenommen, sie besteht als landesrechtliche Anordnung noch weiter.

§ 85. Sie muß ihm nicht mehrere noch schwerere Dienste zumuten, als das Gesinde nach seiner Leibes-

beschaffenheit und seinen Kräften ohne Verlust seiner Gesundheit bestreiten kann[1]).

1. Das Verlangen der Verrichtung übermäßiger Dienste verstößt auch gegen den § 618 BGB., so daß die Schadensersatzpflicht der Herrschaft in Zukunft aus § 618 Abs. 3 sich ergibt.

Vorbemerkungen zu den §§ 86—96.

1. **Die Auffassung der GesO.** Nach der GesO. bestand eine Haftung der Herrschaft in verschiedenen Fällen. Einmal haftete die Herrschaft nach § 96 im Anschluß an allgemeine Vorschriften für Schäden durch Mißhandlungen; ferner bestand nach §§ 94, 95 eine Verpflichtung der Herrschaft für einen zufälligen Schaden des Gesindes unter bestimmten Voraussetzungen. Endlich war eine Fürsorgepflicht bei Erkrankungen des Gesindes vorgesehen, und zwar nach § 86 schlechthin, im Falle des § 88, wenn keine Verwandten des Gesindes erreichbar waren. Die Verpflichtung der Herrschaft aus den §§ 86 bis 88 war vorhanden, auch wenn die Herrschaft nicht die geringste Schuld an der Krankheit hatte, und stellte somit eine für die Zeit des Erlasses der GesO. merkwürdige soziale Fürsorge für Angestellte dar. Bemerkenswert war auch, daß im Falle des § 86 trotz der Fürsorgepflicht ein Lohnabzug nicht gestattet war.

2. **Eingreifen des BGB.** Die Vorschriften der GesO. waren an sich juristisch, wie des näheren aus den Darlegungen der ersten Auflage ersichtlich ist, nicht leicht verständlich. Die Rechtslage wurde aber noch verwickelter, weil das BGB. in einzelnen Bestimmungen eingriff, das AG. z. BGB. diese Eingriffe noch verstärkte und weil ferner auch bisher schon die Arbeiterversicherungsgesetze sich teilweise auf das Gesinde erstreckten. Die Rechtslage, wie sie vor dem Inkrafttreten der Reichsversicherungsordnung vorhanden war, ist in der ersten Auflage eingehender beleuchtet. Da, wie aus den Vorbemerkungen unter 4ff. ersichtlich ist, durch die Reichsversiche-

rungsordnung die Fürsorgebestimmungen fast ganz geändert sind, und diese Änderung bereits vom 1. Jan. 1914 ab wirksam ist, so muß für die näheren Einzelheiten der früheren Rechtslage, welche nur noch für Erkrankungen vor dem 1. Jan. 1914 von Bedeutung sind, auf die erste Auflage verwiesen werden. Hier sei nur noch nachstehendes bemerkt:

Nach Art. 95 EG. z. BGB. sind die §§ 617—619 BGB. für anwendbar erklärt, § 617 jedoch nur insoweit, als Landesgesetze dem Gesinde nicht weitergehende Ansprüche gewähren; nach Art. 14 AG. z. BGB. ist die Anwendung des § 616 zum BGB. ebenfalls vorgesehen. Die Bedeutung des letzteren im Falle der Erkrankung des Gesindes ist zu § 82 Anm. 7 erörtert. Die nach früherem Recht (wie in der ersten Auflage und ferner in einer Abhandlung des Verfassers in den KGBl. 1897 S. 93 ausgeführt ist) ziemlich weitgehende Einwirkung des § 617 BGB. verliert durch die Reichsversicherungsordnung vollständig ihre Bedeutung. Denn nach § 617 Abs. 2 tritt die dort vorgesehene Verpflichtung der Dienstberechtigten nicht ein, wenn für die Verpflegung und ärztliche Behandlung durch eigene Versicherung oder durch eine Einrichtung der öffentlichen Krankenpflege Vorsorge getroffen ist. Durch die Anordnungen der Reichsversicherungsordnung ist Vorsorge im Wege der Einrichtung der öffentlichen Krankenpflege getroffen und damit für das Gesindeverhältnis dem § 617 Abs. 1 der Boden entzogen. Der Vollständigkeit wegen wird er nachstehend jedoch noch abgedruckt. § 617 lautet:

Ist bei einem dauernden Dienstverhältnisse, welches die Erwerbstätigkeit des Verpflichteten vollständig oder hauptsächlich in Anspruch nimmt, der Verpflichtete in die häusliche Gemeinschaft aufgenommen, so hat der Dienstberechtigte ihm im Falle der Erkrankung die erforderliche Verpflegung und ärztliche Behandlung bis zur Dauer von sechs Wochen, jedoch nicht über die Beendigung des Dienstverhältnisses hinaus, zu gewähren, sofern nicht die Erkrankung von dem Verpflichteten vorsätzlich oder durch grobe Fahrlässigkeit herbeigeführt worden ist. Die Verpflegung und ärztliche Behandlung kann durch Aufnahme des Verpflichteten in eine Krankenanstalt gewährt werden. Die Kosten können auf die für die Zeit der Erkrankung geschuldete Vergütung angerechnet werden. Wird das Dienstverhältnis wegen der Erkrankung von dem Dienstberechtigten nach § 626 gekündigt, so bleibt die dadurch herbeigeführte Beendigung des Dienstverhältnisses ausser Betracht.

Die Verpflichtung des Dienstberechtigten tritt nicht ein, wenn für die Verpflegung und ärztliche Behandlung durch eine Versicherung oder durch eine Einrichtung der öffentlichen Krankenpflege Vorsorge getroffen ist.

Die Vorschriften der §§ 94, 95 über Haftung bei zufälligem Schaden sind, wie jetzt gemäß § 94 abweichend zu der ersten Auflage angenommen wird, bereits mit dem Inkrafttreten des BGB. hinfällig geworden (Näheres daselbst).

Auch § 96 ist durch das BGB. verändert, einmal greifen dessen Bestimmungen für die Höhe des Schadens Platz, ferner aber tritt mindestens ergänzend § 618 zu § 96 hinzu (Näheres daselbst).

3. **Eingreifen der früheren Arbeiterversicherungsgesetze vor der Reichsversicherungsordnung.** Wie schon in der ersten Auflage, auf deren Einzelheiten auch hierbei verwiesen werden muß, dargelegt ist, war das vor der Reichsversicherungsordnung geltende UVersG. vom 30. Juni 1900 und das damals geltende Alters- u. InvVersG. vom 22. Juni 1884/13. Juli 1899 für Gesindeverhältnisse von Wirksamkeit. Das letztere schlechthin, das erstere in den Fällen, in welchen das Gesinde in einem versicherungspflichtigen Betriebe, in dem der Dienstherr das Gesinde mit beschäftigte, einen Unfall erlitt. Hingegen fand das KrankVersG. vom 15. Juni 1883/10. April 1892 auf das Gesinde als solches keine Anwendung, vielmehr erstreckte sich die öffentlich-rechtliche Krankenversicherung nur auf das Gesinde, welches neben der häuslichen Beschäftigung in einem Betriebe des Dienstherrn tätig war, der zu den versicherungspflichtigen gehörte, z. B. in der Gast- und Schankwirtschaft. Auch infolge freiwilligen Beitritts konnte eine Erstreckung der Krankenversicherung auf das Gesinde eintreten.

4. **Die Reichsversicherungsordnung im allgemeinen.** Dieser Zustand ist durch die RVO. vom 19. Juli 1911 (RGBl. 509) geändert. Die Reichsversicherungsordnung will bekanntlich die Arbeiterversicherungsgesetze einheitlich regeln und bringt deshalb zunächst im ersten Buch gemeinsame Vorschriften. Diesen folgen im zweiten Buch die Bestimmungen über die Krankenversicherung, im dritten Buch diejenigen über die verschiedenen Zweige der Unfallversicherung und im vierten Buch die Regeln über die Invalidenversicherung, welche jetzt nicht mehr Invaliden- und Altersversicherung, sondern Invaliden- und Hinterbliebenenversicherung heißt, weil sie jetzt auch auf die Hinterbliebenen ausgedehnt ist. Das fünfte Buch bringt ergänzende Vorschriften, das sechste die Regeln vom Verfahren. Die Bestimmungen über die Invaliden- und Hinterbliebenenversicherung sind bereits am 1. Jan. 1912 in Kraft getreten (Art. 2 EG. z. RVO.). Die Vorschriften der Unfallversicherung haben gemäß Art. 3 der KaisV. vom 5. Juli 1912 (RGBl. 419) in Verbindung mit Art. 4 EG. am 1. Jan. 1913 Gesetzeskraft erreicht. Nach Art. 4 der genannten Verordnung erlangen am 1. Jan. 1914 auch die Vorschriften der Krankenversicherung Geltung, sofern nicht ein früherer Termin noch durch Kaiserliche Verordnung bestimmt wird, was jedoch nicht anzunehmen ist. Auf die Einzelheiten der Reichsversicherungsordnung kann, auch soweit sie für das Gesinderecht interessieren, im Rahmen dieses Werkes nicht eingegangen werden. Immerhin bedarf es einer Ausführung der Grundzüge, soweit sie für das Gesinderecht von Bedeutung sind, und zwar in ziemlich weitgehendem Umfange, da, wie schon angeführt, die Versicherung des Gesindes gegen Krankheit nunmehr auch in den Bereich der Krankenversicherung einbezogen ist.

5. **Die Bestimmungen der Krankenversicherung im allgemeinen.**

a) Nach § 165 erstreckt sich die Krankenversicherungspflicht auf jeden Dienstboten. Die Versicherung beginnt mit dem Tage des Eintritts in die versicherungspflichtige Beschäftigung (§ 306). Die Mitgliedschaft ist vom Arbeitgeber anzumelden

(§ 317) binnen drei Tagen nach Beginn der Beschäftigung. Die Anmeldung hat zu erfolgen bei der Kasse oder einer Meldestelle, welche entweder durch die Satzungen der Kasse oder durch das Versicherungsamt als Meldestelle bestimmt wird. Innerhalb drei Tagen ist auch eine Änderung im Beschäftigungsverhältnis anzumelden, insbesondere auch ein Abgang aus der Beschäftigung. Infolge der Versicherung werden gewährt Krankenhilfe bei Erkrankungen, ferner Wochengeld bei Niederkunft und Sterbegeld. Die Krankenhilfe besteht an sich in der Gewährung von Krankenpflege und der Zahlung von Krankengeld. Krankenpflege umfaßt ärztliche Behandlung, Versorgung mit Arznei, mit Brillen, Bruchbändern, insbesondere kleinen Heilmitteln. Das Krankengeld wird gezahlt vom vierten Krankheitstage an für jeden Arbeitstag, durch den die Krankheit den Versicherten arbeitsunfähig macht. Es wird gezahlt in Höhe des halben Grundlohns, welch letzterer wiederum durch die Satzungen der Kasse bestimmt wird (§§ 179—182). An Stelle der Krankenpflege und des Krankengeldes kann die Kasse Verpflegung in einem Krankenhause (Krankenhauspflege) gewähren (§ 184). Für das Gesinde bestehen hierbei Besonderheiten, die weiter unten unter 6 erörtert werden. Die Satzung der Kasse kann Erweiterungen oder Einschränkungen herbeiführen.

Hinsichtlich des Wochengeldes bestimmen die §§ 195—200, hinsichtlich des Sterbegeldes die §§ 201—204 Näheres. Erwähnt sei davon, daß das Wochengeld eine sechs Monate hindurch bestehende Versicherung zur Voraussetzung hat, und daß es wenigstens acht Wochen gezahlt wird, von denen mindestens sechs in die Zeit nach der Niederkunft fallen müssen. Das Wochengeld tritt an die Stelle des Krankengeldes; die Satzung kann nach verschiedenen Richtungen hin Erweiterungen herbeiführen. Das Sterbegeld beträgt das Zwanzigfache des Grundlohns, die Satzung kann Erweiterungen festsetzen, auch Einschränkungen. Das Sterbegeld dient zunächst zur Deckung der Begräbniskosten und wird an den gezahlt, der das Begräbnis besorgt hat. Wegen eines etwaigen Überschusses s. § 203 RVO.

Die Krankenhilfe wird gewährt für 26 Wochen vom Krankheitsbeginn an, jedoch treten unter Umständen gemäß § 183 Änderungen kraft Gesetzes ein, außerdem kann die Satzung mannigfache andere Bestimmungen treffen. Die Berliner Ortskrankenkasse (s. weiter unten) erstreckt die Krankenhilfe auf 39 Wochen.

b) Es handelt sich bei der gesetzlichen Krankenversicherung um eine Versicherung im technischen Sinne; dies bringt auch mit sich, daß das Gesetz zur Zahlung von Beiträgen verpflichtet. Die Verpflichtung hierzu trifft nicht etwa, wie bei der Fürsorge der GesO., die Arbeitgeber allein, vielmehr haben auch die Versicherten Beiträge zu zahlen. Die Beiträge werden nach Hundertsteln des Grundlohns bestimmt. Die §§ 384 bis 392 enthalten nähere Bestimmungen über Erhöhung und Erniedrigung, auch über die Befugnisse der Satzungen zu Abweichungen.

Die Beiträge sind vom Arbeitgeber einzuzahlen, und zwar an den Tagen, welche durch die Satzung bestimmt werden; der Arbeitgeber hat ein Drittel, der Arbeitnehmer zwei Drittel zu zahlen, er ist verpflichtet, sich den Beitrag bei der Lohnzahlung, soweit er baren Lohn erhält, abziehen zu lassen. Der Arbeitgeber darf den Abzug nur auf diesem Wege bewirken, und zwar nur bei der laufenden oder nächstfolgenden Lohnzahlung. Natürlich steht nichts im Wege, wenn der Arbeitgeber will, daß er auch den Beitrag des Arbeitnehmers aus eigenen Mitteln entrichtet.

Die Reichsversicherungsordnung bestimmt, was zu geschehen hat, wenn der Arbeitgeber die Beiträge nicht abliefert (§§ 398 ff.).

Die Versicherungsstelle ist die Krankenkasse.

c) Die Fürsorge der Krankenkasse erfolgt auf Antrag (§ 1551). Der Antrag kann vom Arbeitgeber oder vom Arbeitnehmer erfolgen. Entsteht zwischen der Kasse und dem Arbeitnehmer Streit, so hat die Entscheidung durch das Ver-

9*

sicherungsamt, und zwar durch den Spruchausschuß, zu geschehen (§§ 1636ff.). Gegen dessen Endbescheid ist innerhalb eines Monats die Berufung an das Oberversicherungsamt zulässig, gegen dessen Urteil ist in gewissen Fällen die Revision an das Reichsversicherungsamt angängig.

6. **Für die Krankenversicherung der Dienstboten** sind in der Reichsversicherungsordnung von vorstehendem abweichende Besonderheiten vorgesehen:

a) Zunächst unterstehen Dienstboten, gleichviel, welches Einkommen sie haben, schlechthin der Krankenversicherung; dann sind Dienstboten kraft Gesetzes einer Landkrankenkasse zugeteilt. Die Reichsversicherungsordnung unterscheidet nämlich Ortskrankenkasse und Landkrankenkasse. Jedoch kann je nach den örtlichen Bedürfnissen eine Änderung eintreten, so daß unter Umständen auch Dienstboten der Ortskrankenkasse zugehören, und eine Landkrankenkasse in der betreffenden Gemeinde überhaupt nicht besteht oder sich nicht auf Dienstboten erstreckt. In Berlin z. B. ist von der Errichtung einer Landkrankenkasse abgesehen und die Krankenversicherung der Dienstboten an die allgemeine Ortskrankenkasse für gewerbliche Arbeiter angegliedert. In den Vororten von Berlin wiederum scheint zum Teil die Errichtung besonderer Landkrankenkassen beabsichtigt zu sein, so zur Zeit der Abfassung dieser Erörterung in Berlin-Wilmersdorf. Die Versicherung bei der Allgemeinen Ortskrankenkasse in Berlin erfolgt nach Beitragsklassen. Diese sind abgestuft nach der Vergütung, welche das Gesinde erhält, wobei Wohnung und Beköstigung mit einem bestimmten Betrage in Ansatz gebracht werden, in Berlin mit 640 M.

b) Die Reichsversicherungsordnung hat den Begriff der erweiterten Krankenpflege. Bei der erweiterten Krankenpflege wird nach § 429 statt der Krankenpflege und des Krankengeldes Kur und Verpflegung in einem Krankenhause oder einer ähnlichen Heilanstalt gewährt. Während sonst (vgl. oben 5a) diese Krankenhauspflege nach Belieben der Kasse an die Stelle der Krankenpflege und des Krankengeldes treten kann, hat bei erweiterter Krankenpflege diese Fürsorge als die regelmäßig der Kasse obliegende zu gelten. Die erweiterte Krankenpflege ist an sich vorgesehen für landwirtschaftliche Krankenversicherung, doch findet sie auch bei Dienstboten Anwendung. Nach § 435 sind hierbei die Voraussetzungen für die Einführung der erweiterten Krankenpflege einfacher als bei der landwirtschaftlichen Krankenversicherung. Zu beachten ist jedoch, daß die erweiterte Krankenpflege nicht kraft Gesetzes eintritt, sondern durch die maßgebenden Organe eingeführt bzw. angeordnet sein muß, überdies § 435 nur Anwendung findet, sofern die zuständige Kasse eine Landkrankenkasse ist.

c) Bei der Krankenversicherung der Dienstboten ist aber nach § 437 auch für den Fall, daß die erweiterte Krankenpflege nicht eingeführt ist, dennoch die Krankenhauspflege ermöglicht. Die Krankenkasse ist nämlich nach § 437 verpflichtet auf Antrag der Herrschaft oder des Dienstboten dem in die häusliche Gemeinschaft aufgenommenen Dienstboten die Krankenhauspflege zu gewähren, wenn entweder die Krankheit ansteckend ist, oder wenn der Dienstbote nach Art der Krankheit in der häuslichen Gemeinschaft nicht oder nur unter erheblicher Belästigung der Herrschaft behandelt oder verpflegt werden kann. Die Sache gestaltet sich also, wenn erweiterte Krankenpflege nicht eingeführt ist, so, daß an sich der Dienstbote Anspruch auf Behandlung in der Wohnung der Dienstherrschaft hat. Jedoch kann, wenn die vorerwähnten Voraussetzungen vorliegen, er sowohl als auch die Herrschaft, und zwar jeder einseitig, die Krankenhauspflege verlangen. Entsteht Streit gegenüber der Kasse, so ist zu unterscheiden, ob der Dienstberechtigte oder der Dienstbote den Antrag gestellt hat. Im ersteren Fall hat nach § 438 das Versicherungsamt zu entscheiden. In letzterem Fall, wenn der Dienstbote den Antrag gestellt hat, regelt sich der Streit nach den allgemeinen Vorschriften über das Verfahren (vgl. oben 5c). Über die Folgen, welche für das Gesindeverhältnis, also für das Rechtsverhältnis zwischen Herrschaft und Dienstboten, eintreten, wenn der Dienstbote entgegen dem

Willen der Herrschaft bewirkt, daß er nicht in die Heilanstalt aufgenommen wird, s. zu § 90.

d) Vielfach wird das Gesinde nicht bloß im Haushalt beschäftigt, sondern auch im Gewerbebetrieb des Dienstherrn oder in dessen Landwirtschaft usw. Die Reichsversicherungsordnung hat für die im Gewerbebetrieb, in der Landwirtschaft usw. Angestellten wesentlich abweichende Vorschriften. Im Hinblick hierauf ist durch § 439 bestimmt, daß in derartigen Fällen für die Krankenversicherung des Gesindes nicht die Bestimmungen für die Krankenversicherung der Dienstboten maßgebend sind, sondern die sonstigen Vorschriften über die Krankenversicherung. Gleichgültig ist dabei, ob die Tätigkeit des Dienstboten als solche die hauptsächliche und seine anderweite Beschäftigung durch den Dienstherrn nur eine nebensächliche ist. Die nichthäusliche Beschäftigung ist für die Regelun nach § 439 derart maßgebend, daß diese anderweite Beschäftigung entscheidet und nicht die häusliche.

e) Nach § 418 RVO. kann eine Befreiung von der Versicherungspflicht auf Antrag des Arbeitgebers, hier also des Dienstherrn, eintreten. Diese Befreiung ist davon abhängig, daß im Falle der Erkrankung der Dienstbote gegen den Dienstherrn einen Unterstützungsanspruch hat, und daß diese Unterstützung den Leistungen der zuständigen Krankenkasse gleichwertig ist. Fernere Voraussetzung ist:

1. daß der Dienstherr die volle Unterstützung aus eigenen Mitteln deckt,
2. seine Leistungsfähigkeit sicher ist,
3. daß der Dienstherr den Antrag für die sämtlichen bei ihm beschäftigten Dienstboten stellt, soweit sie durch Vertrag zur regelmäßigen Arbeit für mindestens zwei Wochen verpflichtet sind.

Ob eine solche Befreiung zu gewähren ist, unterliegt zunächst der Entscheidung des Kassenvorstandes; gegen dessen ablehnenden Beschluß kann die Beschwerde eingelegt werden, die für das

Gesindeverhältnis vom Oberversicherungsamt, von diesem aber endgültig entschieden wird.

Da die Befreiungsmöglichkeit einen Rechtsanspruch voraussetzt, ein solcher aber auf Gesetz oder Vereinbarung beruhen kann, so fragt sich zunächst, ob für das Gesindeverhältnis der altpreußischen GesO. ein solcher Anspruch besteht. Dies wäre an sich zu bejahen auf Grund des § 86 GesO. Aber diese Vorschriften sind nach Art. 42 EG. z. RVO., und zwar im Absatz 1 beseitigt. Es heißt dort ausdrücklich: „Landesrechtliche Vorschriften, die den Dienstberechtigten zur Sorge für Kur und Pflege des erkrankten Gesindes verpflichten, werden aufgehoben."

Auch reichsgesetzlich besteht ein Rechtsanspruch nicht, da § 617 BGB. infolge der durch die Reichsversicherungsordnung eingeführten Versicherungsfürsorge keine Wirkung mehr hat. Vgl. oben unter 2.

Hiernach ist eine Befreiungsmöglichkeit nur vorhanden, wenn sich der Dienstherr vereinbarungsgemäß verpflichtet, dem Dienstboten die Krankenversicherung so zu gewähren, wie es nach der Reichsversicherungsordnung trotz der Satzungen der betreffenden Kasse vorgesehen ist, sofern weiter die oben angeführten Voraussetzungen des § 418 erfüllt sind. Da eine Vereinbarung in Frage steht, so bedarf es der Zustimmung des Dienstboten. Dieser muß sich damit einverstanden erklären, daß der Dienstherr ihm vertragsmäßig die Fürsorge in Krankheitsfällen sowie die Krankenkasse zusichert und er (der Dienstbote) dagegen mit dem Ausscheiden aus der Kasse einverstanden ist.

Bei den weitgehenden Anforderungen des § 418 wird der Dienstherr wohl kaum die Befreiung nachsuchen, wenn sie nicht eine Rückendeckung durch eine Versicherung hat, wie solche für die Geltung der altpreußischen GesO. unter Hinweis auf die §§ 86ff. in Berlin z. B. durch den Versicherungsverein der Dienstherrschaften bestand. Dieser Verein beabsichtigt seine Umwandlung in einen Dienstboten-Krankenversicherungsverein von Dienstherrschaften auf Gegenseitigkeit zu Berlin. Er hat Abmachungen mit der Berliner Ortskrankenkasse getroffen, nach welcher die Mitglieder des Vereins als befreit im Sinne des § 418 angesehen werden, falls in vermögensrechtlicher Hinsicht weitere von der Ortskrankenkasse verlangte Voraussetzungen vorliegen. Befreit kann nämlich nach diesen Anforderungen nur werden, wer ein Gesamteinkommen von mehr als 4500 M. im Jahre bezieht oder wer bei einem ausgewiesenen Einkommen von 4000 M. ein Vermögen von mindestens 6000 M. besitzt. Nach den zur Zeit der Abfassung dieser Abhandlung bekannt gewordenen Erklärungen des Vereins hat derselbe die gleichen Leistungen wie die Ortskrankenkasse zu gewähren sich verpflichtet, was ja gesetzlich nötig ist. Er will aber nur einen Beitrag von 36 M. jährlich erheben, die Ortskrankenkasse hingegen sieht zunächst in der betreffenden Klasse, welche für weibliches Gesinde in Betracht kommt, einen Beitrag von 43,20 M. vor. — Ob die Rückendeckung bei dem vorangeführten Verein auf die Dauer eine empfehlenswerte ist oder nicht, wird erst die weitere Entwickelung lehren können. Es würde über den Rahmen dieses Werkes hinausgehen, sich über die einzelnen Vorteile und Nachteile dieser speziellen Rückendeckung sowie überhaupt einer Rückendeckung durch eine Versicherung (mutmaßlich werden wohl andere Versicherungsgesellschaften auch ihren Geschäftskreis auf die Befreiung von der Krankenversicherung ausdehnen) zu verbreiten. Erwähnt sei, daß die Dienstherrschaft haftbar ist, wenn die Versicherungsgesellschaft ihre Zahlungen einstellt.

Hervorgehoben sei ferner, daß bei der gesetzlichen Krankenversicherung, wie oben angeführt, der Dienstherr das Recht hat, zwei Drittel der Beiträge vom Lohn in Abzug zu bringen. Ob dieses Recht bei einer Befreiung mit Rückendeckung ihm zusteht, ist zu bezweifeln. In der Tagespresse ist zwar mehrfach behauptet, daß mit Zustimmung des Dienstboten der Abzug auch für die Beiträge bei einer Versicherung erfolgen könnte. Dagegen spricht aber, daß nach der Vorschrift des

§ 418 der Dienstherr die volle Unterstützung aus eigenen Mitteln zu decken hat. Daß diese Bestimmung bei der Befreiung einzuhalten sei, ist bei der Beratung der RVO. ausdrücklich angeführt worden. Die Vorschrift wird nicht erfüllt, wenn trotz der Befreiung das Gesinde einen Teil der Beiträge übernimmt. Tritt man der Ansicht bei, daß eine derartige Übernahme nicht statthaft ist, so wird man weiter sagen müssen, daß das Gesinde an eine Abrede über Zahlung von Beiträgen für eine Versicherung, durch welche die Befreiung von der gesetzlichen Krankenversicherung herbeigeführt wird, nicht gebunden ist. Eine solche Abmachung wäre dann also ungültig.

f) Die Reichsversicherungsordnung sieht das Eingreifen von Ersatzkassen gemäß §§ 503ff. vor. Versicherungsvereine, wie sie oben unter e in dem Berliner Verein erwähnt sind, also Vereine, die nur von den Dienstherrschaften gebildet werden, sind keine Ersatzkassen im Sinne der §§ 503ff., vielmehr könnten als Ersatzkassen nur Vereine der Dienstboten in Betracht kommen, falls sie vor dem 1. April 1909 bestanden und die sonstigen Voraussetzungen des § 503 erfüllen. Die in der Tagespresse öfter vertretene Ansicht, daß z. B. der Berliner Versicherungsverein als Ersatzkasse weiter maßgebend bleiben könne, erscheint unzutreffend.

7. **Ansprüche aus anderen Rechtstiteln.** Nach § 1527 RVO. bleiben die gesetzlichen Pflichten der Gemeinde und Armenverbände zur Unterstützung Hilfsbedürftiger und andere auf Gesetz, Satzung, Vertrag oder letztwilliger Verfügung beruhende Pflichten zur Fürsorge der Versicherten unberührt. Eine Prüfung, wieweit sich hieraus Ansprüche für das Gesinde in Krankheitsfällen ergeben, führt zu folgendem Ergebnis:

a) Im Bereich der altpreußischen GesO. bzw. der Gesindeordnungen für Neuvorpommern und die Rheinprovinz sind die landesrechtlichen Vorschriften durch den bereits erwähnten Art. 42 EG. beseitigt, soweit sie die Fürsorge betreffen. Nur die etwaigen Ansprüche auf Fortzahlung des Lohnes bestehen weiter, worüber weiter unten Näheres gesagt wird. Die im § 440 vorgesehene landesrechtliche Fürsorge ist für den Geltungsbereich der vorgenannten Gesindeordnungen nicht eingetreten.

b) Reichsgesetzlich besteht, wie schon mehrfach erwähnt, die Fürsorgeverpflichtung aus § 617 gegenüber den Bestimmungen der Reichsversicherungsordnung nicht.

Insoweit die Fälle des § 618 in Betracht kommen, hat der Dienstbote den Schadensersatzanspruch neben den Rechten aus der Krankenversicherung. Insoweit er aber Rechte aus der Krankenversicherung geltend macht, gehen die Ersatzansprüche, wenn die Krankenversicherung Leistungen gewährt, gemäß § 1542 RVO. auf die Krankenkasse über.

c) Des weiteren interessiert noch aus den Bestimmungen des § 1527 die Geltendmachung etwaiger Vertragsansprüche. Dies interessiert deshalb, weil die Befreiung aus § 418 (s. oben unter 6f) nur auf Vereinbarungen zwischen Gesinde und Herrschaft sich gründen kann. Ist ein solcher Vertrag geschlossen, so trifft allerdings nicht bloß zu, daß dadurch die Ansprüche aus der Krankenversicherung unberührt bleiben, vielmehr treten diese Ansprüche dann an die Stelle der gesetzlichen.

8. **Verhältnis der Vorschriften der Reichsversicherungsordnung zu den §§ 86ff. GesO.** Die vorstehenden Darlegungen ergeben, daß das ganze System der Gesindeordnung über die Fürsorge dem Gesinde gegenüber durch die Bestimmungen der Reichsversicherungsordnung umgeändert ist. Davon sind auch die §§ 86ff. in weitgehendem Umfange berührt. Im einzelnen ist darüber folgendes zu sagen:

a) Mit der Einführung der Krankenversicherung und der daraus sich ergebenden Fürsorge der Krankenkasse ist die Verpflichtung des Dienstherrn zur eigenen Vorsorge im Falle der Erkrankung des Gesindes beseitigt. Damit sind die §§ 86, 88, 89, 92, 93 als aufgehoben anzusehen. Soweit die Dienstherrschaft ihrerseits bei Erkrankung des Gesindes aus eigenen

Mitteln irgendeine Fürsorge vornimmt, statt daß sie das Gesinde an die Krankenkasse weist, handelt sie freiwillig.

b) Nach § 436 RVO. kann der Dienstberechtigte das Krankengeld auf den Lohn anrechnen, den er dem Dienstboten während der Krankheitsdauer zu zahlen hat. Die GesO. sieht die Krankheit nicht als Entlassungsgrund an, vielmehr kann die Herrschaft dem Gesinde, wenn nicht außerordentliche Kündigungsgründe vorliegen, nur mit der vereinbarten oder gesetzlichen Kündigungsfrist kündigen. Aus §§ 87, 91 GesO. folgt, daß auch der Lohn trotz der Erkrankung, solange der Dienstvertrag besteht, weiter gezahlt werden muß. Jedoch besteht ein Unterschied zwischen § 87 und § 91; nach § 91 können die Kurkosten im Falle des § 88 auf den Lohn angerechnet werden, nach § 87 in den dort erörterten Fällen nicht. Diese Vorschriften sind durch § 436 RVO. aufgehoben. Ohne Unterschied, was für ein Krankheitsfall vorliegt, kann jetzt die Dienstherrschaft das Krankengeld, das der Dienstbote empfängt, auf den Lohn anrechnen. Voraussetzung ist natürlich, daß er Krankengeld bekommt. Fällt dies fort, wie z. B. bei der Krankenhauspflege, so kann eine Anrechnung nicht stattfinden und muß der Lohn voll ausbezahlt werden.

c) Nach § 90 GesO. muß das Gesinde sich gefallen lassen, daß die Herrschaft seine Unterbringung in öffentliche Anstalten herbeiführt, in welchen Kranke der in Frage stehenden Art aufgenommen werden. Die GesO. gibt damit eine privatrechtliche Befugnis für die Dienstherrschaft. Die Vorschrift des § 437, nach welcher auf Antrag des Dienstberechtigten in gewissen, allerdings weitgehenden Fällen die Aufnahme in die Krankenhauspflege verlangt werden kann, wird vom § 90 an sich nicht berührt, und berührt ihn umgekehrt auch nicht. Sie betrifft lediglich das Verhältnis zur Krankenkasse. § 90 bleibt aber bestehen und maßgebend für das Gesindeverhältnis selbst, wenn auch die Befugnis der Herrschaft, das Gesinde auf Kosten der Krankenkasse in einer Heilanstalt unterzubringen, von der Zustimmung der Krankenkasse abhängt. Will die Herrschaft auch in den Fällen, in denen die Krankenkasse etwa die Unterbringung im Krankenhause ablehnt, auf eigene Kosten das Gesinde in einen solchen unterbringen, so muß das Gesinde gemäß § 90 sich fügen. Im übrigen s. zu § 90, insbesondere über die Folgen, welche für das Gesinde eintreten, wenn es sich im Krankenhause nicht unterbringen lassen will.

d) Wie oben angeführt, ist der Dienstherr verpflichtet, den Dienstboten bei der Krankenkasse anzumelden. Der Dienstherr hat auch die Beiträge an die Krankenkasse zu zahlen, und wenn er will, den Anteil des Gesindes diesem beim Lohn abzuziehen. Unterläßt der Dienstherr Anmeldung oder Zahlung, so gibt dies der Kasse ihm gegenüber Rechte; die Krankenfürsorge der Kasse für das Gesinde ist aber unabhängig davon, ob der Dienstherr diese Pflichten erfüllt oder nicht.

9. **Begriff des Gesindes für die Krankenversicherung. Aufwärterinnen, Reinmachefrauen, unständig Beschäftigte.** Nach § 165 RVO. ist die Krankenversicherung jetzt auch eingeführt für „Dienstboten“. Der Begriff des Dienstboten ist weder in der RVO. noch in der Begründung näher erläutert. Die Absicht des Gesetzgebers scheint gewesen zu sein, daß der landesrechtliche Begriff des Dienstboten entscheiden solle. In der Literatur wird zwar ein Versuch gemacht (vgl. den Kommentar von Olshausen), aus dem Umstande, daß im § 437 von den in die häusliche Gemeinschaft aufgenommenen Dienstboten die Rede ist, während sonst die RVO. allgemein von Dienstboten spricht, herzuleiten, daß jeder Dienstbote, d. h. jeder zu niederen häuslichen Arbeiten angenommene, unter die Dienstbotenversicherung der RVO. fällt, der in die häusliche Gemeinschaft aufgenommene aber den Besonderheiten des § 437 untersteht. Diese Auffassung erscheint nicht richtig. Der Gesetzgeber hat mit der Bestimmung des § 437 keine Handhabe zur Feststellung des Begriffes des Dienstboten geben, vielmehr nur Besonderheiten für gewisse Gruppen der nach Landesrecht als Gesinde aufzufassenden Personen feststellen wollen. Entscheidet aber Landesrecht, so wird für den Geltungsbereich dieser GesO.

nur derjenige der Krankenversicherung des Gesindes unterzuordnen sein, welcher nach Landesrecht zum Gesinde gehört. Hierüber verbreitet sich unsere Erörterung zu § 1.

In Gemäßheit der Auffassung der PrGesO. haben aber Aufwärterinnen, Reinmachfrauen, Aushilfen zum Servieren usw. nicht zum Gesinde zu rechnen. Zu beachten ist jedoch, daß die Absicht des Gesetzgebers dahin geht, auch derartige Personen in die Krankenversicherung einzubeziehen. Denn diese Personen unterstanden bereits der früheren Invaliden- und Altersversicherung, so wie diese gehandhabt wurde. Die neue Fassung der Krankenversicherung bezweckte aber eine Ausdehnung dieser Versicherung auf den Umfang der bisherigen Alters- und Invalidenversicherung. Deshalb ist davon auszugehen, daß Aufwärterinnen, Reinmachfrauen, Aushilfen, Portiers usw. nunmehr auch unter die Krankenversicherung fallen, soweit man sie nicht als selbständige Gewerbetreibende ansehen kann. Dies ist auch in der Anleitung des Reichsversicherungsamtes vom 24. April 1912 (HMBl. 290) ausgesprochen. — Man wird aber die Versicherung derartiger Personen im Bereich der altpreußischen GesO. wegen des von dieser vorgesehenen Gesindebegriffs nicht als Krankenversicherung des Gesindes ansehen können, sondern einfach als Krankenversicherung von Arbeitern. Die Besonderheiten der Dienstbotenversicherung waren dann aber nicht darauf auszudehnen. Insbesondere erscheint fraglich, ob die Befreiung aus § 418 auch bei solchen Personen stattfinden kann. Die bis jetzt vorgesehene Handhabung der Berliner Ortskrankenkasse und des oben angeführten Krankenversicherungsvereins in Berlin scheint allerdings von anderer Ansicht auszugehen.

Aufwärterinnen, Reinmachfrauen, Aushilfen usw. werden den allgemeinen Vorschriften der Krankenversicherung nur dann unterstellt werden können, wenn sie in dauerndem Dienstverhältnis stehen, d. h. wenn für längere Zeit ihre Tätigkeit vereinbart ist. Eine Reinmachfrau, die jedesmal für bestimmte Tage von neuem angenommen wird, ebenso eine so eingestellte

Aushilfe kann nicht als dauernd engagiert gelten; solche Personen fallen unter den Begriff der unständig Beschäftigten, deren Verhältnisse durch die §§ 441 ff. RVO. geregelt sind. Gesetzlich besteht bei solchen Personen eine Beitragspflicht des Arbeitgebers (Dienstherrn) nicht. Nach § 458 kann allerdings eine abweichende Handhabung durch Bestimmung der Landesregierung eintreten.

10. **Erlöschen der Ansprüche auf Fürsorge.** Während nach der GesO. und den daneben maßgebenden allgemeinen rechtlichen Vorschriften ein Verschulden des Gesindes, durch welches die Krankheit herbeigeführt oder gefördert war, die Rechtslage ändern konnte (vgl. hierüber die Ausführungen in der ersten Auflage — Vorbemerkung unter Ziff. 3), sind derartige Umstände gegenüber den Grundsätzen der öffentlichen Krankenfürsorge nur beschränkt von Bedeutung. Für die hier zunächst interessierende Krankenversicherung ist ein Fortfall des Anspruchs auf Fürsorge bei mitwirkendem Verschulden gesetzlich nicht vorgesehen. Nur nach § 192 kann durch die Satzungen das Krankengeld für gewisse Fälle versagt werden, so z. B. bei vorsätzlicher Herbeiführung einer Krankheit. Im übrigen kann ein Verlust der Ansprüche auf Krankenfürsorge nur durch Verjährung eintreten, welche gemäß § 223 an eine Frist von zwei Jahren geknüpft ist.

11. **Eingreifen der sonstigen Bestimmungen der Arbeiterversicherung.**

a) Wie oben erwähnt, findet auf das Gesinde die sonstige Krankenversicherung Anwendung, wenn es noch anderweit und nicht bloß in der Hauswirtschaft beschäftigt ist. Das Gesinde untersteht in diesen Fällen den allgemeinen Vorschriften der Krankenversicherung, ohne daß die besonderen Bestimmungen über die Krankenversicherung der Dienstboten Platz greifen, insbesondere regelt sich die Krankenhauspflege alsdann nach den allgemeinen Bestimmungen.

b) Das Gesinde, welches im Wege anderweiter Beschäftigung in einem Betriebe Arbeiten ausführt, auf welche die Vorschriften der §§ 537ff. über die Unfallversicherung Anwendung finden, hat Anspruch auf Unfallentschädigung, sofern es durch einen Unfall in seiner Tätigkeit erkrankt. Die Unfallversicherung tritt jedoch erst von der 14. Woche an in Wirksamkeit, bis dahin hat auch bei Unfällen dieser Art die Krankenversicherung Platz zu greifen. Es kann hier im einzelnen auf die Besonderheiten der Unfallversicherung nicht eingegangen werden. Erwähnt sei nur, daß, soweit Unfallversicherung in Frage steht, eine Beitragsleistung des Arbeitnehmers nicht stattfindet. Besonderheiten bestehen bei der Unfallversicherung, was gerade für eine anderweite Beschäftigung des Gesindes von Bedeutung sein kann, bei Bauarbeiten und bei der landwirtschaftlichen Unfallversicherung. Ländliche Dienstboten fallen leicht unter die letztere. Sonstige Dienstboten können bei Arbeiten Unfälle erleiden, die als Bauarbeiten im Sinne der Unfallversicherung anzusehen sind. Schon unter den Arbeiterversicherungsgesetzen früherer Fassung wurden nach der Praxis als Bauarbeiten z. B. angenommen die Anbringung von Wetterrouleaux, von Fensterläden, hingegen nicht das Anmachen von Gardinen, das Bohnern von Fußboden usw. (vgl. Nußbaum S. 53).

c) Der früheren Invaliden- und Altersversicherung unterstand das Gesinde neben der Regelung durch die GesO. Diese Unterordnung ist auch geblieben, nachdem jetzt in der Reichsversicherungsordnung die Alters- und Invalidenversicherung geändert und auf die Hinterbliebenenversicherung mit erstreckt worden ist. Das Gesinde untersteht vom 16. Lebensjahre ab dieser Invalidenversicherung gemäß § 1226 RVO. Das Gesinde hat somit Beiträge zu zahlen einmal für die Krankenkasse und ferner für die Invaliden- und Hinterbliebenenversicherung. Im Falle der Erkrankung hat das Gesinde zunächst den Anspruch gegen die Krankenkasse, sobald aber die für die Krankenfürsorge vorgesehene Zeit verstrichen ist und das Gesinde noch nicht gesund ist, vielmehr im Sinne der Invalidenversicherung als Invalide betrachtet werden muß, stehen ihm Ansprüche auf Invalidenversorgung zu. Voraussetzung ist allerdings, daß die sonstigen Bedingungen der Invalidenversicherung erfüllt sind, auf die wir hier im einzelnen nicht eingehen können.

12. **Übergangszustand.** Da die Reichsversicherungsordnung mit dem 1. Januar 1914 in Kraft tritt, so finden ihre Bestimmungen auch nur auf diejenigen Krankheitsfälle Anwendung, welche vom 1. Januar 1914 ab eintreten. Frühere Krankheitsfälle unterstehen den bisherigen Bestimmungen.

§ 86. Zieht ein Dienstbote sich durch den Dienst oder bei Gelegenheit desselben eine Krankheit zu, so ist die Herrschaft schuldig, für seine Kur und Verpflegung zu sorgen[1]).

1. Aufgehoben durch die Reichsversicherungsordnung. (Siehe Vorbemerkung.)

§ 87. Dafür darf dem Gesinde an seinem Lohne nichts abgezogen werden[1]).

1. Die Bestimmung ist durch § 436 RVO. völlig geändert. Vgl. Vorbemerkung unter 8b.

§ 88. Außerdem ist die Herrschaft zur Vorsorge für kranke Dienstboten nur alsdann verpflichtet, wenn dieselben keine Verwandten in der Nähe haben, die sich ihrer anzunehmen vermögend und nach den Gesetzen schuldig sind.

§ 89. Weigern sich die Verwandten dieser Pflicht, so muß die Herrschaft dieselbe einstweilen und bis zum Austrage der Sache, mit Vorbehalt ihres Rechts, übernehmen[1]).

1. Die Vorschrift ist durch die Reichsversicherungsordnung aufgehoben. Vgl. Vorbemerkung unter 8b.

§ 90. Sind öffentliche Anstalten vorhanden, wo dergleichen Kranke aufgenommen werden, so muß das

Gesinde es sich gefallen lassen, wenn die Herrschaft seine Unterbringung daselbst veranstaltet[1–3]).

1. Die Bestimmung ist allgemeiner Natur. Wenn sie auch im Zusammenhang mit den §§ 86--89 gegeben ist, so hat sie doch eine privatrechtliche Bedeutung schlechthin und muß deshalb zur Anwendung kommen auch neben den Bestimmungen der Reichsversicherungsordnung. Letztere sind, wie schon in der Vorbemerkung unter 8 erwähnt, öffentlich-rechtlicher Natur. § 90 legt aber privatrechtlich dem Gesinde eine Verpflichtung auf. Der Paragraph spricht nur von öffentlichen Anstalten. Eine Unterbringung in eine Privatkrankenanstalt kann dem Gesinde gegen seinen Willen nicht auferlegt werden.

2. Welche Folgen eintreten, wenn das Gesinde gegen die Unterbringung Widerspruch erhebt, ist weder in der GesO. noch sonst ausdrücklich bestimmt. Daß die Reichsversicherungsordnung den Dienstboten die Möglichkeit gibt, gegen die Unterbringung in einer Heilanstalt Einwendungen zu erheben, ist für das zivilrechtliche Verhältnis zwischen Herrschaft und Gesinde ohne Bedeutung. Für dieses ist die Sache so zu beurteilen, daß § 90 dem Gesinde eine Verpflichtung auferlegt. Handelt das Gesinde dieser Verpflichtung zuwider, so kann es sich nicht mit der von ihm selbst herbeigeführten Entscheidung der Organe der Krankenversicherung entschuldigen. Nach diesseitiger Auffassung ist in der Weigerung des Gesindes beharrlicher Ungehorsam im Sinne des § 118 zu finden, und die Herrschaft zur Entlassung des Gesindes bei Weigerung berechtigt.

3. Wie schon in der Vorbemerkung unter Ziffer 8 angeführt, bleibt der Anspruch des Gesindes auf Lohn trotz der Unterbringung bestehen, und es kann höchstens, soweit Krankengeld gezahlt wird, eine Anrechnung des Krankengeldes erfolgen.

§ 91. In dem § 88 bestimmten Falle kann die Herrschaft die Kurkosten von dem auf diesen Zeitraum fallenden Lohne des kranken Dienstboten abziehen[1]).

1. Aufgehoben durch die Reichsversicherungsordnung. Siehe Vorbemerkung unter 8b.

§ 92. Dauert eine solche Krankheit über die Dienstzeit hinaus, so hört mit dieser die äußere Verbindlichkeit der Herrschaft auf, für die Kur und Pflege des kranken Dienstboten zu sorgen[1]).

1. Aufgehoben durch die Reichsversicherungsordnung.

§ 93. Doch muß sie davon der Obrigkeit des Ortes in Zeiten Anzeige machen, damit diese für das Unterkommen eines dergleichen verlassenen Kranken sorgen könne[1]).

1. Aufgehoben durch die Reichsversicherungsordnung.

§ 94. Unter den Umständen, wo ein Machtgeber einen dem Bevollmächtigten bei Ausrichtung der Geschäfte durch Zufall zugestoßenen Schaden vergüten muß, ist auch die Herrschaft schuldig für das in ihrem Dienste oder bei Gelegenheit desselben zu Schaden gekommene Gesinde auch über die Dienstzeit hinaus zu sorgen (Tl. 1 Tit. 13 §§ 80, 81)[1]).

1. Abweichend von der früheren Auflage ist nach nochmaliger Prüfung der Rechtslage anzunehmen, daß § 94 bezüglich der Haftung für Zufall lediglich auf die §§ 80, 81 I 13 verweist und nicht einen dem Gesinderecht eigentümlichen Bestandteil enthält. Da die genannten Bestimmungen des ALR. durch die Vorschriften des BGB. über den Dienstvertrag, die eine Haftung für Zufall nicht kennen, außer Kraft gesetzt sind, so sind gemäß Art. 4 EG. z. BGB. die Vorschriften des BGB. an ihre Stelle getreten und mithin auch die §§ 94, 95 als beseitigt anzusehen (ebenso die herrschende Meinung; a. A. LG. Bromberg in PosMon. 1904 S. 171).

§ 95. Diese Pflicht erstreckt sich jedoch nur auf die Kurkosten und auf den notdürftigen Unterhalt des Gesindes so lange, bis dasselbe sich sein Brot selbst zu verdienen wieder in den Stand kommt[1]).

1. Diese Bestimmung ist nach der nunmehr angenommenen Auffassung (vgl. Anm. 1 zu § 94) nicht mehr in Kraft.

§ 96. Ist aber der Dienstbote durch Mißhandlungen der Herrschaft ohne sein grobes Verschulden an seiner Gesundheit beschädigt worden, so hat er von ihr vollständige Schadloshaltung nach den allgemeinen Vorschriften der Gesetze zu fordern[1]).

1. Die Haftung der Herrschaft bei Schadenszufügungen beschränkt sich nicht auf den Fall des § 96; auch ist nicht lediglich in dem hier vorgesehenen Fall der Dienstherr zur vollständigen Schadloshaltung verpflichtet, vielmehr greifen die allgemeinen Bestimmungen des BGB. ein. Kraft ausdrücklicher Vorschrift ist übrigens eine Vernachlässigung der im § 618 vorgeschriebenen Verpflichtungen der Dienstherrschaft nach § 618 Abs. 3 hinsichtlich der Schadensersatzpflicht so zu regeln, als ob in ihnen eine unerlaubte Handlung enthalten sei. Es sind dann die §§ 842—846 BGB. anzuwenden.

§ 97. Auch für solche Beschimpfungen und üble Nachreden, wodurch dem Gesinde sein künftiges Fortkommen erschwert wird, gebührt demselben gerichtliche Genugtuung[1–2]).

1. Ein Zuwiderhandeln gegen diese Bestimmung gibt dem Gesinde Schadensersatzansprüche, welche im ordentlichen Rechtswege verfolgt werden.

2. Liegen in den Verstößen der Herrschaft gegen den § 97 strafbare Handlungen vor, so kann das Gesinde auch strafrechtlich Genugtuung verlangen, wobei die Wahrnehmung berechtigter Interesen in Betracht zu ziehen sein wird.

§ 98. **Inwiefern eine Herrschaft durch Handlungen des Gesindes, in oder außer seinem Dienste, verantwortlich werde, ist gehörigen Ortes bestimmt (Tl. 1 Tit. 6 §§ 60 sqq.)[1—4].**

1. Dieser Paragraph ist durch die Vorschrift des Art. 14 § 1 Abs. 1 AG. in Verbindung mit Art. 95 EG. z. BGB. aufgehoben.

2. Die Haftbarkeit der Dienstherrschaft für Handlungen ihres Gesindes ist nunmehr lediglich nach dem BGB. zu beurteilen, dessen §§ 178, 831 und 840 Abs. 2 durch Art. 95 EG. z. BGB. für anwendbar erklärt sind.

a) Danach haftet, soweit sie sich des Gesindes zur Erfüllung einer Verbindlichkeit bedient, für dessen Verschulden nach § 278 die Dienstherrschaft schlechthin.

b) Soweit außerkontraktliche Handlungen des Gesindes in Frage stehen, greift § 831 ein. Demgemäß steht der Dienstherrschaft der dort zugelassene Befreiungsnachweis zu.

3. In einzelnen Gesetzen, welche innerhalb des dem Landesrecht vorbehaltenen Gebietes bleiben, finden sich Bestimmungen, nach denen die Herrschaft für Geldstrafen eintreten muß, welche ihr Gesinde verwirkt hat. So kommen in Betracht:

a) § 52 des Fischereigesetzes vom 30. Mai 1874, demzufolge der Dienstherr, der sich seiner Dienstboten als Teilnehmer (Mittäter, Anstifter, Gehilfen) bedient, für die von ihnen zu zahlende Geldstrafe eintreten muß, falls das Gesinde zur Zahlung unvermögend ist.

b) Die §§ 11—13 des Forstdiebstahlsgesetzes vom 15. April 1878, nach denen der Dienstherr beim Unvermögen des Dienstboten für die von diesem verwirkte Geldstrafe aufkommen muß, wenn nicht festgestellt wird, daß die Tat entweder ohne sein Wissen verübt worden ist, oder daß er sie nicht zu verhindern imstande gewesen sei.

c) § 5 des Feld- und Forstpolizeigesetzes vom 1. April 1880, welcher gleiche Bestimmungen trifft.

d) § 80 der Jagdordnung vom 15. Juli 1907, nach welchem der Dienstherr für die von seinen Dienstboten verwirkten Geldstrafen unter denselben Voraussetzungen haftet.

4. Polizeiverordnungen, welche dem Dienstherrn die Haftung für Geldstrafe des Gesindes auferlegen, sind ungültig (KG. in Johow 17 S. 311).

Aufhebung des Vertrages durch den Tod.

§ 99. Stirbt ein Dienstbote, so können seine Erben Lohn und Kostgeld nur so weit fordern, als selbiges nach Verhältnis der Zeit bis zum Krankenlager rückständig ist[1—2]).

1. Der Paragraph findet Anwendung, auch wenn der Dienstbote nach Krankheit verstirbt. Er ändert insofern die Bestimmungen der §§ 86, 87, da im Falle des Todes Lohn und Kostgeld nur bis zum Tage des Krankenlagers zu zahlen ist. Reichsrechtlich steht der § 617 BGB. nicht entgegen.

Auch der § 616 BGB., welcher nach Art. 14 AG. auf Gesindeverhältnisse anwendbar ist, kommt nicht in Betracht, weil eine Krankheit des Dienstboten, welche zum Tode führt, nicht unter den § 616 fällt, denn § 616 geht davon aus, daß eine vorübergehende Verhinderung in Frage steht und der Dienstverpflichtete nachher wieder seine Arbeit zu verrichten imstande ist.

2. Über die Anzeigepflicht beim Todesfall vgl. §§ 56, 57, 68 des Personenstandsgesetzes vom 6. Febr. 1875.

§ 100. Begräbniskosten ist die Herrschaft für das Gesinde zu bezahlen in keinem Falle schuldig[1]).

1. Die Bestimmung ist durch die Reichsversicherungsordnung beeinflußt. Nach letzterer (vgl. §§ 201 ff. RVO. und Vorbemerkung vor § 86) hat die Krankenkasse ein Sterbegeld zu zahlen, aus diesem

sind nach § 203 die Kosten des Begräbnisses zu bestreiten bzw. an den zu zahlen, der das Begräbnis besorgt hat. Wird die Beerdigung von der Herrschaft vorgenommen, so kann danach die Herrschaft von der Krankenkasse so weit das Sterbegeld beziehen, als die Kosten der Beerdigung betragen. Hat die Beerdigung mehr Kosten verursacht, als das Sterbegeld ausmacht, so kann die Herrschaft den Mehrbetrag, wenn es sich um angemessene Mehrausgaben handelt, aus dem sonstigen Nachlaß beanspruchen (§ 1968 BGB.). Ist der Nachlaß nicht ausreichend, und haften die Erben wegen der Rechtswohltat der Beschränkung nicht persönlich, so sind die Mehrkosten von denjenigen Verwandten zu zahlen, welchen nach dem BGB. die Unterhaltspflicht obliegt (§§ 1650, 1713, 1580), ev. hat der Armenverband einzutreten.

Hat aber die Herrschaft Befreiung von der Versicherungspflicht erhalten, so haftet sie auch in Höhe des Sterbegeldes für die Begräbniskosten, bzw. es muß die Versicherungsgesellschaft, bei der sie für ihre Befreiung Rückendeckung genommen hat, in Höhe des Sterbegeldes die Begräbniskosten bezahlen.

§ 101. **Stirbt das Haupt der Familie, so sind die Erben nicht gehalten, das Gesinde länger als bis zur nächsten gesetzlichen Ziehzeit (§§ 32, 33, 34) zu behalten, wenn auch durch besonderen Vertrag eine längere Dienstzeit festgesetzt wäre[1—7]).**

1. Die GesO. geht davon aus, daß die Rechte der Herrschaft aus dem Gesindeverhältnis vererblich sind. Der Tod des Dienstherrn hebt danach das Dienstverhältnis nicht ohne weiteres auf, gibt vielmehr den Erben nur eine **Aufhebungsbefugnis**. Die Befugnis steht nicht der Frau des Dienstherrn, sondern lediglich den Erben zu. Die Geltendmachung des Rechts seitens mehrerer Erben ist in der GesO. nicht geregelt, wird vielmehr nach den Bestimmungen des BGB. §§ 2038 ff. zu erledigen sein. Das Gesinde selbst hat keinerlei Be-

fugnisse im Falle des Todes, es muß bis zum Ablauf der Dienstzeit bei den Erben verbleiben.

2. Stirbt z. B. der Dienstherr eines städtischen Gesindes am 20. Juni, so können die Erben zum nächsten Ziehtermin, also zum 2. Juli, das Gesinde entlassen, obwohl die Kündigungsfrist (sechs Wochen) verstrichen ist, haben jedoch die Entschädigung nach § 102 zu leisten. Tritt dagegen der Tod des Dienstherrn ein, bevor die Kündigungsfrist verstrichen ist, also vor dem 21. Mai, etwa am 5. Mai, so können die Erben kündigen, ohne eine besondere Entschädigung bezahlen zu müssen. Die Erben können, wie angegeben, handeln, auch wenn etwa das Gesinde für länger, z. B. bis Ende des Jahres, angenommen war.

3. Eine Frist für die Geltendmachung des Aufhebungsrechtes ist nicht gesetzt. Indessen muß, zumal die Vorschriften für das Gesinde sehr ungünstig sind, angenommen werden, daß die Erben, welche nicht in einer angemessenen Frist von dem ihnen zustehenden Rechte Gebrauch machen, auf dasselbe verzichten wollten.

4. Über die Frage, ob abgesehen von der Vererbung die Rechte aus dem Gesindevertrage übertragbar sind, enthält die GesO. keine Vorschriften. Die Bestimmung des § 613 BGB., wonach die Rechte im Zweifel nicht übertragbar sind, wird daher Platz greifen. Denn als Regel ist anzusehen, daß das Gesinde sich nur einer bestimmten Person vermieten wollte, nicht irgendeinem von dieser durch Abtretung zu bezeichnenden Dritten.

5. §§ 101 u. 102 sind auch anzuwenden, wenn das Gesinde noch gar nicht in seinen Dienst eingetreten ist (a. A. Zürn in PrVerwBl. 29 S. 670).

6. Erhebt das Gesinde Ansprüche aus §§ 101 u. 102, so hat es nicht die Pflicht, die Polizei vorher anzurufen; die Paragraphen enthalten nichts von einer solchen Verpflichtung. Auch das Minist.-Reskript vom 17. April 1812 erwähnt nichts davon (a. A. Jacobi).

7. Die Allegierung der §§ 32, 33, 34 ist eine irrtümliche, gemeint sind die §§ 42, 43, 44.

§ 102. Erfolgt jedoch der Todesfall nach der Kündigungsfrist, so muß Gesinde, welches bloß zu häuslichen Verrichtungen bestimmt ist, den baren Lohn, doch ohne Kost oder Kostgeld, für das nächstfolgende Vierteljahr noch überdies, statt Entschädigung für die verspätete Kündigung, erhalten; Gesinde aber, das zur Landwirtschaft gebraucht wird, noch für das nächstfolgende Jahr beibehalten werden, falls keine andere freiwillige Abkunft getroffen werden kann[1–5]).

1. Vgl. die Anmerkungen zu § 101.

2. § 102 schränkt den § 101 ein. Während es nach § 101 den Anschein hat, als könnte beim Tode des Familienhauptes zur nächsten gesetzlichen Ziehzeit das Gesinde schlechthin entlassen werden, modifiziert § 102 diese Befugnis, sofern der Todesfall nach der Kündigungsfrist erfolgt. Zu unterscheiden ist dabei zwischen städtischem und Landgesinde. Letzteres kann, wenn der Todesfall nach der gesetzlichen Kündigungsfrist (s. §§ 112, 113) sich ereignet, nicht vor dem 2. April des nächstfolgenden Jahres (§ 43), dann aber ohne Entschädigung entlassen werden. Städtisches kann die Entlassung erhalten, bekommt jedoch eine Entschädigung.

3. Diese Entschädigung besteht im barem Lohn für das nächste Vierteljahr. Ersatz für die dem Gesinde entgehende Kost und die fortfallende Unterkunft ist nicht zu leisten.

4. Die Barentschädigung steht dem Gesinde zu, auch wenn es in dem Vierteljahr einen anderweiten Dienst erhält. Eine Anwendung der Vorschriften des § 163 ist nicht vorgesehen. Ebensowenig kann § 615 BGB. Platz greifen, da hier eine abweichende landesrechtliche Bestimmung in Frage steht.

5. Auch Ansprüche aus § 102 sind im ordentlichen Rechtswege zu verfolgen.

§ 103. Sind Dienstboten zur besonderen Bedienung einzelner Mitglieder der Familie angenommen, so können bei dem Absterben derselben die Bestimmungen des vorstehenden Paragraphen auch auf sie angewendet werden[1]).

1. Die Fassung des Paragraphen ist nicht genau; es muß heißen „der beiden vorstehenden Paragraphen".

§ 104. Männliche Dienstboten behalten die ganze gewöhnliche Livree, wenn sie der verstorbenen Herrschaft schon ein halbes Jahr oder länger gedient haben[1]).

1. Vgl. die Anm. zu den §§ 37—39.

§ 105. Sind sie noch nicht so lange in ihren Diensten gewesen, so müssen sie Rock, Weste und Hut zurücklassen.

§ 106. War der Bediente nur monatweise gemietet, so erhält er Lohn und Kostgeld, wenn die Herrschaft vor dem fünfzehnten Monatstage stirbt, nur auf den laufenden, sonst aber auch auf den folgenden Monat[1]).

1. Was in den §§ 101 und 102 bezüglich des Vierteljahres gesagt ist, gilt hier für den Monat.

§ 107. Entsteht Konkurs über das Vermögen der Herrschaft, so finden die Vorschriften §§ 101—106 Anwendung.

§ 108. Der Tag des eröffneten Konkurses wird in dieser Beziehung dem Todestage gleich geachtet.

§ 109. Wegen des alsdann rückständigen Gesindelohns bleibt es bei den Vorschriften der Konkursordnung[1—4]).

1. Die Vorschriften der §§ 107—109 sind durch die reichsrechtlichen Konkursbestimmungen geändert, aber nur teilweise. Maßgebend ist:

§ 22 KO. Ein in dem Haushalte, Wirtschaftsbetriebe oder Erwerbsgeschäfte des Gemeinschuldners angetretenes Dienstverhältnis kann von jedem Teil gekündigt werden. Die Kündigungsfrist ist, falls nicht eine kürzere Frist bedungen war, die gesetzliche.

Kündigt der Verwalter, so ist der andere Teil berechtigt Ersatz des ihm durch die Aufhebung des Dienstverhältnisses entstehenden Schadens zu verlangen.

Von dieser Vorschrift ist nur ein bei der Konkurseröffnung bereits **angetretenes** Dienstverhältnis betroffen. Ein **noch nicht angetretenes** Dienstverhältnis regelt sich gemäß:

§ 25 KO. Soweit rücksichtlich einzelner, durch die §§ 18—24 nicht betroffener Rechtsverhältnisse das Bürgerliche Recht besondere Bestimmungen über die Wirkung der Eröffnung des Konkursverfahrens enthält, kommen diese Bestimmungen zur Anwendung.

nach dem Bürgerlichen Recht, also nach der GesO.

Somit ist zu unterscheiden zwischen angetretenem und nichtangetretenem Gesindeverhältnis.

2. Liegt bei der **Konkurseröffnung** ein **noch nicht angetretenes Dienstverhältnis** vor, so greifen die §§ 107—109 Platz.

a) Demgemäß ist nach den §§ 101—106 zu verfahren, nur daß der Tag der Konkurseröffnung dem Todestage gleichsteht. Mit dieser Änderung gelten die Anmerkungen zu den §§ 101—106, auch der Unterschied zwischen städtischem und ländlichem Gesinde; der Verwalter kann kündigen.

b) Trat die Konkurseröffnung vor dem gesetzlichen Kündigungstermin ein, so hat das Gesinde hiernach keine weiteren Ansprüche, da die §§ 101, 102 für diesen Fall keine Entschädigung festsetzen.

c) Ereignete sich die Konkurseröffnung nach dem gesetzlichen Kündigungstermin, so muß das ländliche Gesinde bis zum 2. April des nächstfolgenden Jahres behalten werden, die Konkursmasse haftet als Gegenkontrahent, während städtisches Gesinde die Entschädigung für das nächste Vierteljahr zu fordern hat. Die Verpflichtung ist eine Masseschuld.

3. a) War das Gesindeverhältnis **bereits angetreten**, so **kann** nach § 22 KO. der Konkursverwalter mit der gesetzlichen Frist dieses kündigen, auch wenn die vertragsmäßige Frist länger war. War die vertragsmäßige Frist kürzer, so kann er auf die vertragsmäßige zurückgreifen.

b) Bis zum Ablauf der Kündigungsfrist gilt das Gesindeverhältnis als von der Konkursmasse fortgesetzt, die Forderungen des Gesindes sind daher Masseforderungen.

c) Sofern vertragsmäßig eine längere Kündigungsfrist ausbedungen war, hat das Gesinde einen Schadensersatzanspruch als Konkursgläubiger, z. B. eine auf zwei Jahre gemietete Köchin, die vom Verwalter zum Ablauf des zweiten Vierteljahres gekündigt wird, einen Entschädigungsanspruch für $1^1/_2$ Jahre. Gesindelohn, der für das letzte Jahr vor der Konkurseröffnung rückständig ist, beansprucht das Gesinde als Vorrechtsgläubiger (§ 61 Ziff. 1 KO.).

d) Sonstige Ansprüche des Gesindes, z. B. Lohnrückstände über ein Jahr hinaus, Auslageforderungen usw., sind keine bevorrechtigten Ansprüche.

4. Im Falle der Zwangsversteigerung und Zwangsverwaltung über ein land- oder ein forstwirtschaftliches Grundstück tritt der Ersteher kraft Gesetzes nicht in das Gesindeverhältnis ein.

Dagegen hat das Gesinde, welches ausschließlich oder hauptsächlich zur Bewirtschaftung des Grundstücks angenommen war, ein Vorrecht auf Befriedigung aus dem Grundstück, jedoch nur wegen der Dienstbezüge, welche seit dem letzten Fälligkeitstermin vor der Beschlagnahme laufen oder aus dem letzten Jahre vor dem genannten Termin rückständig sind. Dieses Vorrecht steht an zweiter Stelle (§ 10 Ziff. 2, § 13 ZVG. vom 24. März 1897). Gleichgültig ist, ob die Dienstboten zur Zeit der Beschlagnahme bei dem Eigentümer noch in Dienst stehen oder nicht.

Nach vorhergegangener Aufkündigung.

§ 110. Außer diesen Fällen kann der Mietsvertrag während der Dienstzeit einseitig nicht aufgehoben werden.

§ 111. Welcher Teil denselben nach Ablauf der Dienstzeit nicht fortsetzen will, muß innerhalb der gehörigen Frist aufkündigen[1—4]).

1. Die Kündigung ist eine einseitige empfangsbedürftige Willenserklärung gemäß § 130 BGB. Die Kündigung kann auch durch schlüssige Handlung erfolgen.

2. Die Kündigung muß erfolgen seitens des Dienstherrn oder eines dazu Beauftragten, ebenso gegenüber der Herrschaft oder gegenüber einem dazu berechtigten Beauftragten.

3. Die Ehefrau des Dienstherrn ist auf Grund des § 1357 BGB. zur Kündigung und zur Empfangnahme der Kündigung legitimiert.

4. Die Erlaubnis des gesetzlichen Vertreters an den Minderjährigen, in Dienst zu treten, ermächtigt den Minderjährigen auch zur Kündigung und zur Empfangnahme der Kündigung.

§ 112. Die Aufkündigungsfrist wird bei städtischem Gesinde auf sechs Wochen und bei Landgesinde auf drei Monate vor dem Ablaufe der Dienstzeit angenommen, insofern ein anderes bei der Vermietung nicht ausdrücklich verabredet ist. Sollten indes andere Kündigungsfristen bei dem ländlichen Gesinde bisher noch üblich gewesen sein, so mag es dabei für die nächsten fünf Jahre (§ 43) noch sein Bewenden behalten[1—7]).

1. Der Entsch. des LG. in Bl. f. Rechtspflege 1903 S. 20, daß bei Vereinbarung monatlicher Lohnzahlung auch eine monatliche Kündigungsfrist als gewollt anzunehmen sei, kann nicht zugestimmt werden, da die monatliche Lohnzahlung sehr wohl mit der Aufrechterhaltung der gesetzlichen Kündigungsfrist vereinbar ist (so auch Maguhn Anm. 5 zu § 112; auch Linden=

berg Anm. 3 zu § 112 hält die Entsch. des Landgerichts für bedenklich).

2. Über den Unterschied von städtischem Gesinde und Landgesinde s. Anm. 1 zu § 41. Vgl. auch zu § 113.

3. **Ablauf der Dienstzeit.** Der Ablauf der Dienstzeit ergibt sich aus § 41. Danach ist städtisches Gesinde auf ein Vierteljahr, Landgesinde auf ein Jahr angenommen, falls nichts anderes verabredet ist. Besonders zu beachten ist, daß die gesetzlichen Antrittstermine (§§ 42ff.) nur gelten, wenn andere nicht verabredet sind. Hat ein Dienstbote daher nicht beim Beginn des Quartals, sondern mitten in demselben, z. B. am 15. Dezember, einen Dienst als städtisches Gesinde angetreten, so kann die Kündigung nicht etwa zum Ablauf des Quartals erfolgen, sondern ist immer nur zulässig zum 15. März, 15. Juni, 15. September und 15. Dezember.

4. **Aufkündigungsfrist.** Die sechs Wochen zählen vom Ablauf des Dienstes zurück, bedeuten also, wenn der Dienst zum Quartal begonnen hat und zum Quartal endet, z. B. sechs Wochen vor dem 30. September; danach muß zum 30. September spätestens am 19. August gekündigt werden. Endet das Vierteljahr aber etwa am 15. Oktober, wenn das Gesinde z. B. den Dienst am 15. April angetreten hat, so ist sechs Wochen vor dem 15. Oktober, also spätestens am 3. September, zu kündigen.

5. Ist der Tag, an welchem zuletzt gekündigt werden kann, ein Sonntag oder ein Festtag, so kann die Kündigung noch am nächsten Werktage geschehen (§ 193 BGB.).

6. Der zweite Satz des § 112 hat als Übergangsbestimmung keine Bedeutung.

7. Hinsichtlich der Schäfer und Schäferknechte s. Anm. 5 zu § 43.

§ 113. Bei monatweise gemieteten Dienstboten findet die Aufkündigung noch am fünfzehnten eines jeden Monats statt[1—4].

1. Das Gesetz scheint zwar nur den Fall im Sinne gehabt zu haben, daß ein monatsweise gemieteter Dienstbote am Ersten des Monats seinen Dienst angetreten hat. Die Bestimmung wird jedoch auch auf den Fall anzuwenden sein, daß ein monatsweise gemietetes Gesinde den Dienst im Laufe eines Monats antritt. Ein am 15. Dezember monatsweise gemietetes Dienstmädchen kann daher am 30. Dezember kündigen bzw. gekündigt werden, mit der Maßgabe, daß es am 15. Januar den Dienst verläßt.

2. Für kürzere Gesindeverhältnisse als die auf einen Monat geschlossenen sieht die GesO. Bestimmungen nicht vor. Unter entsprechender Anwendung des § 621 Abs. 2 BGB. wird bei wochenweise angenommenen Personen die Kündigung am ersten Werktage der Woche für den Schluß der Woche stattfinden können.

3. Was unter einem monatsweise gemieteten Dienstboten zu verstehen ist, sagt das Gesetz nicht. Man wird ein derartiges Vertragsverhältnis nicht schon für vorliegend erachten, wenn das Gesinde auf unbestimmte Zeit mit monatsweise bemessenem Gehalt angenommen ist. Voraussetzung wird vielmehr sein, daß das Gesinde von vornherein für einen Monat angenommen ist.

4. Der Fall, daß ein Gesinde mit vierzehntägiger Kündigung gemietet ist, jedoch den Dienst nicht am Ersten, sondern an irgendeinem Monatstage beginnt, ist im Gesetz nicht geregelt. Ein solcher Fall ist vom § 113 nicht betroffen. Lindenberg führt einen Bescheid des Polizeipräsidiums zu Berlin an das frühere Amtsgericht 1 Berlin vom 7. Jan. 1905 an, in diesem verneint das Polizeipräsidium das Vorliegen eines Ortsgebrauchs, nach welchem in einem derartigen Fall die Kündigung etwa nur 14 Tage vor dem Ersten zulässig wäre. Über die Frage, ob und wie sich ein solcher Ortsgebrauch bilden könnte, vgl. Anm. 1 zu § 42. Man wird hiernach, wenn nur vierzehntägige Kündigung schlechthin vereinbart ist, und das Gesinde an irgendeinem Monatstage, weder am Ersten noch am Fünf-

zehnten, angetreten ist, die Kündigung jederzeit für zulässig halten müssen.

§ 114. Ist keine Aufkündigung erfolgt, so wird der Vertrag als stillschweigend verlängert angesehen.

§ 115. Bei städtischem Gesinde wird die Verlängerung auf ein Viertel- und bei Landgesinde auf ein ganzes Jahr gerechnet.

§ 116. Bei monatweise gemietetem Gesinde versteht sich die Verlängerung immer nur auf einen Monat.

Vorbemerkung zu §§ 117—135.

1. Sofortige Entlassung seitens der Herrschaft. Die §§ 117 bis 135 schreiben erschöpfend vor, unter welchen Umständen ein Dienstverhältnis ohne Innehaltung einer Kündigungsfrist seitens der Herrschaft gelöst werden kann. Eine Anwendung der Vorschriften des BGB. ist ausgeschlossen. Denn da das Gesinderecht dem Landesrecht vorbehalten ist, so können auch die landesrechtlichen Aufhebungsgründe allein in Betracht kommen. § 626 BGB., welcher die Aufhebung des Dienstvertrages aus wichtigen Gründen gestattet, greift nicht Platz.

Hätte reichsrechtlich die Geltung des § 626 vorgeschrieben werden sollen, so hätte dies im Art. 95 EG. bemerkt werden müssen, wie es dort auch hinsichtlich anderer Paragraphen des BGB. geschehen ist.

Aber auch aus der GesO. selbst kann kein Grund für die Anwendung des § 626 BGB. entnommen werden. Die GesO. zählt die Entlassungsgründe genau auf. Nirgends ist angedeutet, daß es sich nur um Beispiele eines allgemeinen Prinzips handelt, und deshalb ist auch kein Raum, um auf ein allgemeines Prinzip zurückzugreifen und dies aus dem BGB. zu entnehmen. (So auch Lindenberg Anm. 10 zu § 617 BGB. S. 98 und Anm. 1 zu § 112 GesO., Nußbaum Vorbem. 1 zu

§ 117ff., Maguhn Vorbem. ebenda, BA. f. H. vom 1. März 1902 Nr. 375, mitgeteilt von Koppe im PrVerwBl. 24 S. 52 und die von Groschuff zitierten, nicht abgedruckten Entsch. d. LG. vom 23. Juni und 3. Nov. 1902; a. M. Rehbein IV S. 723, 724; DJZ. 1899 S. 59; Jacobi Bemerk. VI hinter § 135; Zürn in PrVerwBl. 29 S. 670). Die von Jacobi zitierte Entsch. d. OLG. Braunschweig in DJZ. 1906 S. 1268 steht mit der hier vertretenen Ansicht nicht im Widerspruch, sie erwähnt nur, daß die Braunschweiger GesO. vom 16. Aug. 1899 mit dem Grundsatze der Aufzählung der Entlassungsgründe gebrochen und im Einklang mit dem BGB. das Vorhandensein eines wichtigen Grundes als das Entscheidende hingestellt habe.

2. **Sonstige Entlassungsgründe.** Dagegen finden sich landesrechtlich noch Vorschriften, nach welchen neben den §§ 117 bis 135 ein Entlassungsrecht gegeben ist.

a) Ein solches Recht steht dem Dienstherrn zu, wenn der Dienstbote beim Dienstantritt die Vorlegung des Gesindebuches verweigert (VO. vom 29. Sept. 1846).

b) Ein wegen Weidefrevels verurteilter Hirt kann innerhalb 14 Tagen nach der Rechtskraft des Urteils entlassen werden (Feld- und Forstpolizeiges. vom 1. April 1880 § 16).

3. **Zeitpunkt der Entlassung.** Die GesO. sagt nichts über den Zeitpunkt, in welchem die Entlassung ausgesprochen werden muß. Aus allgemeinen Rechtsgrundsätzen ist zu folgern, daß eine Herrschaft, welche nach Kenntnis von Zuwiderhandlungen das Gesindeverhältnis über kurze Zeit hinaus fortsetzt, auf ihr Entlassungsrecht verzichtet hat (vgl. RG. bei Bolze 16 Nr. 378; Voß in DJZ. 1906 S. 535).

4. **Angabe des Grundes bei der Entlassung.** Nicht erforderlich ist, daß bei der Entlassung der Grund derselben mitgeteilt wird, jedoch werden der Herrschaft die Kosten aufzuerlegen sein, wenn sie in einem späteren Rechtsstreit mit einem Grunde hervortritt und das Gesinde nunmehr die von ihm angestellte Klage in der Hauptsache fallen läßt.

— Die Herrschaft ist auch berechtigt in der Weise zu entlassen, daß sie mit kürzerer als der gesetzlichen bzw. vertragsmäßigen Frist kündigt. Ist z. B. zum 1. April am 17. Febr. zu kündigen und ereignen sich am 31. Jan. Entlassungsgründe, so kann die Herrschaft zum 1. März kündigen (vgl. StrArch. 81 S. 262)

5. In dem späteren Rechtsstreit können auch noch Entlassungsgründe vorgebracht werden, die bei der Entlassung nicht gesagt sind (StrArch. 60 S. 254, 81 S. 262; OTr. 65, 177).

6. Nicht notwendig ist ausdrückliche Erklärung der Entlassung (StrArch. 2 S. 367, 61 S. 6, 81 S. 262), anderseits brauchen Äußerungen, die im Wortwechsel fallen, wie „scheren Sie sich hinaus" noch nicht immer als Entlassungsgrund zu gelten (vgl. auch RG. in Strafs. 13 S. 189).

7. **Aufhebung nach allgemeinen Vorschriften.** Gründe, aus denen ein Dienstverhältnis anfechtbar ist, z. B. wenn Irrtum oder Täuschung vorliegt, müssen neben den §§ 117ff. als wirksam gelten, da die GesO. die Wirksamkeit der diesbezüglichen allgemeinen Grundsätze nicht hat ausschließen wollen; jedoch ist der Rücktritt wegen ausdrücklich bedungener oder gewöhnlich vorausgesetzter Eigenschaften in den §§ 131 und 143 geregelt (vgl. die Anm. dazu).

8. Ebenso greifen die allgemeinen Bestimmungen des BGB. über die **Unmöglichkeit der Erfüllung** ein, die in Frage steht, wenn z. B. Krieg ausbricht und der Diener eingezogen wird, aber nicht unbedingt. Nach spezieller Vorschrift ist z. B. trotz Unmöglichkeit der Erfüllung seitens des Gesindes der Lohn weiter zu zahlen (vgl. § 616 BGB., Vorbem. vor § 86); ferner bei Verlust der Milch seitens der Amme (s. zu § 131). Liegt ein Verschulden des Gesindes vor, so ist es zum Schadensersatz verpflichtet. Steht ein Verschulden der Herrschaft in Frage, z. B. wenn sie dem Gesinde die Annahme der Dienste verweigert, so behält das Gesinde seinerseits seinen Schadensersatzanspruch.

9. Die Folgen der Entlassung bestimmt § 150 GesO.

Ohne Aufkündigung von seiten der Herrschaft.

§ 117. Ohne Aufkündigung kann die Herrschaft ein Gesinde sofort entlassen:

1. Wenn dasselbe die Herrschaft oder deren Familie durch Tätlichkeiten, Schimpf- und Schmähworte oder ehrenrührige Nachreden beleidigt oder durch boshafte Verhetzungen Zwistigkeiten in der Familie anzurichten sucht[1–2].

1. Nach ständiger Rechtsprechung gibt nicht jede Beleidigung das Recht zur sofortigen Entlassung. Vielmehr ist nach den gebrauchten Ausdrücken und nach den Umständen des Falles (Bildungsgrad des Gesindes) festzustellen, ob eine erheblichere Ehrverletzung in den Äußerungen des Gesindes zu finden ist (RG. bei Gruch. 37 S. 1067).

2. Nicht erforderlich ist, daß die Äußerung der Herrschaft gegenüber geschieht; ein Entlassungsgrund kann auch vorliegen bei Bemerkungen zu Dritten (StrArch. 39 S. 328). Auch in Handlungen oder Geberden, welche eine Verletzung der Achtung in sich schließen, kann eine Beleidigung erblickt werden (StrArch. 45 S. 289).

§ 118. 2. Wenn es sich beharrlichen Ungehorsam und Widerspenstigkeit gegen die Befehle der Herrschaft zuschulden kommen läßt[1–5].

1. Das Gesetz gebraucht den Ausdruck „und", trotzdem ist nicht erforderlich, daß beharrlicher Ungehorsam und Widerspenstigkeit zusammenfallen, eins von beiden reicht als Entlassungsgrund aus.

2. Beharrlicher Ungehorsam liegt vor, wenn wiederholte Befehle der Herrschaft nicht befolgt sind (Präj. des OTr. I S. 318, StrArch. 17 S. 90). Er ist aber auch dann als vorhanden anzunehmen, wenn in einem und demselben Fall eine Anordnung der Herrschaft **trotz wiederholter** Aufforderung nicht befolgt ist (StrArch. 82 S. 201, RG. bei Gruch. 35 S. 1077, KG. in DJZ. 1896 S. 263). Ist bei

verschiedenen Fällen die Befolgung der von der Herrschaft erteilten Anordnung verweigert, so muß erhellen, daß bei dem Gesinde eine beabsichtigte Beharrlichkeit in Frage steht (Bolze 12 S. 228, Goltdammer 41 S. 319). Die bloße Unterlassung gegenüber einer Anordnung der Herrschaft enthält noch kein Zuwiderhandeln gegen den § 118, namentlich wenn die Möglichkeit vorliegt, daß ein Mißverständnis mitgesprochen hat (Gruch. 1891 S. 1077, JW. 1891 S. 37, S. 398; Goltdammer 41 S. 319).

3. Während der beharrliche Ungehorsam ein passives Verhalten des Gesindes darstellt, bedeutet Widerspenstigkeit ein aktives Vorgehen. Dasselbe braucht nicht immer in Handlungen zu bestehen, es kann auch schon in dem Willen der Herrschaft zuwiderlaufenden Bemerkungen gefunden werden. Beharrlichkeit ist hier nicht Voraussetzung; ein Fall genügt zur Entlassung (Rehbein IV S. 723).

4. Den Befehlen der Herrschaft selbst stehen diejenigen ihrer berechtigten Vertreter gleich (JW. 1891 S. 37). Anordnungen von Wirtschafterinnen u. dgl., wenn sie nicht ausnahmsweise als Vertreter anzusehen sind, führen nur zur Bestrafung aus dem G. vom 24. April 1854, welches in § 1 besonders von den zur Aufsicht bestellten Personen spricht.

Enthalten die Befehle ungerechtfertigte Ansprüche, z. B. zur Verrichtung von Erntearbeiten am Sonntag ohne polizeiliche Genehmigung, so braucht das Gesinde ihm nicht nachzukommen (Entsch. des KG. bei Johow Jahrb. 9 S. 223).

5. Neben dem Entlassungsgrunde des § 118 kann die Herrschaft Bestrafung aus dem G. vom 24. April 1854 fordern; sie muß jedoch diesbezügliche Anträge vor der Entlassung stellen (§ 1 dies. G.).

§ 119. 3. **Wenn es sich den zur Aufsicht über das gemeine Gesinde bestellten Hausoffizianten mit Tätlichkeiten oder groben Schimpf- und Schmähreden in ihrem Amte widersetzt[1—3].**

1. Über den Begriff des Hausoffizianten s. S. 30.

2. Nur Zuwiderhandlungen gegen Hausoffizianten berechtigen zur Entlassung, nicht solche gegen andere Dienstboten.

3. Auch hier ist nach Lage des einzelnen Falles zu prüfen, ob eine erhebliche Ehrverletzung vorliegt (vgl. Anm. 1 zu § 117).

§ 120. 4. **Wenn es die Kinder der Herrschaft zum Bösen verleitet oder verdächtigen Umgang mit ihnen pflegt.**

§ 121. 5. **Wenn es sich des Diebstahls oder der Veruntreuung gegen die Herrschaft schuldig macht**[1—5]).

1. Unter Diebstahl im Sinne dieses Paragraphen ist auch der Mundraub zu verstehen, da dieser nach dem früheren preußischen Strafrecht unter den Begriff des Diebstahls fiel (ebenso Lindenberg, Nußbaum, Maguhn zu § 121, ferner LG. I KGBl. 1902 S. 118; a. A. Jacobi Anm. 2 zu § 121).

2. Unter **Veruntreuung** will die Entscheidung des OTr. vom 18. Dez. 1876 (StrArch. 97 S. 99) nur die Unterschlagung von Geldern oder Sachen verstehen, welche dem Gesinde von der Herrschaft anvertraut sind. Für diese Auffassung gibt das Gesetz keinen Anhalt. **Jede Art von Untreue** fällt unter den § 121, so auch die Übervorteilung, die ein Gesinde beim Einkauf von Sachen dadurch der Herrschaft gegenüber begeht, daß es angibt, mehr für die Sachen gezahlt zu haben, als dies in Wirklichkeit geschehen.

3. Nach §§ 242, 246, 247 StGB. werden Diebstahl und Unterschlagung seitens des Gesindes der Herrschaft gegenüber, wenn es sich um Sachen von unbedeutendem Wert handelt, nur auf Antrag der Herrschaft verfolgt. Der Antrag kann zurückgenommen werden. In der neueren Judikatur des Reichsgerichts (RGSt. 40 S. 3) wird anangenommen, daß § 247 StGB. auch auf Diebstähle gegenüber den Angehörigen des Dienstherrn angewendet werden

können (abweichend die frühere Entsch. des RGSt. 8 S. 109). Dem ist beizustimmen. Falls es sich jedoch um einen Diebstahl gegen Mitgesinde handelt, ist ein Strafantrag nicht erforderlich (RG. aaO., Lindenberg in § 121).

4. Die GesO. gibt der Herrschaft keine besondere Befugnis bei dem Verdacht des Diebstahls, die **Sachen des Gesindes selbst zu untersuchen.** Die Frage, ob die Herrschaft hierzu berechtigt ist, ist vielmehr nach den Vorschriften der Strafprozeßordnung und des BGB. zu entscheiden. Während die Strafprozeßordnung die Durchsuchung nur auf obrigkeitliche Anordnung zuläßt, welche dem Gericht und nur, wenn Gefahr im Verzuge, der Staatsanwaltschaft und der Polizei (§ 105 StPO.) zusteht, ergibt sich aus dem BGB. (§ 229), daß die Durchsuchung im Wege der Selbsthilfe vorgenommen werden kann, wenn obrigkeitliche Hilfe nicht rechtzeitig zu erlangen ist und ohne sofortiges Eingreifen die Gefahr besteht, daß die Verwirklichung des Anspruchs vereitelt oder wesentlich erschwert würde. Aus dem § 229 geht ferner hervor, daß die Herrschaft befugt ist, im Wege der Selbsthilfe den Widerstand des Gesindes zu beseitigen. Jedoch bestimmt § 230 Abs. 1 BGB., daß die Selbsthilfe nicht weiter gehen darf, als zur Abwendung der Gefahr erforderlich. Eine gewaltsame Durchsuchung würde daher nur dann in den Grenzen des Gesetzes bleiben, wenn etwa zu befürchten ist, daß das Gesinde sonst die vermißten Sachen beiseite schafft.

Nach § 231 BGB. erfolgt jede Handlung im Wege der Selbsthilfe, also auch die hier in Rede stehende Durchsuchung, auf Gefahr desjenigen, der die Selbsthilfe ausübt. Der Herrschaft erwachsen mithin, wenn die Selbsthilfe mit Unrecht ausgeübt ist, Ersatzverpflichtungen.

5. Strafbare Handlungen gegen andere Personen als gegen die Herrschaft, insbesondere gegen das Mitgesinde, berechtigen nur nach Maßgabe des § 132 zur sofortigen Entlassung (ebenso Jacobi Anm. 4 zu § 121, Maguhn Anm. 3 zu § 121; a. A. bezüglich des Mitgesindes Lindenberg Anm. 5 zu § 121).

§ 122. 6. **Wenn es sein Nebengesinde zu dergleichen Lastern verleitet**[1]).

1. Wie sie in den §§ 117—121 angeführt sind.

§ 123. 7. **Wenn es auf der Herrschaft Namen ohne deren Vorwissen Geld oder Waren auf Borg nimmt**[1]).

1. David im Recht 1905 S. 588 ist der Meinung, daß die Herrschaft hafte, wenn der Dienstbote Waren auf Kredit nimmt, zu deren Einkauf ihm die Herrschaft Geld gegeben habe. Diese Meinung erscheint beim Mangel eines dahin gehenden Auftrags recht angreifbar. Auch Lindenberg erklärt sie für unrichtig.

§ 124. 8. **Wenn es die noch nicht verdiente Livree ganz oder zum Teil verkauft oder versetzt**[1]).

1. Welche Livree verdient ist und wann, folgt aus § 37.

§ 125. 9. **Wenn es wiederholentlich ohne Vorwissen und Erlaubnis der Herrschaft über Nacht aus dem Hause geblieben ist**[1–3]).

1. **Nicht** erforderlich ist, daß das Gesinde die **ganze Nacht** fortgeblieben ist. Schon ein Ausbleiben über die übliche Zeit hinaus fällt unter den § 125 (vgl. Dernburg BürgR. II § 314 Anm. 5, StrArch. 44 S. 324).

2. Das Ausbleiben muß wiederholt geschehen sein, also mindestens zweimal.

3. „Haus" ist hier die dem Gesinde angewiesene Wohnung, also, wenn das Gesinde nicht bei der Herrschaft wohnt, die Wohnung, welche die Herrschaft ihm bestimmt hat.

§ 126. 10. **Wenn es mit Feuer und Licht gegen vorhergegangene Warnungen unvorsichtig umgeht.**

§ 127. 11. **Wenn auch ohne vorhergegangene Warnung aus dergleichen unvorsichtigem Betragen wirklich schon Feuer entstanden ist.**

§ 128. 12. Wenn das Gesinde sich durch liederliche Aufführung ansteckende oder ekelhafte Krankheiten zugezogen hat[1—2]).

1. Unerheblich ist, ob diese Krankheit erst während des Dienstes entsteht oder schon vorher vorhanden war.

2. Auch starke Behaftung mit Ungeziefer fällt unter den § 128 (vgl. Lindenberg zu § 128 und Krückmann in DJZ. 1904 S. 390).

§ 129. 13. Wenn das Gesinde ohne Erlaubnis der Herrschaft seines Vergnügens wegen ausläuft oder ohne Not über die erlaubte oder zu dem Geschäfte erforderliche Zeit ausbleibt oder sonst den Dienst mutwillig vernachlässigt und von allen diesen Fehlern auf wiederholte Verwarnung nicht absteht[1—2]).

1. Eine wiederholte Verwarnung muß vorausgehen, daher kann die Entlassung frühestens beim drittenmal erfolgen.

2. Bestrafung des Gesindes aus dem G. vom 24. April 1854 kann vorher erfolgen.

§ 130. 14. Wenn der Dienstbote dem Trunk oder Spiel ergeben ist oder durch Zänkereien und Schlägereien mit seinem Nebengesinde den Hausfrieden stört und von solchem Betragen auf geschehene Vermahnung nicht abläßt[1—2]).

1. Hier ist nur eine einmalige Vermahnung verlangt.

2. Das Erfordernis der Vermahnung bezieht sich auf sämtliche Fälle des § 130, auch auf Trunk und Spiel.

§ 131. 15. Wenn dem Dienstboten diejenige Geschicklichkeit gänzlich ermangelt, die er auf Befragen bei der Vermietung zu besitzen ausdrücklich angegeben hat[1—3]).

1. Der hier behandelte Fall ist eigentlich kein Fall der Entlassung, sondern ein Fall der Anfechtung, weil ausdrücklich

vorausgesetzte Eigenschaften nicht vorhanden gewesen sind. Gewöhnlich vorausgesetzte Eigenschaften sind im § 143 erörtert: ihr Mangel gibt kein Entlassungs-, sondern nur ein vorzeitiges Aufkündigungsrecht.

Aus der Art der Regelung dieser Fälle in den §§ 131 und 143 folgt jedoch, daß die GesO. sie nicht als Anfechtungsfälle behandeln wollte. Die allgemeinen Vorschriften des BGB. über Anfechtung kommen somit nicht zur Anwendung.

2. § 131 setzt voraus:

a) daß das Gesinde bei der Vermietung nach der Geschicklichkeit **befragt** worden ist und auf dieses Befragen **bejahend** geantwortet hat. (Die Ansicht von Lindenberg — Anm. 1 zu § 131 —, daß der Zusicherung auf Anfragen die aus eigenem Antrieb gemachte Angabe gleichzustellen sei, findet im Gesetz keine Stütze);

b) daß die zugesicherte Geschicklichkeit **gänzlich** fehlt.

3. Die Feststellung der unter 2 angegebenen Gesichtspunkte ist besonders von Bedeutung für die Entlassung von Ammen. Eine Amme wird angenommen unter der stillschweigenden Voraussetzung, daß sie genug Milch besitzt, um dem Kind der Herrschaft die Nahrung zu geben. Zeigt sich, daß die Milch nicht ausreicht, so fehlt ihr eine vorausgesetzte Eigenschaft. Ist die Amme aber bei der Vermietung nicht befragt worden, ob sie genügend Milch hat, und hat sie hierauf nicht bejahend geantwortet, so kann sie nicht auf Grund des § 131 entlassen, vielmehr kann ihr nur nach § 143 vorzeitig gekündigt werden. (Nach Ziff. 10 Abs. 3 der MinVorschr. vom 16. Aug. 1910 über den Geschäftsbetrieb der Stellenvermittler [hinten abgedruckt] dürfen diese nur denjenigen Ammen eine Stellung vermitteln, die ein höchstens acht Tage altes Zeugnis eines approbierten Arztes über ihren Gesundheitszustand vorlegen.)

4. Bei nachträglichem Fortfallen einer zur Zeit des Dienstantritts vorhandenen Geschicklichkeit wird man von einem „gänzlichen" Fehlen im Sinne des § 131 nicht sprechen

dürfen, zumal eine ausdehnende Auslegung der §§ 117 bis 135 nicht statthaft erscheint (vgl. Voß in DJZ. 1906 S. 1312; a. A. u. a. Lindenberg Anm. 2 zu § 131 und Maguhn ebenda). Doch ist gegen Voß hervorzuheben, daß unter Umständen, insbesondere gerade in dem von Voß erwähnten Beispiel des nachträglichen Ausgehens der Milch einer Amme, die allgemeinen Vorschriften des BGB. über Unmöglichkeit der Leistungen Platz greifen (vgl. oben Vorb. 8 zu §§ 117ff.; auch Nußbaum S. 65), nach welchen, je nachdem völlige oder teilweise Unmöglichkeit der Dienstleistung eintritt, der Anspruch auf die Gegenleistung verloren geht oder sich verhältnismäßig mindert, letzteres z. B. in dem Falle, daß die Amme neben dem Säugen des Kindes, wie es die Regel ist, noch andere Dienstleistungen zu verrichten hat (vgl. oben Anm. 6 zu § 1). Abgesehen hiervon bleibt bei nachträglichem Fortfallen der Geschicklichkeit nur das Kündigungsrecht nach § 143 (vgl. die dortige Anm. 2).

§ 132. 16. Wenn ein Dienstbote von der Obrigkeit auf längere Zeit als acht Tage, gefänglich eingezogen wird[1–2].

1. Bei einer kürzeren Freiheitsstrafe als einer achttägigen greift § 81 Platz.

2. § 132 spricht nur von einer gefänglichen Einziehung. Man wird jedoch Haftstrafe und Untersuchungshaft diesem Fall gleichstellen müssen.

§ 133. 17. Wenn ein Gesinde weiblichen Geschlechts schwanger wird, in welchem Falle jedoch der Obrigkeit Anzeige geschehen und die wirkliche Entlassung nicht eher, als bis von dieser die gesetzmäßigen Anstalten zur Verhütung alles Unglücks getroffen worden, erfolgen muß[1–6].

1. Unerheblich ist, ob der Zustand während des Dienstes eintritt oder schon vorher vorhanden war.

2. Nimmt eine Herrschaft ein Gesinde trotz Kenntnis des Zustandes in den Dienst oder behält es nach Kenntnis des Zustandes das Gesinde noch längere Zeit, so ist anzunehmen, daß auf den Entlassungsgrund verzichtet wird.

3. Ist das Gesinde von der Herrschaft trotz der Schwangerschaft nicht entlassen, so hat das Gesinde die Verpflichtung, nach der Entbindung wieder in den Dienst zurückzukehren (OVG. in PrVerwBl. 1899 S. 389).

4. Das Gesinde, welches trotz der Schwangerschaft im Dienst der Herrschaft behalten wird, hat das Anrecht auf besondere Rücksichtnahme, insbesondere im Hinblick auf § 618 BGB.

5. Kann das schwangere Gesinde den Dienst nicht ausführen, so steht ihr § 142 GesO. zur Seite.

6. Die Anordnungen der Obrigkeit geschehen im öffentlichen Interesse, im besonderen im Interesse der öffentlichen Armenpflege.

§ 134. 18. Wenn die Herrschaft von dem Gesinde bei der Annahme durch Vorzeigung falscher Zeugnisse hintergangen worden[1]).

1. Neben dem Entlassungsrecht greifen die Strafvorschriften des § 363 StGB. durch.

§ 135. 19. Wenn das Gesinde in seinem nächstvorhergehenden Dienste sich eines solchen Betragens, weshalb dasselbe nach §§ 117—128 hätte entlassen werden können, schuldig gemacht, und die vorige Herrschaft dieses in dem ausgestellten Zeugnisse verschwiegen, auch das Gesinde selbst es der neuen Herrschaft bei der Annahme nicht offenherzig bekannt hat.

Vorbemerkung zu §§ 136—142.

Die §§ 136—142 regeln im Gegensatz zu den §§ 117—135 die Fälle, in denen das Gesinde sofort den Dienst verlassen kann. In bezug auf diese Paragraphen ist vorweg folgendes zu bemerken:

1. Die Gründe, die hier aufgeführt sind, sind ebenso wie die Entlassungsgründe der Herrschaft **ausschließliche**. Von einem Aufhebungsrecht nach dem BGB. (§ 626) kann keine Rede sein.

2. Wegen des nach den allgemeinen Vorschriften des BGB. gegebenen Anfechtungsrechts wird auf Vorbem. 7 und 8 vor § 117 verwiesen.

3. Da die GesO. davon ausgeht, daß in den §§ 136ff. Tatsachen behandelt sind, welche sich während des Dienstes ereignen, der Vermögensverfall der Herrschaft aber eine derartige Tatsache ist, so kann das Gesinde sich nicht auf den § 321 BGB. berufen. (Zustimmend Maguhn Vorbem. 1 zu §§ 136—142; a. A. Nußbaum, welcher hier von seiner sonst festgehaltenen Ansicht, daß die Aufhebungsgründe des Gesinderechts ausschließliche sind, zu Unrecht abweicht.)

4. Hat eine verheiratete Frau einen Dienst angenommen, so greift § 1358 BGB. gemäß Art. 95 EG. Platz.

5. Über den Rücktritt des Gesindes vor Dienstantritt vgl. § 52.

6. Die Aufhebung des Dienstverhältnisses seitens des Gesindes muß in kurzer Zeit nach erlangter Kenntnis von dem zur Aufhebung berechtigenden Grunde erfolgen; andernfalls wird angenommen werden müssen, daß das Gesinde auf sein Aufhebungsrecht verzichtet hat.

7. Das Recht zur Aufhebung des Vertrages sowie zur Geltendmachung etwaiger Ersatzansprüche kann das Gesinde ausüben, ohne die Polizei anzurufen.

8. Über die Rechte des Gesindes, wenn es aus einem der Gründe der §§ 136—142 abgeht, s. § 152 (vgl. auch Anm. 2 zu Art. 142).

Von seiten des Gesindes.

§ 136. Das Gesinde kann den Dienst ohne vorhergehende Aufkündigung verlassen:

1. Wenn es durch Mißhandlungen von der Herrschaft in Gefahr des Lebens oder der Gesundheit versetzt worden [1]).

1. § 136 greift nur Platz, wenn seitens der Herrschaft selbst Mißhandlungen vorgefallen sind, nicht bei Mißhandlung seitens Angehöriger oder anderer Angestellter. (OVG. Bd. 30 S. 435; a. A. Jacobi Anm. 2 zu § 136 unter Berufung auf die Entsch. d. OLG. Braunschweig in DJZ. 1906 S. 1268, die jedoch auf Grund der Braunschweiger GesO. ergangen ist, nach welcher das Vorhandensein eines „wichtigen Grundes" zur Kündigung ausreicht.)

§ 137. 2. **Wenn die Herrschaft dasselbe auch ohne solche Gefahr, jedoch mit ausschweifender und ungewöhnlicher Härte behandelt hat [1—2]).**

1. Unter Behandlung mit ausschweifender und ungewöhnlicher Härte ist, wie sich aus dem Zusammenhang mit § 136 ergibt, eine Beeinträchtigung des körperlichen Wohlbefindens des Gesindes zu verstehen. Ein gegen das Gesinde erhobener ehrverletzender Vorwurf fällt daher nicht unter § 136 (KG. in DJZ. 1908 S. 709).

2. Eine leichte Züchtigung (Ohrfeige) kann zwar unter Umständen auf Antrag des Gesindes eine Bestrafung der Herrschaft zur Folge haben, rechtfertigt aber nicht die Anwendung des § 137 GesO. (vgl. Staudinger Anm. 3a zu Art. 95 EG. z. BGB.; OLG. Stettin in OLG. 7, 476; KG. bei Johow 25 S. 86).

§ 138. 3. **Wenn die Herrschaft dasselbe zu Handlungen, welche wider die Gesetze oder wider die guten Sitten laufen, hat verleiten wollen [1—3]).**

1. In ständiger Rechtsprechung ist die Erntearbeit am Sonntag ohne polizeiliche Genehmigung für eine wider die Gesetze verstoßende Arbeit erachtet worden (Goltdammer 37 S. 461; KG. in Johow 9 S. 223).

2. Die Herrschaft muß das Gesinde „verleiten" wollen, sie muß sich also dessen bewußt sein, daß die Handlungen gesetz- oder sittenwidrig sind.

3. Das Gesinde macht sich unter Umständen selbst strafbar, z. B. durch Verrichten verbotener Sonntagsarbeit. Trotzdem wird die Vornahme einer gesetzwidrigen Handlung seitens des Gesindes, weil darin ein Einverständnis des Gesindes liegt, einen Verzicht auf den Entlassungsgrund in sich schließen.

§ 139. 4. **Wenn dieselbe das Gesinde vor dergleichen unerlaubten Zumutungen gegen Personen, die zur Familie gehören oder sonst im Hause aus- und eingehen, nicht hat schützen wollen**[1—3]).

1. „Dergleichen" sind die im § 138 erwähnten Zumutungen, nicht die in den vorhergehenden Paragraphen behandelten (OVG. 30, 437).

2. Die GesO. verlangt den unbedingten Schutz des Gesindes seitens der Herrschaft. Auch wenn die Herrschaft schützen will, aber nicht kann; z. B. wenn die dem Haushalte vorstehende Witwe ihren Sohn von unsittlichen Zumutungen dem Mädchen gegenüber nicht zurückzuhalten vermag, ist doch das Gesinde zur Auflösung des Vertrages berechtigt.

3. Der Paragraph spricht von Zumutungen, nicht von Handlungen, letztere sind im § 138 erörtert. Zum Tatbestand des § 139 genügt die bloße Zumutung.

§ 140. 5. **Wenn die Herrschaft dem Gesinde das Kostgeld gänzlich vorenthält oder ihm selbst die notdürftige Kost verweigert**[1—4]).

1. Notdürftig ist sowohl die der Qualität als auch die der Quantität nach geringe Kost (KG. bei Johow 9, 224; Goltdammer 37, 459).

2. Vorenthaltung seitens der Herrschaft selbst wird verlangt. Hat die Wirtschaftsmamsell die notdürftige Kost verweigert, so kann das Gesinde den Dienst erst dann verlassen,

wenn auch die Herrschaft, trotz Kenntnis von dem Verhalten der Wirtschaftsmamsell, nicht einschreitet (KG. bei Johow 9, 225; Goltdammer 37, 459).

3. Vorherige polizeiliche Anrufung ist nicht notwendig (vgl. die zu 1 zitierten Entsch.). Im späteren Prozeß ist eine Auskunft der Polizeibehörde, wie sie früher der § 83 voraussetzte, jetzt nicht mehr unbedingt maßgebend (vgl. Anm. 2 zu § 83).

4. Vorenthaltung des Lohnes regelt § 145.

§ 141. 6. **Wenn die Herrschaft auf eine Zeit, welche die laufende Dienstzeit übersteigt, und in eine Entfernung, die mehr als sechs Meilen beträgt, eine Reise vornimmt oder überhaupt in diese Entfernung ihren bisher gewöhnlichen Wohnsitz verlegt und es nicht übernehmen will, den Dienstboten zum Ablaufe der Dienstzeit kostenfrei zurückzusenden. Hat die Herrschaft mehrere gleich gewöhnliche Wohnsitze, so wird die Entfernung von sechs Meilen nach demjenigen berechnet, den sie zuletzt wirklich bewohnt hat**[1-2].

1. Das Gesinde muß sogleich, wenn die Herrschaft sich entfernt, sich seine Rechte vorbehalten oder abgehen. Nimmt es, ohne etwas zu sagen, an der Reise der Herrschaft teil, so geht es der Befugnisse des § 141 verlustig (a. A. Seyffarth S. 69; Nußbaum Anm. 2 zu § 142, Lindenberg Anm. 1, Maguhn Anm. 2 ebenda).

2. Lediglich darauf kommt es an, ob der Dienstbote noch imstande ist, diejenigen Arbeitern — und zwar in ihrem vollen Umfang — weiter zu verrichten, deren Leistung er übernommen hat. Ist er z. B. zu schwerer Arbeit — sei es ausschließlich, sei es neben leichterer — angenommen, so kann er den Dienst auch dann verlassen, wenn er zu leichteren Arbeiten fähig bleibt, während ihn, wenn er zu leichten Diensten angenommen ist, die Unfähigkeit, schwere Dienste zu verrichten,

zum Verlassen des Dienstes nicht berechtigt (vgl. RG. bei Johow 19 S. 346, OVG. in DJZ. 1907 S. 603).

§ 142. 7. **Wenn der Dienstbote durch schwere Krankheit zur Fortsetzung des Dienstes unvermögend wird[1]).**

1. Krankheit — auch nur schwere — ist lediglich für den Dienstboten ein Grund zur Aufhebung des Vertrages, für die Herrschaft nicht (vgl. Vorbem. vor § 86 unter 8b). Das Gesinde, welches auf Grund des § 142 GesO. abgeht, verliert die Ansprüche auf Lohn nicht (vgl. § 152). Die weiteren Ansprüche sind infolge der Zugehörigkeit zur Krankenversicherung als fortgefallen anzusehen, da die Kasse die Fürsorge der Herrschaft übernimmt (vgl. auch Art. 42 EG. z. RVO.).

Vorbemerkungen zu §§ 143—148.

1. Die §§ 143—148 behandeln Fälle, in denen das Dienstverhältnis zwar nicht sofort, aber doch unter **vorzeitiger Kündigung** aufgehoben werden kann. Die §§ 143 und 144 erörtern, wann dieses Recht der Herrschaft, die §§ 145—147 wann es dem Gesinde zusteht.

2. Die Zeit der Aufkündigung ergibt sich aus dem sie besprechenden § 148 nicht mit Deutlichkeit. Dort heißt es, daß das laufende Vierteljahr bzw. der laufende Monat ausgehalten werden muß. Zur Auslegung dieser Ausdrücke sind die §§ 112, 41—44 heranzuziehen. Aus ihnen folgt, daß unter Vierteljahr nicht schlechthin das Kalendervierteljahr, unter Monat nicht der Kalendermonat zu verstehen, sondern das vom Dienstantritt laufende Vierteljahr bzw. der laufende Monat, die freilich (s. § 42) mit den Kalenderterminen zusammenfallen können. Besondere Vereinbarungen über längere Dauer sind dem § 148 gegenüber ohne Belang.

Verlobt sich eine Köchin Anfang Dezember 1912 und will sie gemäß § 147 aufkündigen, so kann sie dies, wenn sie am 15. Mai 1911 den Dienst angetreten hat, zum 15. Febr. 1913, gleichviel, ob der Mietsvertrag auf unbestimmte Zeit geschlossen ist oder die Köchin für zwei Jahre engagiert war.

3. Der bei der Kündigung angegebene Grund ist nicht ausschließlich maßgebend. Beim späteren Rechtsstreit können auch noch andere Gründe geltendgemacht werden (vgl. Vorbem. vor § 117 Anm. 5 und die dort zitierten — vgl. jedoch KG. bei Johow 11 S. 258 in strafrechtlicher Hinsicht).

4. Die Folgen vorzeitiger Kündigung sind im § 151 geregelt (vgl. auch §§ 154ff. wegen der Ansprüche auf Livree).

Unter der Zeit, doch nach vorhergegangener Aufkündigung: von seiten der Herrschaft.

§ 143. **Vor Ablauf der Dienstzeit, aber doch nach vorhergegangener Aufkündigung kann die Herrschaft einen Dienstboten entlassen:**

1. Wenn demselben die nötige Geschicklichkeit zu den nach seiner Bestimmung ihm obliegenden Geschäften ermangelt[1—2]).

1. § 143 behandelt die **gewöhnlich vorausgesetzten** Eigenschaften, während § 131 die Rechtslage bei ausdrücklich vereinbarten erörtert. Näheres s. Anm. 1ff. zu § 131 (ebenso Maguhn Anm. 1 zu § 145, a. A. Zürn S. 125, Lindenberg Anm. 2 zu § 145).

2. Ob die gewöhnlich vorausgesetzte Eigenschaft überhaupt nicht vorhanden war oder dem Gesinde nachher verloren gegangen ist, ob dieser Verlust auf Zufall oder Verschulden zurückzuführen, macht keinen Unterschied.

§ 144. **2. Wenn nach geschlossenem Mietsvertrage die Vermögensumstände der Herrschaft dergestalt in Abnahme geraten, daß sie sich entweder ganz ohne Gesinde behelfen oder doch dessen Zahl einschränken muß[1]).**

1. Beweispflichtig ist die Herrschaft. Über den Konkurs vgl. §§ 107ff. GesO. und die Anm. dazu.

Von seiten des Gesindes.

§ 145. Dienstboten können vor Ablauf der Dienstzeit, jedoch nach vorhergegangener Aufkündigung den Dienst verlassen:

1. Wenn die Herrschaft den bedungenen Lohn in den festgesetzten Terminen nicht richtig bezahlt[1—3]).

1. Das Gesinde ist auf pünktliche Lohnzahlung angewiesen. Auch eine unerhebliche Verzögerung muß deshalb als Grund zur vorzeitigen Aufkündigung angesehen werden.

2. Nimmt das Gesinde vorbehaltlos den Lohn zum späteren Termin an, so hat es auf den Aufkündigungsgrund verzichtet.

3. Nur von der Auszahlung des **Lohnes** ist hier die Rede. Vorenthaltung der Kost oder des Kostgeldes gibt nach § 140 das Recht zur sofortigen Aufhebung.

§ 146. 2. Wenn die Herrschaft das Gesinde einer öffentlichen Beschimpfung eigenmächtig aussetzt[1]).

1. § 146 spricht nicht von Beleidigungen, welche durch den § 137 geregelt sind, sondern von einer öffentlichen Beschimpfung, bei welcher nicht notwendig ist, daß die Herrschaft selbst die beschimpfende Handlung vornimmt; es genügt, daß sie dieselbe herbeiführt, z. B. daß sie eine ungerechtfertigte Verhaftung wegen Verdachtes des Diebstahls veranlaßt (Rehbein IV S. 731).

§ 147. 3. Wenn der Dienstbote durch Heirat oder auf andere Art zur Anstellung einer eigenen Wirtschaft vorteilhafte Gelegenheit erhält, die er durch Ausdauerung der Mietszeit versäumen müßte[1]).

1. Die Vorschrift ist nicht beschränkt auf **weibliche Dienstboten.** Anders bei Heiratsgelegenheit vor dem Dienstantritt. Hier gibt der § 54 nur dem weiblichen Gesinde Rechte.

§ 148. In allen Fällen, wo der Mietsvertrag innerhalb der Dienstzeit, jedoch nur nach vorhergegangener Aufkündigung, aufgehoben werden kann, muß dennoch das laufende Vierteljahr und bei monatsweise gemietetem Gesinde der laufende Monat ausgehalten werden[1]).

1. S. Vorbemerkung vor § 143, insbesondere unter 2.

§ 149. Wenn die Eltern des Dienstboten wegen einer erst nach der Vermietung vorgefallenen Veränderung ihrer Umstände ihn in ihrer Wirtschaft nicht entbehren können oder der Dienstbote in eigenen Angelegenheiten eine weite Reise zu unternehmen genötigt wird, so kann er zwar ebenfalls seine Entlassung fordern, er muß aber alsdann einen anderen tauglichen Dienstboten statt seiner stellen und sich mit demselben wegen Lohn, Kost und Livree ohne Schaden der Herrschaft abfinden[1]).

1. In dem hier gesetzten Fall kann das Gesinde sofort abgehen, aber nur sofern es für Vertretung sorgt. Andernfalls liegt ungerechtfertigtes Verlassen des Dienstes vor und es greifen §§ 167ff. Platz.

Was alsdann wegen Lohn, Kost und Livree Rechtens ist.

§ 150. In allen Fällen, wo die Herrschaft einen Dienstboten während der Dienstzeit mit oder ohne Aufkündigung zu entlassen berechtigt ist (§§ 117—135, 143, 144), kann der Dienstbote Lohn und Kost oder Kostgeld nur nach Verhältnis der Zeit fordern, wo er wirklich gedient hat[1—2]).

1. Hier ist der Fall geregelt, wenn die Herrschaft — und zwar berechtigterweise — den Dienstboten sofort oder mit vorzeitiger Aufkündigung entläßt. Dem Dienstboten stehen nur Ansprüche für die Zeit zu, während welcher er tätig war.

2. Die Vorschriften des § 628 Abs. 1 Satz 2 BGB., welche dem Dienstberechtigten die Befugnis geben, die Vergütung soweit zu verweigern, als die bisherigen Leistungen infolge der Kündigung kein Interesse für ihn haben, sind au das Gesindeverhältnis nicht für anwendbar erklärt, gelten daher nicht.

§ 151. **Ein gleiches gilt von denjenigen Fällen, wo der Dienstbote zwar vor Ablauf der Dienstzeit, aber doch nach vorhergängiger Aufkündigung den Dienst verlassen kann** (§§ 145, 146, 147)[1].

1. Im Falle vorzeitiger Aufkündigung, nicht sofortiger Aufhebung sind weitere Rechte dem Dienstboten nicht gegeben. Anders für die Fälle der §§ 136—142, wie in den §§ 152, 153 bestimmt ist.

§ 152. **In Fällen, wo der Dienstbote sofort und ohne Aufkündigung den Dienst zu verlassen berechtigt ist** (§§ 136—142), **muß ihm Lohn und Kost auf das laufende Vierteljahr, und, wenn er monatsweise gemietet worden, auf den laufenden Monat vergütet werden**[1—2].

1. Hebt der Dienstbote in den Fällen der §§ 136—142 berechtigterweise das Dienstverhältnis sofort auf, so erhält er, wenn die Ursache zum Austritt sich *vor* Ablauf der gesetzlichen oder vertragsmäßigen Aufkündigungsfrist ereignet hat, Lohn und Kost (auch Wohnungsentschädigung) für die Zeit bis zum Ende des laufenden (Miets-)Vierteljahrs bzw. Monats (s. § 41), wenn sich die Ursache erst *nach* Ablauf der Aufkündigungsfrist ereignet hat, auch noch für das folgende Vierteljahr bzw Monat (s. § 153). Vgl. aber die Anm. zu § 142, aus denen hervorgeht, daß bei Abgang wegen schwerer Krankheit die Ansprüche auf Kost und Logis durch die Reichsversicherungsordnung und das EG. beseitigt sind.

2. In den §§ 152, 153 ist die *Höhe des Schadensersatzes fest bestimmt*, unabhängig davon, ob das Gesinde demnächst

vor Ablauf der Zeit einen anderen Dienst erhält. Sie steht als landesrechtliche Vorschrift innerhalb des Vorbehaltsgebiets. Die Bestimmung des § 615 BGB. ist deshalb nicht anwendbar.

§ 153. Hat die Ursache zum gesetzmäßigen Austritte erst nach Ablauf der Aufkündigungsfrist sich ereignet; so muß die Herrschaft diese Vergütung auch für das folgende Vierteljahr oder für den folgenden Monat leisten [1]).

1. S. Anm. 1 u. 2 zu § 152.

§ 154. In der Regel behält der Dienstbote die als einen Teil des Lohnes anzusehende Livree vollständig, wenn er aus den (§§ 136—142) bestimmten Ursachen den Dienst verläßt [1—3]).

§ 155. Geschieht der Austritt nur aus den §§ 143 und 144 enthaltenen Gründen und hat der Bediente noch kein halbes Jahr gedient, so muß er Rock und Hut zurücklassen [1—3]).

§ 156. In den Fällen, wo das Gesinde nach §§ 117—135, 143 und 144 von der Herrschaft entlassen wird, kann letztere der Regel nach die ganze Livree zurückbehalten [1—3]).

§ 157. Doch gebühren dem Bedienten die kleinen Montierungsstücke, wenn er schon ein halbes Jahr gedient hat und nur aus den §§ 143, 144 angeführten Gründen entlassen wird [1—3]).

§ 158. Wenn das Gesinde aus den §§ 145 und 146 angeführten Gründen nach vorhergegangener Aufkündigung seinen Abschied nimmt, so finden die Vorschriften §§ 154 und 155 Anwendung [1—3]).

§ 159. Erfolgt aber der Austritt nur aus der § 147 bestimmten Ursache, so muß der Dienstbote mit den kleinen Montierungsstücken sich begnügen [1—3]).

1. Die §§ 154—159 sind das Muster gesetzlicher Vorschriften, wie sie nicht gefaßt werden sollen. Sie bestimmen über die Ansprüche, welche der Dienstbote hinsichtlich der Livree bei sofortiger Aufhebung oder vorzeitiger Kündigung des Dienstverhältnisses hat. Im Grunde bedeuten die §§ 155, 157, 158, 159 dasselbe (vgl. Koch dazu). Bei systematischer Anordnung sind die Bestimmungen besser verständlich, weshalb sie hier unter 3 zusammengefaßt werden.

2. Der Begriff der Livree regelt sich nach § 37. Von der Livree, welche Hut, Rock, Weste, Hose und Gamaschen enthält, sind zu unterscheiden die kleinen Montierungsstücke. Das sind die zur gewöhnlichen Livree (abgesehen von Mänteln, Pelzen usw.) gehörigen Sachen, außer Rock, Weste und Hut, also wesentlich Hosen und Gamaschen (vgl. Koch zu § 157, Lindenberg zu § 157 u. a.). „Rock und Hut" zurücklassen (§ 155) ist ein irrtümlicher Ausdruck des Gesetzes, die Weste ist vergessen (vgl. § 105 und Ges. Rev. Pens. 15 S. 158); gemeint ist, daß auch die Weste der Herrschaft verbleibt.

3. Im einzelnen ergeben sich aus den §§ 154—159 folgende Regeln:

a) das Gesinde behält die ganze Livree, d. h. die gewöhnliche, nicht die Staatslivree, wenn es seinerseits den Vertrag auf Grund der §§ 136—142 aufhebt;

b) das Gesinde behält die kleinen Montierungsstücke (s. oben zu 2), wenn das Dienstverhältnis aus einem der Gründe der §§ 143—147 nach vorzeitiger Kündigung aufhört, gleichviel ob auf Veranlassung der Herrschaft oder des Gesindes;

c) das Gesinde behält nichts, wenn es aus einem der Gründe der §§ 117—135 entlassen wird.

Rechtliche Folgen einer ohne Grund geschehenen Entlassung.

§ 160. Eine Herrschaft, die aus anderen als gesetzmäßigen Ursachen das Gesinde vor Ablauf der Dienstzeit

entläßt, muß von der Obrigkeit dasselbe wieder anzunehmen und den Dienstvertrag fortzusetzen angehalten werden 1—10).

1. § 160 behandelt nur die **unberechtigte Entlassung seitens der Herrschaft**, nicht den Fall, daß das Gesinde aus berechtigten Gründen seinerseits den Dienst verläßt (vgl. hierüber § 165).

2. Voraussetzung ist eine wirklich **geschehene** Entlassung, die bloße Drohung mit der Entlassung berechtigt das Gesinde weder zu Schritten nach § 160, noch verpflichtet es dasselbe dazu (OVG. 18 S. 418).

3. **Anrufung der Polizei.** Ist eine wirkliche Entlassung erfolgt, so ist das Gesinde verpflichtet, sich **zunächst an die Obrigkeit zu wenden**, bevor es den Rechtsweg beschreiten darf. Die Obrigkeit ist die Ortspolizeibehörde (vgl. das hinter der GesO. abgedruckte Reskript vom 17. April 1812). Die Klage, welche das Gesinde anstrengt, ohne die Obrigkeit angerufen zu haben, ist von Amts wegen wegen Unzulässigkeit des Rechtsweges abzuweisen (vgl. OTr. 6 S. 59, 14 S. 81, 50 S. 344, 59 S. 258; RG. bei Gruch. 26 S. 1047). Jedoch steht nichts im Wege, daß das Gericht das Verfahren aussetzt, damit das Gesinde nachträglich das polizeiliche Verfahren herbeiführt, falls dies noch angängig ist (vgl. Anm. 7).

4. Die **Tätigkeit der Polizei** beschränkt sich darauf, die durch das rechtswidrige Verhalten eines Vertragsteils eintretende Störung zu beseitigen (OVG. 15 S. 458), darüber hinaus kann sie nur vermitteln (OVG. 18, 418; vgl. auch Reskript des Min. d. Inn. MBl. f. i. V. 1888, 124 f.). Alle ihre Bescheide ergehen vorbehaltlich des Rechtsweges.

Folgende Ergebnisse der Anrufung der Polizei sind möglich:

a) Die Polizeibehörde ist, sei es von vornherein, sei es nach Untersuchung des Falles der Meinung, daß die Entlassung zu Recht geschehen ist, dann lehnt sie die weitere

Vermittelung ab. Dem Gesinde bleibt überlassen, ob es trotzdem Klage erheben will, wozu es von der Polizeibehörde ein Attest beanspruchen kann (Dernburg II § 315 Anm. 7, OTr. 14 S. 81, 41 S. 260, JW. 91 S. 398).

b) Die Polizei ist der Meinung, daß der Dienstbote mit Unrecht entlassen ist, die Herrschaft gibt der polizeilichen Aufforderung zur Wiederaufnahme des Dienstboten statt, dann ist damit die Angelegenheit erledigt. Die Herrschaft hat Lohn und Kostgeld für die Zwischenzeit zu zahlen (StrArch. 79 S. 166).

c) Die Herrschaft ist auf die polizeiliche Aufforderung bereit, den Dienstboten wieder aufzunehmen, letzterer weigert sich aber zurückzukehren, dann hat die Polizei demgemäß ein Attest auszustellen. Über die dann eintretende Rechtslage s. zu § 164.

d) Der Dienstbote ist bereit, den Dienst wieder aufzunehmen, die Herrschaft lehnt aber die Aufnahme ab, dann ist ebenfalls von der Polizei ein Attest auszustellen. Der Dienstbote muß dann gemäß § 161 klagen. Zwangsmittel hat die Polizei nicht, s. Anm. 9.

5. Lehnt die Polizeibehörde die Ausstellung eines Attestes ab, so kann dagegen seitens des Gesindes der Beschwerdeweg beschritten werden; nötig ist dies nicht, das Gesinde kann den Nachweis der stattgehabten Berufung der Polizei im Prozeß auch durch amtliche Auskunft oder sonstige Beweismittel führen. Auch die Ablehnung eines Verfahrens seitens der Polizei eröffnet dem Gesinde den Rechtsweg (RG. in Gruch. 35 S. 1076).

Klage im Verwaltungsstreitverfahren gegen die Ablehnung polizeilichen Einschreitens erscheint nicht statthaft, da kein Gebot oder Verbot seitens der Polizei vorliegt (vgl. v. Brauchitsch zu §§ 127ff. LVG., OVG. in Rechtsgrundsätze 2 S. 781).

6. Die Polizeibehörde schreitet nur auf Antrag des Gesindes ein; auch wenn die Polizeibehörde Kenntnis von der Entlassung erlangt hat, so besteht doch keine Pflicht und kein

Recht, von Amts wegen einzuschreiten (OTr. 50 S. 341, StrArch. 51 S. 134).

7. Wann das Gesinde sich an die Polizei wenden muß, ist im Gesetz nicht gesagt. Tatfrage ist, ob aus einem längeren Zögern des Gesindes ein Verzicht auf seinen Anspruch entnommen werden kann (vgl. RG. in Gruch. 26 S. 1047).

Bei der Entscheidung der Frage, ob ein Verzicht vorliegt, ist zu beachten, daß nach §§ 160, 164 Voraussetzung aller Ansprüche die Bereitwilligkeit des Gesindes ist, wieder in den Dienst zu treten. Wartet das Gesinde, bis die Dienstzeit abgelaufen ist, so kann es diese Bereitwilligkeit nicht ausführen, es muß alsdann ein Verzicht seinerseits angenommen werden (OTr. 6 S. 61, Koch Anm. 86 zu § 160 und die überwiegende Mehrheit; a. A. OTr. 17 S. 509, StrArch. 24 S. 55).

Hat das Gesinde gegen die Entlassung nicht gleich protestiert, so wird eine Zögerung in der Anrufung der Polizei auch als Verzicht angesehen werden müssen. In diesem Fall wird die Praxis des früheren Stadtgerichts in Berlin, welche, abgesehen von Ausnahmefällen bei Krankheit u. dgl., einen Verzicht annahm, sofern nicht innerhalb drei Tagen das Gesinde sich an die Polizei wandte, zu befolgen sein. Hat das Gesinde aber gegen die Entlassung protestiert, so wird auch ein Überschreiten dieser drei Tage die Annahme eines Verzichtes nicht rechtfertigen.

8. Verschieden von der Frage, ob die Zögerung in der Anrufung der Polizei als Verzicht aufgefaßt werden kann, ist die Annahme des bis zur Entlassung fälligen Lohnes ohne Vorbehalt. Hierin wird nicht ohne weiteres ein Verzicht auf die weiteren Rechte gefunden werden können (RG. in Gruch. 26 S. 1048).

9. **Die Polizei hat gegen die Herrschaft kein Recht zu Zwangsmaßregeln** (MinReskr. vom 19. Sept. 1883, v. Kamptz Jahrbücher 42 S. 110, Bornhak in Selbstverwaltung 1886 S. 106). Die Unzulässigkeit von Zwangsmitteln folgt aus der Gegen-

Überstellung der §§ 160 und 167. In dem letzteren ist ausdrücklich von Zwangsmitteln gegen das Gesinde die Rede (vgl. auch Anm. 2 zu § 47).

10. Die **Ansprüche**, welche der Dienstbote nach erfolgter Anrufung der Polizei gegen die vertragsbrüchige Herrschaft erheben kann, sind in den §§ 161—163 klar als **Entschädigungsansprüche** bestimmt.

Der Gesindevertrag war nach dem System des ALR. eine Unterart der Verträge über Handlungen. Das bei diesen Verträgen nach § 408 I, 5 jedem Teil zustehende Recht, vom Vertrage unter Schadensersatzpflicht abzugehen, war beim Gesindevertrag der vertragsbrüchigen Herrschaft gegenüber durchbrochen durch § 160, der vom Gesinde die Anrufung der Polizei fordert unter Bereitwilligkeit des Gesindes, den Vertrag weiter zu erfüllen, und unter dem Versuch der Polizei, die Herrschaft zur Annahme der Dienste anzuhalten. Aus den §§ 161ff. ergibt sich aber, daß, nachdem dieser Versuch ergebnislos ausgefallen ist, die Regel des ALR. auch hier maßgebend sein sollte und nur Rechte auf Entschädigung verbleiben. Deshalb braucht das Gesinde sich in der Entschädigungsklage nicht mehr zur Fortsetzung des Dienstes zu erbieten und deshalb kann es gar nicht auf Wiederaufnahme klagen. (So im wesentlichen PlenBeschl. des ObTr. vom 11. Dez. 1846 Entsch. 41 S. 81, ferner Entsch. 14 S. 259 [beide im Gegensatz zum Präj. vom 29. April 1837, Präj. Samml. I S. 176] und Koch 5. Aufl. zu § 160; so auch RG. in JW. 1898 S. 686.)

An der Unzulässigkeit der Klage auf Erfüllung ist auf Grund des § 161 auch jetzt festzuhalten, obgleich das BGB. mit dem Prinzip des § 408 I, 5 gebrochen hat. Denn nach § 160 steht hier eine bestimmte Vorschrift im Vorbehaltsgebiet in Frage.

§ 161. Weigert sie sich dessen beharrlich[1–2]), so muß sie dem Dienstboten Lohn und Livree auf die noch rückständige Dienstzeit[3]) entrichten[4–6]).

1. Vgl. Erläut. zu § 160, insbes. Anm. 10.

2. Der Ausdruck „beharrlich“ setzt nicht voraus, daß die Polizei wiederholt die Herrschaft zur Aufnahme aufgefordert hat (StrArch. 57 S. 225; RG. in Gruch. 26 S. 1048); nötig ist nur, daß die Herrschaft bei ihrer Weigerung verblieben ist.

Nur auf das Verhalten der Herrschaft der Polizeibehörde gegenüber kann es ankommen; hat das Gesinde erst den Rechtsweg beschritten, so kann die Herrschaft durch ein alsdann eintretendes Erbieten zur Wiederaufnahme die Ansprüche des Dienstboten nicht mehr abwenden. Eine derartige Auffassung würde das Gesinde zu sehr benachteiligen; für sie ist nach dem ganzen System der GesO. kein Raum. So die herrschende Ansicht Koch 5. Aufl. zu § 163; Hinschius in der PrAnwZtg. 1864 S. 80, Foerster IV § 237, Rehbein IV S. 727, Lindenberg zu § 163, Nußbaum zu § 163, Seyffarth ebenda. Alle unter Verwerfung der Entsch. des OTr. 49 S. 228, die auf unrichtiger Auslegung der Worte „anderweites Unterkommen“ im § 163 beruht.

3. D. h. die Dienstzeit von der Entlassung an. Der bis zur Entlassung verdiente Lohn fällt nicht unter die Voraussetzungen der §§ 160 ff.

4. Die Herrschaft kann dem Entschädigungsanspruch gegenüber Entlassungsgründe geltend machen, die sie im polizeilichen Verfahren nicht vorgebracht hat. Sie hat damit nicht auf diese Gründe verzichtet (StrArch. 60 S. 254, OTr. 65 S. 177).

5. Der Anspruch gehört vor die Amtsgerichte (§ 23 GVG.); er wird als Feriensache behandelt (§ 202 GVG.).

6. Der Anspruch verjährt in zwei Jahren vom Ablauf des Jahres an (§ 196 Ziff. 8, 201 BGB.).

§ 162. Auch für die Kost muß die Herrschaft bis dahin sorgen[1]).

1. Unzweifelhaft muß die Herrschaft auch für die entzogene

Unterkunft Wertersatz leisten, wenn auch das Gesetz dies nicht ausdrücklich erwähnt.

§ 163. Kann aber das Gesinde noch vor Ablauf der Dienstzeit ein anderweites Unterkommen erhalten, so erstreckt sich die Vergütungsverbindlichkeit der Herrschaft nur bis zu diesem Zeitpunkte, und weiter hinaus nur insofern, als das Gesinde sich in dem neuen Dienste mit einem geringeren Lohne hat begnügen müssen[1–4].

1. Anderweites Unterkommen ist das Unterkommen an anderer Stelle, nicht die Möglichkeit auf Grund nunmehriger Bereitwilligkeit der Herrschaft erneutes Unterkommen bei ihr zu finden, wie das OTr. 49 S. 288 auslegt. Über die Beurteilung dieser Entscheidung und die davon abweichende herrschende Ansicht s. Anm. 2 zu § 161.

2. Vgl. auch sonst die Anm. zu § 161 sowie zu §§ 160 und 162.

3. Das Gesetz spricht vom anderweiten Unterkommen und von einem neuen Dienst. Demgemäß braucht das Gesinde eine Vergütung, die es durch eine freie Arbeitstätigkeit bis zum Ablauf der Dienstzeit erlangt, nicht in Anrechnung zu bringen (a. A. Lindenberg und Maguhn Anm. 2 zu § 163). Nur wenn es einen neuen Dienst hat, muß es seine Einnahme anrechnen. Als Dienst wird freilich jede abhängige Stellung, auch wenn sie keine Gesindetätigkeit in sich schließt, anzusehen sein (ebenso Nußbaum Anm. 1 zu § 163).

4. Eine Verpflichtung, ein anderweites Unterkommen zu suchen, hat das Gesinde nicht; es darf aber keine Gelegenheit außer acht lassen. Stellt sich heraus, daß es sich gar nicht um ein anderweites Unterkommen bemüht hat, obgleich es bei derartigen Bemühungen eine andere Stelle hätte finden können, so ist der Anspruch des Gesindes hinfällig. Die Beweislast für eine solche Möglichkeit liegt freilich ebenso, wie bei dem wirklichen Verdienst, der Herrschaft ob (StrArch. 32 S. 305, RG. in JW. 1895 S. 21).

Bei der Prüfung der Frage, ob das Gesinde ein anderweites Unterkommen zu erlangen imstande war, ist daran festzuhalten, daß der Anspruch nur fortfällt, wenn das Gesinde die Annahme einer entsprechenden Stellung unterläßt (StrArch. 30 S. 109). Eine Köchin z. B. braucht eine Stelle als Hausmädchen nicht anzunehmen.

§ 164. Ist die Herrschaft das entlassene Gesinde wieder anzunehmen bereit, das Gesinde hingegen weigert sich, den Dienst wieder anzutreten, so kann letzteres in der Regel gar keine Vergütung fordern[1]).

1. Gemeint ist nur die Bereitwilligkeit während des polizeilichen Verfahrens. Hat das Gesinde erst Klage erhoben, so braucht es nicht wieder einzutreten, auch wenn die Herrschaft bereit ist (vgl. Anm. 10 zu § 160 und Anm. 2 zu § 161).

§ 165. Weist aber das Gesinde einen solchen Grund seiner Weigerung nach, weswegen es seines Ortes den Dienst zu verlassen berechtigt sein würde, so gebührt demselben die § 152 sqq bestimmte Vergütung[1]).

1. § 165 behandelt die Fälle, in denen das Gesinde ohne Kündigung seinerseits den Dienst aufheben kann. Hier braucht es seine Dienste nicht von neuem anzubieten; hier ist auch die Anrufung der Polizei nicht erforderlich.

§ 166. Kann das Gesinde den vorigen Dienst wegen eines inzwischen erhaltenen anderweitigen Unterkommens nicht wieder antreten, so findet die Vorschrift § 163 Anwendung[1]).

1. Ist zwischen der Anrufung der Polizei und der Bereitwilligkeit der Herrschaft zur Wiederaufnahme es dem Gesinde möglich gewesen, ein anderweites Unterkommen zu erhalten, so kann es freilich nur für die Zwischenzeit Ansprüche erheben. Diese Ansprüche bleiben ihm aber (eine Ausnahme von § 164), obgleich es jetzt nicht mehr wieder die alte Stelle anzunehmen imstande ist.

Verlassung des Dienstes.

§ 167. Gesinde[1]), welches vor Ablauf der Dienstzeit ohne gesetzmäßige Ursache[2]) den Dienst verläßt, muß durch Zwangsmittel zu dessen Fortsetzung angehalten werden[3—15]).

1. § 167 steht im Gegensatz zum § 160. Während letzterer Vorschriften für den Fall unrechtmäßiger Entlassung des Gesindes seitens der Herrschaft gibt, enthält § 167 Regeln für den entgegengesetzten Fall, wenn das **Gesinde ohne gesetzmäßige Ursache den Dienst verläßt.** Hier sind ausdrücklich Zwangsmittel erwähnt.

2. Als **gesetzmäßige Ursachen** sind nur diejenigen Aufhebungsgründe anzusehen, welche in den §§ 136—142, 145—149 aufgezählt sind (vgl. Vorbem. vor §§ 136 und 143). Dem Gesinde liegt der Beweis ob, daß es aus einem gesetzmäßigen Grunde vor Ablauf des Dienstes den Dienst verlassen hat.

3. Eine **tatsächliche Verlassung** des Dienstes muß vorliegen (OVG. 18 S. 418).

4. Die **Zwangsmittel**, welche Rückkehr in den Dienst herbeiführen sollen (OVG. 15 S. 435), ergeben sich aus dem LVG. vom 30. Juli 1883 (vgl. die Erläuterung zu § 51). Von den dort angeführten kann eintreten a) Androhung und Festsetzung von Geld- und Haftstrafen, b) unmittelbarer Zwang, d. h. die Zurückführung in den Dienst durch einen Vollstreckungsbeamten. Vornahme des Dienstes durch einen Dritten auf Kosten des Gesindes hingegen ist nicht angängig, weil dem § 167 widersprechend (vgl. Anm. 5 zu § 51).

5. Seitens der **Polizeibehörde**, die nur auf Antrag der Herrschaft einschreitet (KG. bei Johow 5 S. 385), erfolgt eine **Vorabentscheidung** im Interesse einer schleunigen Regelung des Dienstverhältnisses (OVG. 1 S. 387, 2 S. 388, 15 S. 435, 30 S. 433, 18 S. 418; MBl. f. i. V. 1888 S. 124). Eine endgültige Entscheidung liegt in diesem polizeilichen Vorabbescheid nicht, da noch immer der Rechtsweg dagegen ergriffen

werden kann. Die Polizei hat sich dabei auf die Frage zu beschränken, ob das Verlassen des Dienstes berechtigt war, und hierauf die vorgebrachten Tatsachen zu prüfen (vgl. OVG. 1 S. 396, 30 S. 433). Privatrechtliche Ansprüche gehören nicht vor die Polizei (OVG. aaO.). Die Polizeibehörde darf z. B. nicht anordnen, daß der Dienstbote den Dienst bis zum Ablauf des Vertrages fortzusetzen habe (OVG. in PrVerwBl. 30 S. 41). Die Kosten treffen den Dienstboten (KG. in DJZ. 1899 Nr. 35). Sie werden zwangsweise von dem Gesinde beigetrieben. — Hat die Herrschaft die Kosten an die Polizei bezahlt, so kann sie von dem Dienstboten Erstattung verlangen.

6. Hinsichtlich der **Rechtsmittel** gegen den polizeilichen Bescheid ist zu unterscheiden, ob die Polizei einschreitet oder ein Einschreiten ablehnt. Im ersteren Fall eröffnen sich dem unterliegenden Teil, also dem Gesinde, folgende Rechtsbehelfe.

a) Das Gesinde kann gegen den polizeilichen Bescheid den Rechtsweg beschreiten. In diesem Rechtsweg, der an eine Frist nicht gebunden ist, wird die endgültige Feststellung des Rechtsverhältnisses getroffen. Der Antrag des Dienstboten würde auf Feststellung, daß es den Dienst mit Recht verlassen hat, zu gehen haben. Wird diesem Antrage stattgegeben, so ist der polizeiliche Rückkehrbefehl und jede Maßnahme zur Durchführung desselben aufzuheben (OVG. 1 S. 396; Parey, Rechtsgrundsätze des OVG. S. 226; v. Kamptz 4 S. 1023). Die Beschreitung des Rechtsweges hat bis zum Erlaß des rechtskräftigen Urteils keinen Suspensiveffekt (vgl. Reskr. vom 17. April 1812, abgedruckt im Anhang hinter der GesO.).

b) Das Gesinde kann ferner gegen den polizeilichen Bescheid, welcher ihm Zwangsmittel androht, die Rechtsmittel im Verwaltungsstreitverfahren, also wahlweise Beschwerde oder Klage (OVG. 1 S. 396, § 133 LVG., vgl. Anm. 4 ff. zu § 51) ergreifen.

c) Gegen die polizeiliche Verfügung, welche die Festsetzung und Ausführung des Zwangsmittels enthält, findet lediglich die Beschwerde im Aufsichtswege statt (§§ 133, 127, 128 des LVG.).

7. Hinsichtlich der Rechtsmittel, welche der Herrschaft zustehen, sofern die Polizeibehörde ein Einschreiten ablehnt, ist folgendes anzuführen:

a) Ein Verwaltungsstreitverfahren ist hierbei nicht gegeben (vgl. OVG. 5 S. 296; Parey, Rechtsgrundsätze des OVG. S. 430)

b) Wohl aber ist die Beschwerde bei der vorgesetzten Verwaltungsbehörde zulässig.

c) Die Herrschaft kann auch statt der Beschwerde den Rechtsweg beschreiten. In diesem kann sie auf Fortsetzung des Dienstverhältnisses klagen. Dies ergab sich schon unter der Geltung des ALR. aus dem Wortlaut des § 167, welcher die allgemeinen Vorschriften des ALR. bei Verträgen über Handlungen (§ 408 ALR. I 5 — vgl. Anm. 10 zu § 160) außer Kraft setzte („durch Zwangsmittel zu dessen Fortsetzung angehalten werden"), unterliegt aber nach dem BGB. keinerlei Zweifel. Im Fall des Obsiegens ist die Vollstreckung auf Leistung der Dienste aus dem Urteil nicht statthaft (§ 888 Abs. 2 ZPO.). Die Herrschaft kann aber auch, statt auf Erfüllung zu klagen, ihren Entschädigungsanspruch geltend machen (vgl. § 168).

8. Zuständig für die polizeilichen Maßnahmen ist die Polizeibehörde des Dienstortes; befindet sich das Gesinde anderswo, so kann auch die Polizeibehörde des Aufenthaltsortes angerufen werden (KG. bei Johow 11 S. 259).

9. Wendet die Polizeibehörde unmittelbaren Zwang an, d. h. führt sie das Gesinde mit Gewalt zurück und entläuft das Gesinde von neuem, so können immer wieder Zwangsmittel angewendet werden (KG. bei Johow 10 S. 224, 225).

10. Kehrt das Gesinde auf Grund des polizeilichen Rückkehrbefehls in den Dienst wieder zurück oder wird das Dienstverhältnis inzwischen aufgehoben, so kann die nachträgliche Festsetzung einer Strafe nicht erfolgen (OVG. 2 S. 413),

desgl. wenn die Rückkehr aus einem anderen Grunde, z. B. durch Krankheit oder weil die Herrschaft auf die Dienste verzichtet und einen anderen Dienstboten angenommen hat, unmöglich geworden ist (vgl. Zürn im PrVerwBl. 30 S. 47, Büren im PrVerwBl. 31 S. 567 gegen Friedrichs ebenda S. 403).

11. Was die Frage anlangt, ob die Herrschaft ihrerseits einen Zwang zur Festhaltung des Gesindes im Dienste ausüben kann, so ist zu unterscheiden zwischen Maßnahmen gegen die Person des Gesindes und Maßnahmen gegen die Sachen des Gesindes.

Maßnahmen gegen die Person können zur Verwirklichung der Rechte aus § 167 zunächst in Frage kommen auf Grund der Bestimmungen des BGB. über Selbsthilfe. Nach § 229 BGB. kann allerdings die Festnahme eines Verpflichteten erfolgen, wenn obrigkeitliche Hilfe nicht rechtzeitig zu erlangen und ohne sofortiges Eingreifen die Gefahr besteht, daß die Verwirklichung des Anspruchs vereitelt oder wesentlich erschwert wird; jedoch nur, sofern der Verpflichtete der Flucht verdächtig ist. Diese Voraussetzung des Fluchtverdachts wird indes an sich in den seltensten Fällen bestehen. Ist sie vorhanden, so wird freilich die Selbsthilfe auf Grund des § 229 gerechtfertigt sein, wobei natürlich die weiteren Maßnahmen gemäß § 230 — Beantragung des persönlichen Arrestes beim Gericht — genau einzuhalten sind. Denn wenn auch nach § 132 LVG. der unmittelbare Zwang, d. h. hier die Zurückführung, nur angewendet werden soll, sofern die Anordnung ohne Zwang unausführbar war, so wird doch bei Fluchtverdacht das Vorliegen dieser Voraussetzung anzunehmen sein. Die Androhung von Haft oder Geldstrafe, welche sonst unmittelbarem Zwang vorausgehen muß, dürfte bei Fluchtverdacht von vornherein als inhaltslos zu betrachten sein.

Im Gegensatz zum § 229 BGB. ist dagegen für die Anwendung der Vorschriften der Strafprozeßordnung über die Verhaftung im Rahmen des § 167 kein Raum. Denn § 167 spricht nur aus, daß das Gesinde zur Fortsetzung des Dienstes verpflichtet ist, ordnet aber keine Strafe an. Die Bestimmungen der Strafprozeßordnung setzen aber, was von Nußbaum Anm. 4 zu § 167 wohl nicht genügend ins Auge gefaßt ist, voraus, daß jemand gegen ein Strafgesetz verstößt. Aus diesem Grunde kann daher von der Anwendung der Strafprozeßordnung nur die Rede sein, sofern das Gesetz vom 24. April 1854, welches das Verlassen des Dienstes unter Strafe stellt, angewendet werden kann, oder wenn man annimmt, daß § 168 GesO. mit seiner Strafbestimmung noch in Kraft ist.

12. Ein **Zwang gegen die Sachen des Gesindes**, um das Gesinde zur Fortsetzung des Dienstes zu zwingen, ist der Herrschaft in der GesO. nicht eingeräumt (vgl. RG. in Straff. 23 S. 356), auch ein Zwang gegen die Sachen auf Grund der Bestimmungen des BGB. über die Selbsthilfe § 229 wird nicht zulässig sein. Derselbe könnte höchstens in Frage kommen für den Entschädigungsanspruch der Herrschaft insofern, als dieser demnächst gegen das Gesinde vollstreckt werden kann und zu erwägen wäre, ob die Herrschaft nicht das Recht hätte, zur Sicherung dieses Entschädigungsanspruchs dem Gesinde, welches zu Unrecht abgehen will, Sachen fortzunehmen. Eine so weitgehende Ausdehnung der Vorschriften über Selbsthilfe muß aber für unstatthaft erachtet werden, weil der Herrschaft immer die Möglichkeit bleibt, nach Erlangung eines Urteils auf Zahlung von Schadensersatz, soweit das Gesinde pfändbare Sachen besitzt, in diese zu vollstrecken. Auf unpfändbare Sachen könnte die Wegnahme im Wege der Selbsthilfe aber selbstverständlich nicht erstreckt werden. Überdies blieb der Herrschaft immer noch die Möglichkeit, ihren Entschädigungsanspruch im Wege des dinglichen Arrestes zu sichern. Auf diesen Weg ist übrigens bereits in einem Promemoria des Justizministers, MBl. f. i. V. 1883 S. 255 hingewiesen.

Gemäß § 273 BGB. kann auch die Herrschaft den Lohn, welchen sie etwa dem Gesinde für diejenige Zeit, in welcher dasselbe Dienst geleistet hat, verschuldet, zurückhalten. Zustimmend Maguhn Anm. 6 zu § 167, a. A. Lindenberg Anm. 4 zu § 167.

13. **Die Zwangsmaßregeln seitens der Polizei sind bestehen geblieben,** wiewohl § 888 ZPO. einen Zwang zur Erwirkung der Leistung von Diensten aus einem Dienstvertrag auf Grund eines gerichtlichen Urteils ausschließt. Denn diese Bestimmung bezieht sich nur auf das Urteil im Rechtswege nicht auf Vorschriften der Landesgesetze, welche, abgesehen vom Rechtsweg, Maßnahmen der Verwaltungsbehörden vorschreiben.

Da nach § 888 ZPO. aus einem Urteil die Leistung von Diensten nicht erzwungen werden kann, so wird die Herrschaft, welche etwa ein solches Urteil erlangt hat, demnächst nur nach § 893 ZPO. ihr Interesse einklagen können.

Zulässig sind hingegen im Prozeßwege Zwangsmaßregeln zur Sicherung des Anspruchs, so der dingliche Arrest und auch der persönliche Sicherheitsarrest (vgl. Anm. 11 u. 12).

14. Die Zwangsmaßregeln, welche überhaupt statthaft sind, greifen auch dann durch, wenn das Gesinde eine neue Stellung bereits angenommen hat.

15. Die **Kosten des polizeilichen Verfahrens** fallen, wenn die Herrschaft Unrecht bekommt, der Herrschaft zur Last. Fällt das polizeiliche Verfahren zuungunsten des Gesindes aus, so haftet dieses für die Kosten. Ob im letzteren Falle, wenn also dargetan ist, daß das Gesinde den Dienst zu Unrecht verlassen hat, die Herrschaft verpflichtet ist, die Kosten des polizeilichen Verfahrens zu tragen, sofern das Gesinde zur Zahlung außerstande, ist streitig. Anzunehmen ist, daß die Dienstherrschaft nicht ersatzpflichtig ist, weil das Eingreifen der Polizei bei Gesindestreitigkeiten im allgemeinen öffentlichen Interesse vorgeschrieben ist (vgl. Reskr. vom 20. Mai 1850, MBl. f. i. V. 1850 S. 134 und Reskript vom 19. April 1890, MBl. f. i. V. 1890 S. 79, Rehbein IV S. 730 u. a.). Jedenfalls ist die Polizei nicht berechtigt, die Kosten im Wege des Zwangsverfahrens einzuziehen, sie darf höchstens versuchen, die Herrschaft im Klagewege auf Zahlung der Kosten zu belangen (OVG. 4 S. 391).

Hat freilich die Herrschaft unter Kenntnis der Rechtslage die polizeilichen Kosten bezahlt, so wird sie nur ein Rückforderungsrecht an das Gesinde, nicht an den Staat haben.

16. Die Polizeibehörden sind befugt, zur Ausführung der ihnen nach § 167 GesO. obliegenden Aufgaben Zeugen (darunter auch den Dienstherrn, weil es Parteien in dem polizeilichen Verfahren nicht gibt) zu laden und gegen die Zeugen, welche Auskunft verweigern, die in § 132 LVG. bezeichneten Zwangsmittel anzuwenden (OVG. in PrVerwBl. 24 S. 218).

§ 168. Will aber die Herrschaft ein solches Gesinde nicht wieder annehmen, so ist sie berechtigt, ein anderes an seine Stelle zu mieten, und der ausgetretene Dienstbote ist nicht allein schuldig, die dadurch verursachten mehreren Kosten zu erstatten, sondern verfällt überdies in eine Strafe, die nach Maßgabe des Grades der Verschuldung auf zwei oder zehn Taler oder bei Unvermögen auf verhältnismäßiges Gefängnis festzusetzen ist[1–5].

1. Das Gesetz spricht nur davon, daß die Herrschaft berechtigt sei, ein anderes Gesinde an Stelle des zu Unrecht abgegangenen zu mieten und die Kosten, welche hierdurch entstehen, erstattet verlangen könne. Indes ist nicht anzunehmen, daß das Gesetz die Schadensersatzansprüche der Herrschaft auf diesen Fall beschränken wollte. Die Herrschaft wird von dem vertragsbrüchigen Gesinde auch Erstattung der Ausgaben für eine Aufwärterin oder eine Aushilfe oder für Mehrausgaben in einer Gastwirtschaft verlangen können, sofern sie sich nicht sogleich ein anderes Gesinde beschaffen konnte und sich in dieser Weise half.

2. Abweichend von der ersten Auflage ist anzunehmen, daß Art. 14 § 1 AG. auch diesen Fall deckt und die Herrschaft mit ihren Ansprüchen aus § 168 gegen die Lohnforderung auf Auszahlung rückständigen Lohnes aufrechnen kann.

3. Erbietet sich das Gesinde nachträglich, bevor ein neues Gesinde engagiert ist, wieder in den Dienst zu treten, so macht

es den Schaden, den es zugefügt, von diesem Augenblick an wieder gut. Die Herrschaft, welche den Dienstboten nicht wieder annimmt, geht ihres Anspruches von da an verlustig.

4. Der Schadensersatzanspruch der Herrschaft kann geltend gemacht werden **ohne polizeiliches Verfahren**. Letzteres ist im § 167 nur vorgeschrieben, wenn die Herrschaft das zu Unrecht abgegangene Gesinde wieder zurückgeführt haben will. Zwischen diesem Recht und dem Recht aus § 168 kann die Herrschaft von vornherein wählen. Sie kann aber auch, wenn der Versuch der Zurückführung erfolglos geblieben ist, noch auf die Ersatzforderung zurückgreifen.

5. Zu der Strafbestimmung am Schluß des § 168 ist durch das Gesetz vom 24. April 1854 die Vorschrift im § 1 dieses Gesetzes getreten. Diese als die jüngere (auch mildere) ist für maßgebend und diejenige des § 168 durch sie für aufgehoben anzusehen. So auch die herrschende Meinung (StrArch. 62 S. 7, KG. in Johow 26 S. 81, Zürn S. 69, Jacobi, Lindenberg, Nußbaum zu § 168). Nach den Motiven des Gesetzes von 1854 sollte durch das Gesetz die Bestimmung des § 168 nicht aufgehoben werden; mit der klaren Wortfassung des Gesetzes ist diese Ansicht aber nicht vereinbar.

§ 169. Das abziehende Gesinde ist schuldig, alles, was ihm zum Gebrauche in seinen Geschäften oder sonst zu seiner Aufbewahrung anvertraut worden, der Herrschaft richtig zurückzuliefern[1]).

1. Die Klage auf Rückgabe braucht nicht auf das Eigentum gestützt zu werden; sie ergibt sich aus dem Vertrage, setzt aber den Nachweis voraus, daß Gegenstände dem Gesinde übergeben worden sind.

§ 170. Den daran durch seine Schuld entstandenen Schaden muß es der Herrschaft ersetzen (§§ 65—69)[1]).

1. „Schuld" ist hier nicht nach dem BGB. (§ 276), sondern wegen der Allegierung der §§ 65—69 nach diesen auszulegen (vgl. die Erläuterungen zu den §§ 65—69 GesO.).

Abschied.

§ 171. Bei dem Abzuge ist die Herrschaft dem Gesinde einen schriftlichen Abschied und[1]) ein der Wahrheit gemäßes Zeugnis über seine geleisteten Dienste zu erteilen schuldig[2—6]).

1. **Verhältnis zum Gesindebuch.** „Und" soll nicht bedeuten, daß ein schriftlicher Abschied und außerdem noch ein Zeugnis zu erteilen ist (vgl. §§ 172 u. 173).

Ergänzend tritt zu den §§ 171ff. die VO. vom 29. Sept. 1846 wegen Einführung von Gesindebüchern (abgedr. hinter der GesO.). Nach § 5 dieser Verordnung ist ein Zeugnis in das Gesindebuch einzutragen. Die Abgabe dieses Zeugnisses genügt der Verpflichtung nach § 171, da das Zeugnis zugleich den Abschied enthält; es tut dar, wann das Gesinde die Stelle aufgegeben hat. Der durch § 9 GesO. bestimmte Entlassungsschein bleibt jedoch daneben bestehen.

2. **Die Erteilung des Zeugnisses** ist nach § 171 eine Pflicht der Herrschaft. Dies ist im § 5 der VO. wiederholt. Die Pflicht ist eine öffentlich-rechtliche. Die Herrschaft hat weder das Ansuchen des Dienstboten abzuwarten, noch darf sie infolge eines Verzichts des Dienstboten das Zeugnis unterlassen (StrArch. 62 S. 68, RG. in Gruch. 25 S. 684). Weigert sich das Gesinde, das Dienstbuch zur Eintragung des Zeugnisses vorzulegen, so kann es hierzu von der Polizeibehörde durch die im § 131 LVG. angegebenen Zwangsmittel angehalten werden (OVG. in DJZ. 1905 S. 866).

Infolge der öffentlich-rechtlichen Pflicht hat die Polizei von Amts wegen darauf zu achten, daß ein Zeugnis erteilt wird und bei Zuwiderhandlungen mit den Zwangsmitteln nach § 5 der VO. vorzugehen (vgl. § 5 der VO.). Auch die Polizei ist nicht befugt, die Herrschaft von der Pflicht zur Abgabe eines Zeugnisses zu entbinden (vgl. StrArch. 98 S. 233).

3. Die Erteilung eines Zeugnisses ist indes nicht

bloß eine öffentlich-rechtliche Pflicht der Herrschaft, sondern auch eine aus dem Dienstverhältnis sich ergebende **Verpflichtung** der Herrschaft **gegenüber dem Gesinde.**

Nach der VO. von 1846 kann das Gesinde sich an die Polizei wenden, um durch die der Polizei zustehenden Zwangsmaßregeln von der Herrschaft, welche die Ausstellung eines Zeugnisses verweigert bzw. unterläßt, ein solches zu erhalten. Verpflichtet ist das Gesinde indes nicht, die Polizei anzurufen; das Gesinde kann vielmehr den Rechtsweg beschreiten und zwar sowohl, nachdem die Polizei Zwangsmittel angewendet hat, als auch ohne die Polizei überhaupt anzurufen (RG. in Gruchot 35 S. 683, JW. 1891 S. 260, Bolze 12 S. 225, s. auch StrArch. 98 S. 234). Hat das Gesinde Klage auf Ausstellung eines Zeugnisses eingereicht und Urteil erwirkt, so kann es dieses Urteil in Gemäßheit des § 888 ZPO. durch die dort angeordneten Zwangsmittel vollstrecken lassen.

Über Fassung des Klageantrages s. Anm. 4, über Inhalt des Zeugnisses Anm. 3 zu § 172.

4. § 171 besagt nur, daß das **Zeugnis über die geleisteten Dienste** lauten, **schriftlich erteilt** und der **Wahrheit gemäß** sein soll. Genaueres bestimmt § 5 der VO. Danach ist ein vollständiges Zeugnis über **Führung und Benehmen** des Gesindes in das Gesindebuch einzutragen. Dauer des Dienstverhältnisses ist in der Verordnung nicht besonders erwähnt. Aus allgemeinen Grundsätzen und der Fassung der Dienstbücher (s. die Instruktion vom 26. Febr. 1872, abgedr. unter den Ergänzungen zur GesO.) ergibt sich indes, daß die Herrschaft auch über die Dauer sich auslassen muß.

Daß über den Dienstaustritt Angaben zu machen sind, ist besonders weder hier noch in der Vorrede gesagt. Aus der Fassung des Gesindebuchs nach der Instruktion ergibt sich indessen, daß auch hierüber etwas zu vermerken ist.

Führung und Benehmen sind nicht genügend dargelegt, wenn allgemeine Wendungen, z. B. „Veränderungshalber", gebraucht werden. Das Gesinde kann Vervollständigung des Zeugnisses verlangen. Über das Verfahren hierbei s. Anm. 2 zu § 172.

5. Das Gesinde kann hiernach, wenn es klagbar vorgeht, ein Zeugnis verlangen, aus dem Dauer des Dienstverhältnisses, Führung und Benehmen sich ergibt. Eine bestimmte Fassung kann das Gesinde aber nicht beanspruchen (OVG. 24 S. 410). Entspricht das Zeugnis dem Sachverhalt nicht, so kann das Gesinde auf Berichtigung antragen oder Schadensersatz fordern (vgl. Anm. 2 zu § 172).

6. Wird die Erteilung des Zeugnisses verzögert, so hat das Gesinde Ansprüche auf Schadensersatz. Dieselben stehen ihm ebenfalls zu, wenn die Zwangsmittel gegen die Herrschaft erfolglos bleiben oder wenn das Zeugnis unrichtig ist (RG. in Gruch. 35 S. 683, Bolze 12 S. 225).

Auch wenn das Gesinde unter Vertragsverletzung den Dienst aufgehoben hat, muß die Herrschaft ein Zeugnis ausstellen. Sie kann, so lange sie von dem Recht der Zurückführung nach § 167 Gebrauch macht, das Zeugnis verweigern, weil sie das Dienstverhältnis als nicht beendet ansieht. Verzichtet sie aber auf das Recht der Zurückführung, so darf sie die Ausstellung des Zeugnisses nicht ablehnen (StrArch. 62 S. 70).

§ 172. Werden dem Gesinde in diesem Abschiede Beschuldigungen zur Last gelegt, die sein weiteres Fortkommen hindern würden: so kann es auf polizeiliche Untersuchung antragen.

§ 173. Wird dabei die Beschuldigung ungegründet befunden, so muß die Obrigkeit dem Gesinde den Abschied auf Kosten der Herrschaft ausfertigen lassen und letzterer fernere üble Nachreden bei namhafter Geldstrafe untersagen[1–7].

1. § 172 sieht die Anrufung der Polizei vor für den Fall,

daß in dem Zeugnis Beschuldigungen enthalten sind, die das weitere Fortkommen des Gesindes hindern, und § 173 schreibt alsdann bestimmte Maßnahmen vor. Ergänzend tritt zu diesen Vorschriften (s. Anm. 1 zu § 171) § 5 der VO. von 1846. Daraus ergibt sich folgendes:

Gemäß § 5 ist polizeiliches Einschreiten möglich, wenn das Zeugnis sich nicht vollständig über die Führung, das Benehmen und die Dauer verbreitet, nach § 172 ist das polizeiliche Einschreiten möglich bei Beschuldigungen, die ein weiteres Fortkommen hindern.

Streitig ist, ob lediglich die Anrufung der Polizei oder daneben auch der Rechtsweg zulässig. Hierbei ist vorweg zu betonen, daß sich jedenfalls die Fälle der §§ 172—173 GesO., sowie des § 5 der VO. nicht mit dem § 171 gänzlich decken. Denn ein Zeugnis kann sich vollständig über die im § 5 der VO. hervorgehobenen Punkte verbreiten, es braucht auch nicht Beschuldigungen im Sinne des § 172 zu enthalten und kann doch der Wahrheit nicht entsprechen. Dieses gilt z. B. von einem Zeugnis, in dem die Dauer des Dienstverhältnisses unrichtig angegeben oder in dem gesagt ist, daß die Aufhebung des Dienstverhältnisses auf Veranlassung des Gesindes geschehen ist, während in Wahrheit die Herrschaft gekündigt hat. Zweifellos ist, daß in derartigen Fällen, für welche ein polizeiliches Einschreiten nicht vorgeschrieben ist, der Rechtsweg zulässig sein muß. Denn sonst hätte das Gesinde keine Mittel, die Unrichtigkeit eines derartigen Zeugnisses zu beseitigen.

Aber auch in den anderen Fällen ist anzunehmen, daß dem Gesinde die **Wahl** freisteht zwischen der Anrufung der Polizei und der Erhebung der Klage. Hierfür spricht, daß im § 172 gesagt ist, „es kann" auf polizeiliche Untersuchung antragen (vgl. auch Anm. 3 zu § 171). Wie hier Nußbaum Anm. 3, Maguhn Anm. 1 und bis zur 7. Aufl. auch Lindenberg Anm. 2 zu § 172, der jedoch in der letzten (8. Aufl.) seine Ansicht geändert hat und mit Jacobi

(Anm. 3 zu § 172) und Möllmann (S. 69) den Rechtsweg für ausgeschlossen hält.

2. Dem Gesinde stehen hiernach verschiedene Wege offen:

a) Die Zivilklage, ausschließlich, wenn es sich um Fälle handelt, welche nicht unter den § 172 und auch nicht unter den § 5 der VO. von 1846 fallen, neben der Anrufung der Polizeibehörde in den anderen Fällen. Über die Fassung der Klage und die Vollstreckung des Urteils vgl. Anm. 4 und 5 zu § 171, über den Ersatzanspruch Anm. 6 ebenda.

b) Die Anrufung der Polizeibehörde in den Fällen des § 172 und des § 5 der VO. von 1846. Die Polizeibehörde muß auch einschreiten, selbst wenn schon ein gerichtliches Verfahren anhängig ist, da das Eingreifen der Polizei vom Gesetz im Interesse des Gesindes zur möglichst schleunigen Erledigung der Angelegenheit vorgeschrieben ist (MinReskr. vom 25. Juni 1836 bei v. Kamptz 19 S. 457).

c) Die Beleidigungsklage, wenn die Angaben des Zeugnisses eine solche rechtfertigen.

3. Nach der herrschenden Ansicht ist der § 172 nur anzuwenden, wenn entweder in dem Zeugnis bestimmte strafbare Handlungen (z. B. das Gesinde habe unterschlagen) oder ein unsittliches Verhalten (das Gesinde sei lügenhaft) dem Dienstboten zur Last gelegt werden, während Bemerkungen, die lediglich die persönliche Auffassung der Herrschaft enthalten, nicht unter den § 172 fallen sollen, so z. B., das Gesinde eigne sich nicht für den Haushalt, seine Leistungen seien ungenügende u. dgl. Dieser Auslegung kann nicht beigetreten werden. Die bei Koch zu § 173 angeführte Erklärung aus der Gesetzesrevision (Pens. 15 S. 77) kann für diese Auslegung nicht verwertet werden, weil sie lediglich Äußerungen enthält, in welcher Weise bei einem polizeilichen Verfahren den Angaben der Herrschaft Glauben zu schenken ist, sich also nur auf die Beweislast bezieht, die Frage nach dem Inhalt des § 173 aber gar nicht erörtert. Die angeführte

Auslegung wird aber auch weder dem § 172 gerecht, noch ist sie dem Wesen des Dienstverhältnisses entsprechend. Bestimmt das Gesetz zur Beschleunigung ein Einschreiten der Polizei, so wäre es unrichtig, dieses Einschreiten nur auf einen Teil der Fälle zu beschränken, in denen das Gesinde sich über ein Zeugnis beschwert. Und dieses wäre erst recht unzutreffend, wenn man mit Lindenberg, Jacobi und Möllmann lediglich das polizeiliche Verfahren für die Berichtigung des Zeugnisses zulassen, den Rechtsweg aber ganz ausschließen will. Unrichtig ist aber auch, daß die Äußerung der persönlichen Ansicht das Fortkommen des Gesindes nicht beeinträchtigen könne. Die Bemerkung, ein als perfekte Köchin engagiertes Mädchen habe die Stellung nicht ausgefüllt, kann für die betreffende Köchin ebenfalls schädigend sein, wenn auch vielleicht nicht so, wie der Vorwurf der Unehrlichkeit. Man wird also annehmen müssen, daß die Polizei auch gegenüber subjektiven Urteilen der Herrschaft angerufen werden kann, sofern diese das weitere Fortkommen des Gesindes hindern können. Im wesentlichen übereinstimmend u. a. Bornhak in Selbstverwaltung 1907 S. 489 und Möllmann S. 101 ff. mit ausführlichen Angaben über Literatur und Judikatur, aus letzterer vgl. insbesondere OLG. 12 S. 419 ff. (Braunschweig); a. A. u. a. Lindenberg Anm. 1 zu § 172 und KG. in OLG. 12 S. 418 ff.

4. In welcher Art die Polizei den Sachverhalt zu ermitteln hat und wie insbesondere die Beweislast zu verteilen sei, ist in der bisherigen Literatur zum Teil sehr ausführlich erörtert worden; in besonders interessanter Weise bei Koch Anm. 3 zu § 173. Indes erscheint (wie auch Nußbaum mit Recht bemerkt) dieser ganze Streit überflüssig. Vor der Polizei spielt sich kein eigentliches Prozeßverfahren ab, sondern ein amtliches Ermittelungsverfahren. Die Polizei ist weder auf die von den Parteien angetretenen Beweise beschränkt, noch gebunden, eine Behauptung für beweisfällig zu erklären. Sie hat

vielmehr den Sachverhalt nach allen Richtungen hin, soweit ihr möglich, zu klären und danach ihre Auffassung im Gesindedienstbuch zu vermerken.

5. Die Ergebnisse der polizeilichen Untersuchung können folgende sein:

a) Die Polizei findet die Bemerkungen der Herrschaft richtig. Dann hat sie den Antrag des Gesindes auf Berichtigung abzulehnen. Dieses Resultat in das Gesindedienstbuch einzutragen, wie es vielfach, so z. B. in Berlin, geschah, ist gesetzlich nicht gerechtfertigt, da bestimmte Erklärungen der Polizei im Gesindedienstbuch nur bei Unrichtigkeit des Zeugnisses vorgesehen sind (vgl. auch Lindenberg Anm. 3 zu § 173, welcher erwähnt, daß im Polizeibezirk Berlin jetzt in einem solchen Fälle die Berichtigung mit dem Anheimstellen abgelehnt wird, den Rechtsweg zu beschreiten).

b) Die Polizei kann eine Aufklärung des Sachverhalts nicht vollständig herbeiführen. Alsdann hat sie im Gesindedienstbuch zu vermerken, daß sich die Beschuldigung der Herrschaft nicht hat erweisen lassen (vgl. Reskr. vom 25. Jan. 1828 in v. Kamptz Ann. 12 S. 138).

c) Die Polizei gelangt zu der Auffassung, daß das Zeugnis unrichtig ist. Alsdann kann sie dieses entweder im Gesindedienstbuch neben dem unrichtigen Zeugnis vermerken oder sie kann die Herrschaft dazu anhalten, auf ihre Kosten ein neues Dienstbuch zu kaufen und in demselben ein zutreffendes Zeugnis auszustellen.

6. Rechtsmittel beim Anrufen der Polizei sind folgende:

a) Lehnt die Polizei überhaupt ein Einschreiten ab, so hat das Gesinde die Beschwerde im Verwaltungswege.

b) Erachtet die Polizeibehörde die Beschuldigungen für richtig, so hat das Gesinde die Rechtsmittel des Verwaltungsstreitverfahrens (s. Anm. 5 zu § 51) oder die ordentliche Klage.

c) Findet die Polizei die Beschuldigungen unrichtig, so kann die Herrschaft gegen den betreffenden Bescheid die Rechtsmittel des Verwaltungsstreitverfahrens ergreifen. Für eine Klage der Herrschaft im Rechtswege findet sich kein Anhalt im Gesetz.

7. Der Schlußsatz des § 173 ist durch die neuere Strafgesetzgebung als beseitigt anzusehen, da üble Nachreden nur in der vom Strafgesetzbuch und der Strafprozeßordnung bestimmten Art zu verfolgen sind.

§ 174. Hat hingegen die Herrschaft einem Gesinde, welches sich grober Laster und Veruntreuungen schuldig gemacht hat, das Gegenteil wider besseres Wissen bezeugt, so muß sie für allen einem Dritten daraus entstehenden Schaden haften.

§ 175. Die folgende Herrschaft kann sich also an sie wegen des derselben durch solche Laster oder Veruntreuungen des Dienstboten verursachten Nachteils halten[1–4]).

1. §§ 174, 175 sind von Art. 14 § 1 AG. nicht berührt. Letzterer trifft nur für den Fall, daß während eines Dienstverhältnisses das Gesinde einer anderen Person, als der Herrschaft Schaden zufügt, und setzt die Vorschriften außer Kraft, welche nach dieser Richtung hin über die Haftung der Herrschaft bestanden. Die §§ 174, 175 hingegen erörtern, daß die frühere Herrschaft für Schaden aufkommen muß, welcher

a) einem Dritten, nicht bloß der neuen Herrschaft dadurch zugefügt wird, daß die groben Laster und Veruntreuungen eines Gesindes im Zeugnis verschwiegen sind,

b) der neuen Herrschaft durch derartige Laster und Veruntreuungen verursacht wird.

Diese Bestimmungen sind durch Art. 95 EG. Abs. 1 am Schluß noch ausdrücklich aufrecht erhalten.

2. Während § 174 einen Kausalzusammenhang verlangt, wird derselbe vom § 175 kraft Gesetzes bestimmt.

3. Anzunehmen ist nach der Fassung der Paragraphen, daß die frühere Herrschaft nur subsidiär haftet, wenn das Gesinde selbst Ersatz nicht leisten kann.

4. Die neue Herrschaft kann schon wegen Unrichtigkeit des Zeugnisses das Gesinde sofort entlassen (§ 135 GesO.).

§ 176. Auch soll eine solche Herrschaft mit einer Geldstrafe von einem bis fünf Talern zum Besten der Armenkasse des Orts belegt werden[1—3]).

1. Die Bestimmung ist noch gültig (vgl. zu §§ 9 bis 12 GesO.).

2. An Stelle der Geldstrafe tritt im Unvermögensfalle Haft (vgl. zu § 9 GesO.).

3. Die Geldstrafe wird jetzt durch Strafverfügung festgesetzt, gegen welche auf gerichtliche Entscheidung angetragen werden kann (vgl. Anm. 5 zu § 12).

Ergänzungen zur Gesinde=Ordnung vom 8. November 1810.

A. Reskript vom 17. April 1812.

(Abgedr. bei v. Kamptz Ann. 5 S. 104.)

Wir haben aus dem dortigen Provinzial=Amtsblatte Nr. 9 vom 10. Juli v. J. das Publikandum ersehen, welches die Königl. Littauische Regierung und das Königl. Ober=Landesgericht rücksichtlich des in Gesindesachen zu beobachtenden Ressorts erlassen haben.

Wir können Selbigen nicht bergen, daß Sie billig vor Erlassung dieser allgemeinen Gesetze ergänzender und abändernder Verordnung darüber bei den concernenten Departements des Ministerii hätten anfragen sollen.

Demnächst aber können wir auch in der Sache selbst Ihrem Sentiment nicht überall unsere Genehmigung erteilen, vielmehr haben Sie vorläufig und bis zur Emanation des allgemeinen Polizei=Reglements, und insofern nicht die besonderen Polizei=Reglements den errichteten Polizei=Direktorien größere Befugnisse beilegen, in den von Ihnen angeregten Fällen folgende Grundsätze zu beobachten und solche im Amtsblatte bekannt machen zu lassen.

1. Wenn

a) von der verweigerten Annahme des Gesindes in den Dienst von Seiten der Herrschaft — vide § 47 der Gesindeordnung —,

b) von dem verweigerten Antreten im Dienste von Seiten des Gesindes — § 51 —,
c) von dem verweigerten Behalten des Gesindes im Dienste von Seiten der Herrschaft — § 160 —,
d) von dem verweigerten Bleiben des Gesindes im Dienste von Seiten des Gesindes — § 167 —,
e) von dem verweigerten Abziehen und Entlassen

die Rede ist, so hat die Polizeibehörde die vorläufigen Bestimmungen zu erlassen[1]) und sie zu exekutiren[2—3]).

Diejenigen Parteien, die sich bei dieser Bestimmung nicht beruhigen wollen, können zwar auf Urtel und Recht provoziren; sie sind aber verpflichtet, inzwischen und bis zur Entscheidung des Richters der Bestimmung der Polizei Folge zu leisten.

2. (Gehört die Festsetzung der Strafen in den Fällen der §§ 12, 17, 20 und 31 der Gesindeordnung stets, selbst wenn solche über 5 Rthlr. betragen, vor die Polizeibehörde, so daß dagegen keine Provokation auf den Weg Rechtens, sondern nur der Rekurs dagegen an die Regierung Statt findet[4]).

3. Die in den §§ 51 und 168 der Gesindeordnung festgesetzten Strafen sind gleichmäßig, ohne daß eine Provokation auf den Weg Rechtens Statt findet, von den Polizeibehörden festzusetzen und zu exekutiren[5]).

4. Wenn von Erfüllung kontraktmäßiger Verbindlichkeiten der Herrschaft oder des Gesindes während des Dienstes die Rede ist, so müssen die Polizeibehörden sich der vorläufigen Entscheidung unterziehen und solche exekutiren, bis im Wege Rechtens eine andere Entscheidung extrahirt worden.

(Beleidigungen des Gesindes gegen die Herrschaft können die Polizeibehörden bis zu 14 Tage Gefängnis-

oder 5 Rthlr. Geldstrafe ahnden, ohne daß dagegen auf den Weg Rechtens provozirt werden kann.)

5. Die in den §§ 37 und 38 der Gesindeordnung gedachten Entscheidungen wegen der Livreen und der Kost gebühren lediglich den Polizeibehörden, ohne daß darüber auf rechtliches Gehör angetragen werden kann[3]).

Ebenmäßig stehet

6. in den Fällen der §§ 10, 13, 173 und 176 der Gesindeordnung den Polizeibehörden die Kognition ausschließlich zu[6]).

Berlin, 17. April 1812.

v. Kircheisen. Sack.

An

die Königl. Litthauische Regierung zu Gumbinnen und an das Königl. Ober-Landesgericht zu Insterburg und abschriftlich an sämmtliche übrigen Königl. Regierungen und Ober-Landesgerichte.

1. Über die Stellung der Polizeibehörde, daß ihre Entscheidung keine endgültige vgl. Anm. 4 zu § 160 GesO.

2. Die Polizeibehörden sind jetzt auf dem Lande die Amtsvorsteher (§ 59 KreisO.), in den Städten, sofern Königl. Polizeiverwaltung besteht, diese, andernfalls die Bürgermeister (§ 62 StädteO.) (vgl. Anm. 2 zu §§ 9—12 GesO.).

3. Eine sofortige Vollstreckung der polizeilichen Erlasse wird jetzt in der Regel gehemmt, wenn die Einlegung eines Rechtsmittels gegen die polizeiliche Verfügung erfolgt (vgl. Anm. 6 zu § 51 GesO.).

4. Die eingeklammerten Bestimmungen sind durch die neuere Gesetzgebung beseitigt, nach welcher Strafen durch polizeiliche Strafverfügung oder richterlichen Strafbefehl festgesetzt werden können und nach welcher gegen alle derartigen Verfügungen auf richterliche Entscheidnug angetragen werden

kann. Daß in den hier in Frage stehenden Fällen dem gerichtlichen Strafverfahren ein polizeiliches vorhergehen muß, ist nicht bestimmt (KG. in Johow 8 S. 137).

5. Diese auch im Reskr. vom 20. Nov. 1841 (MBl. i. V. 1841 S. 330) wiederholte Anordnung, deren Gültigkeit an sich zweifelhaft war, ist jedenfalls durch die neuen Verwaltungsgesetze beseitigt.

6. Der Ausspruch in Ziff. 5 und 6, daß für die dort bestimmten Fälle ausschließlich den Polizeibehörden die Kognition zustehe, ist nicht für bindend zu erachten, da das Reskript keine Gesetzeskraft hat, vom König nicht unterzeichnet ist. Die Frage kann aber dahingestellt bleiben, weil die in Ziff. 5 und 6 besonders angeführten Paragraphen selbst deutlich bestimmen, daß in den dort angegebenen Fällen die Polizei zuständig sei. Durch §§ 37, 83 (38 ist ein Irrtum, es muß heißen 83) ist der Polizei die ausschließliche Befugnis zur Erteilung einer Auskunft in der Stellung eines arbitrator zugesprochen (s. Anm. 1 zu § 33). Die §§ 10 und 173 ordnen ebenfalls ausdrücklich ein Eingreifen der Polizei an. Dasselbe gilt von den §§ 13 und 176. Hier ist jedoch die Tätigkeit der Polizei entweder ganz oder wenigstens die ausschließliche durch die neuere Gesetzgebung beseitigt.

B. Verordnung wegen Einführung von Gesindedienstbüchern. Vom 29. September 1846.

(GS. S. 467.)

Wir Friedrich Wilhelm usw. Da die bestehenden Vorschriften wegen der dem abziehenden Gesinde zu erteilenden Entlassungszeugnisse nach den darüber gemachten Erfahrungen nicht ausreichen, um den Dienstherrschaften die erforderliche Kenntnis von der sittlichen Führung des Gesindes zu verschaffen, so verordnen Wir, nach Anhörung Unserer getreuen Stände auf den Antrag

Unseres Staatsministeriums, für den ganzen Umfang der Monarchie, was folgt:

§ 1. Jeder Dienstbote, welcher nach Publikation dieser Verordnung, in Gesindedienste tritt oder die Dienstherrschaft wechselt, ist verpflichtet, sich mit einem Gesindebuche zu versehen[1–4].

1. **Die Annahme des Gesindedienstes** seitens des Gesindes ohne ein Gesindebuch zieht nach § 4 der VO. nur auf Antrag der Dienstherrschaft Strafe nach sich. Indes sind eine Reihe von polizeilichen Verordnungen ergangen, nach welchen die Unterlassung der Beschaffung eines Gesindebuchs von Amts wegen bestraft wird, z. B. für Berlin am 14. Juni 1867. Auf den Erlaß derartiger polizeilicher Verordnungen ist in einem Reskript des Ministers des Innern (MBl. t. V. 1854 S. 13) aufmerksam gemacht. Gegen ihre Gültigkeit bestehen keine Bedenken (KG. bei Groschuff zu § 9 GesO.).

2. **Die Annahme des Gesindes** ohne ein Gesindebuch seitens der Herrschaft steht weder nach der Verordnung, noch nach der GesO. direkt unter Strafe. Vielmehr können die nach den §§ 9 und 10 GesO. erforderlichen Nachweise auch anderweit als durch das Gesindebuch geführt werden. Wenn also die angenommene Person kein Gesindebuch hat, so kann deren Annahme nur dann bestraft werden, wenn die erforderlichen Nachweise auch auf andere Art nicht geführt sind.

3. Der Fall, daß ein Gesindebuch vorhanden ist, die Herrschaft sich dasselbe aber nicht vorzeigen läßt, ist ebenfalls weder von den §§ 9, 10, 12 GesO. noch von der vorstehenden Verordnung betroffen und danach straflos. Die auf Grund des MinReskr. von 1854 (s. zu 1) ergangenen polizeilichen Verordnungen bedrohen vielfach auch mit Strafe die Dienstherrschaft, welche sich das vorhandene Gesindebuch nicht vorlegen läßt. Über die Gültigkeit derartiger Verordnungen herrscht Streit. Die früher die Gültigkeit betonende Praxis (KG. bei Johow 11 S. 257, 18 S. 329, s. auch bei Groschuff

zu § 9 GesO.) schwankt jetzt (vgl. KG. bei Johow 18 S. 332). Gegen Nußbaum zu § 12 GesO. wird die Gültigkeit der Verordnungen anzunehmen sein (vgl. Anm. 5f. zu § 12 GesO.).

4. Über die Ungültigkeit von Verordnungen betr. die Vorlegung des Gesindebuchs **beim Abschluß des Gesindevertrags** s. hingegen Anm. 5f. zu § 12 GesO.

§ 2. Die Gesindebücher werden nach dem anliegenden Schema gedruckt, sie gewähren Raum zur Eintragung von sechs Dienstattesten und sind bei den Stempelverteilern für den Preis von 10 Sgr. zu haben[1]).

1. Aufgehoben durch § 4 des Ges. vom 21. Febr. 1872. (Abgedr. hinter dieser Verordnung.)

§ 3. Vor Antritt des Dienstes hat der Dienstbote das Gesindebuch der Polizeibehörde des Aufenthaltsorts zur Ausfertigung vorzulegen[1–2]). An solchen Orten, wo keine Polizeibehörde ihren Sitz hat, kann die Ausfertigung der Gesindedienstbücher den Dorfgerichten[3]) (in den westlichen Provinzen den Gemeindevorstehern[4])) durch den Landrat übertragen werden, welcher auch befugt ist, diese Ermächtigung zurückzunehmen.

1. Eine Prüfung der sachlichen und rechtlichen Verhältnisse ist zwar durch § 3 nicht besonders vorgeschrieben. Indes entspricht es der amtlichen Stellung der Polizei, bei Ausfertigung des Gesindebuchs festzustellen, ob Identität des Vorzeigenden mit demjenigen besteht, auf dessen Namen Ausfertigung des Gesindebuchs verlangt wird und ob der Betreffende geschäftsfähig ist. Demgemäß haben Minderjährige die Einwilligung ihres gesetzlichen Vertreters nachzuweisen. Dieselbe braucht nicht schriftlich erteilt zu sein. Die Polizei muß das Gesindebuch ausfertigen, wenn sie auf andere Weise, z. B. durch mündliche Erklärung des gesetzlichen Vertreters, die Überzeugung erlangt, daß er mit dem Eingehen des Gesindeverhältnisses einverstanden ist (OVG. in DJZ. 1897 S. 306).

Die Entscheidung des Reichsgerichts (RGSt. 14 S. 99), welche der Ausfertigung des Gesindebuchs durch die Polizei jede urkundliche Bedeutung abspricht, ist höchst bedenklich.

2. Lehnt die Polizei die Ausfertigung des Gesindebuchs ab, so steht dagegen die Beschwerde oder die Klage im Verwaltungsstreitverfahren offen.

3. Jetzt die Gemeindevorsteher.

4. Jetzt meistens die Amtsvorsteher.

§ 4. Beim Dienstantritt ist das Gesindebuch der Dienstherrschaft zur Einsicht vorzulegen. Sollte das Gesinde die Vorlegung des Gesindebuchs verweigern[1]), so steht es bei der Dienstherrschaft, entweder dasselbe seines Dienstes zu entlassen oder die Weigerung der Polizeibehörde anzuzeigen, welche alsdann gegen das Gesinde eine Ordnungsstrafe bis zu 2 Rtlr. oder verhältnismäßige Gefängnisstrafe festzusetzen hat[2-3]).

1. Bei Weigerung des Gesindes hat die Dienstherrschaft ein Wahlrecht. Entscheidet sie sich für die Dienstentlassung, so kann eine Strafverfolgung nicht eintreten.

2. Festsetzung der Strafe erfolgt durch Strafverfügung.

3. Weder diese Verordnung, noch die GesO. geben der Herrschaft ein Recht, das Gesindebuch in dauernde Verwahrung zu nehmen. Hat sich das Gesinde, wie üblich, damit einverstanden erklärt, daß die Herrschaft das Dienstbuch verwahrt, so wird das Gesinde erst dann das Recht haben, das Dienstbuch zu verlangen, wenn das Dienstverhältnis gekündigt ist und das Gesinde eine neue Stellung sucht.

§ 5. Bei Entlassung des Gesindes ist von der Dienstherrschaft ein vollständiges Zeugnis über die Führung und das Benehmen desselben in das Gesindebuch einzutragen. Schreibensunkundige haben mit dieser Eintragung eine glaubhafte Person zu beauftragen, welche diesen Auftrag mit ihrer Namensunterschrift bescheinigen muß. Weigert sich eine Dienstherrschaft, dieser Verpflichtung zu genügen, so ist sie dazu von der Polizeibehörde durch eine ihr vorher anzudrohende Geldstrafe von 1 bis 5 Rtlr. anzuhalten[1—4]).

1. Über die Pflicht der Herrschaft zur Ausstellung des Zeugnisses s. die Anm. zu den §§ 171 u. 173 GesO.

2. Ein Reskript des Ministers des Innern bei v. Kamptz 4 S. 602 verweist auf den Schullehrer als glaubhafte Person.

3. Nach § 5 ist die Polizeibehörde berechtigt und verpflichtet, von Amts wegen gegen die Dienstherrschaft einzuschreiten, welche das Zeugnis gar nicht oder nicht vollständig gemäß § 5 ausfüllt (vgl. Nußbaum zu § 5). Bei einem solchen Einschreiten handelt es sich hier nicht um eine Strafverfügung, sondern um eine polizeiliche Verfügung zur Erzwingung von Handlungen. Gegen diese sind mithin die Rechtsmittel des Verwaltungsstreitverfahrens gegeben.

4. Wo polizeiliche Verordnungen ergangen sind, welche das Gesinde zur Vorlegung des Dienstbuches bei Strafe anhalten, kann gegen den Dienstboten, welcher die Vorlegung unterlassen hat, mit Strafe vorgegangen werden. Außerdem ergibt sich aus § 4 das Recht der Polizei, Zwangsmittel zur Vorlegung des Gesindebuchs anzuwenden.

§ 6. Wird ein Dienstbote wegen eines Verbrechens bestraft, so hat die Untersuchungsbehörde das Gesindebuch von demselben einzufordern und darin die erfolgte Bestrafung aktenmäßig einzutragen[1—3]).

1. Nur strafbare Handlungen, welche der Dienstbote während seiner Dienstzeit begeht, sind einzutragen, nicht frühere, auch nicht solche, die in der Zeit zwischen dem Austritt und dem Neueintritt begangen sind (vgl. Zürn in PrVerwBl. 31 S. 654).

2. Verbrechen ist in Gemäßheit der Ausdrucksweise des damals geltenden ALR. II 20 jede strafbare Handlung.

3. Jetzt die nach der Strafprozeßordnung zuständigen Vollstreckungsbehörden, also Staatsanwalt bzw. Amtsrichter.

§ 7. Geht ein Gesindebuch verloren, so wird die Polizeibehörde des Orts, wo das Gesinde dient, oder, wenn es zur Zeit dienstlos ist, die Polizeibehörde des Orts, wo es zuletzt gedient hat, auf geschehene Anzeige und nähere Ermittelung der obwaltenden Umstände, die Ausfertigung eines neuen Gesindebuchs veranlassen, in welchem der Verlust des früheren jedesmal ausdrücklich angemerkt werden muß. Die dadurch entstehenden Kosten sind von demjenigen einzuziehen, welcher den Verlust verschuldet hat[1–2].

1. Die Polizeibehörde hat Ermittelungen anzustellen, ob das alte Buch wirklich verloren gegangen ist, ehe sie ein neues ausstellt.

2. Das alte Buch wird nicht wieder hergestellt, sondern ein neues ausgefertigt.

§ 8. Der Dienstbote, welchem ein ungünstiges Zeugnis erteilt worden ist, kann auf die Ausfertigung eines neuen Gesindebuchs antragen, wenn er nachweist, daß er sich während zweier Jahre nachher tadellos und vorwurfsfrei geführt habe.

§ 9. Ist die Ausfertigung eines neuen Gesindebuchs notwendig, weil in dem bisherigen bereits sechs Zeugnisse eingetragen sind[1]), so kann das Gesinde verlangen, daß das bisherige Gesindebuch dem neuen vorgeheftet werde.

1. Vgl. Instruktion vom 26. Febr. 1872.

C. Gesetz, betreffend die Aufhebung der Abgaben von Gesindebüchern. Vom 21. Februar 1872.

(GS. S. 160.)

Wir Wilhelm usw. usw. verordnen für den Umfang der Monarchie, mit Ausschluß der Hohenzollernschen Lande, mit Zustimmung beider Häuser des Landtages, was folgt:

§ 1. Die vom 1. März 1872 ab zur amtlichen Ausfertigung gelangenden Gesindedienstbücher müssen nach einem im ganzen Umfange der Monarchie gleichmäßig zur Anwendung kommenden, von dem Minister des Innern vorzuschreibenden Muster gedruckt und eingerichtet sein. Wer die Ausfertigung eines Gesindebuches verlangt, hat das dazu zu verwendende Formular zu beschaffen und der ausfertigenden Behörde vorzulegen.

Die Herstellung und der Verkauf dieser Formulare unterliegt nur den allgemeinen gewerbesteuerlichen und gewerbepolizeilichen Vorschriften.

§ 2. Jedes vom 1. März 1872 ab in Preußen amtlich ausgefertigte Gesindedienstbuch kann im ganzen Umfange der Monarchie zur Eintragung von Dienstzeugnissen gebraucht werden[1].

Abs. 2 als Übergangsbestimmung veraltet.

1. Ebenso jedes in einem anderen Deutschen Bundesstaat ausgefertigte Gesindebuch (Beschluß des Bundesrats vom 28. Febr. 1873, MBl. i. V. 1873 S. 122).

§ 3. Vom 1. März 1872 ab werden die bestehenden Stempelabgaben von Gesindedienstbüchern und Gesindeentlassungsscheinen aufgehoben und dürfen weder Gebühren noch sonstige Abgaben für die Ausfertigung, Vorzeigung und Visierung der Gesindedienstbücher oder für die Beglaubigung der Dienstzeugnisse in denselben erhoben werden.

Abs. 2 ist aufgehoben durch § 9 SeemO.

§ 4. Alle diesem Gesetze entgegenstehende Vorschriften, insbesondere der § 2 der VO. vom 29. Sept. 1846 (GS. S. 467) und die Position „Gesindeentlassungsscheine" im Tarif zum StempG. vom 7. März 1822 (GS. S. 80) treten vom 1. März 1872 ab außer Kraft.

§ 5. Die Minister des Innern und der Finanzen sind mit der Ausführung dieses Gesetzes beauftragt.

D. Instruktion zur Ausführung des G. vom 21. Febr. 1872, betr. die Abgabenaufhebung von Gesindebüchern, vom 26. Febr. 1872*).

1. Auf Grund des § 1 des G. vom 21. Febr. d. J., nach welchem die vom 1. März d. J. ab zur amtlichen Ausfertigung gelangenden, von diesem Zeitpunkte ab stempelfreien Gesindedienstbücher nach einem im ganzen Umfange der Monarchie gleichmäßig zur Anwendung kommenden, von dem Minister des Innern vorzuschreibenden Muster gedruckt und eingerichtet sein müssen, bestimme ich hiermit folgendes:

Die gedachten Dienstbücher sind in Oktavform, in einer Höhe von ungefähr 16 cm und in einer Breite von ungefähr 10 cm anzulegen, mit einem festen Pappdeckel und im Innern mit acht Blättern von gutem Schreibpapier zu versehen. Auf der ersten Seite des Blattes, dem Titelblatte, ist das Signalement des Dienst-

Fortsetzung des Textes s. S. 220.

*) Vgl. hierzu die Verfügung des Min. d. Inn. vom 27. März 1907, nachfolgend unter F. abgedruckt.

A.

Nr.

Gesindedienstbuch

für:

aus:

alt:

Statur:

Augen:

Nase:

Mund:

Haare:

Besondere Merkmale:

Ausgefertigt: den ten

NB. Die Ausfüllung des hier vorgedruckten Signalements darf lediglich durch die Polizeibehörde erfolgen.

B.

Nr. des Dienstes	Name, Stand und Wohnort der Dienstherrschaft	Inhaber ist angenommen als	Tag des Dienstantritts	Tag des Dienstaustritts
1.				
2.				

B.

Grund des Dienstaustritts und Dienstabschiedszeugnis	Vor- und Zuname und Geschäftslokal des Gesindevermieters*)	Beglaubigung und etwaige Bemerkungen der Polizeibehörde

*) Der Ausdruck Gesindevermieter ist eigentlich nicht mehr zutreffend, da jetzt reichsgesetzlich allgemein die Bezeichnung Stellenvermittler eingeführt ist.

boten nach Anlage A. einzutragen. Die folgenden Seiten sind nach Anlage B. in der Art einzurichten, daß die Kolonnen des Formulars: „Nummer des Dienstes“ bis „Tag des Dienstaustritts“ (1—5 inkl.) auf die linke Seite des Dienstbuchs, dagegen die Kolonnen: „Grund des Dienstaustritts usw.“ und „Beglaubigung und etwaige Bemerkungen der Polizeibehörde“ (6 und 7) auf die gegenüberliegende rechte Seite zu stehen kommen und jede zwei, in dieser Weise zusammengehörige Seiten Raum zur Eintragung von zwei Dienstattesten gewähren.

2. Die Herstellung und der Verkauf der Formulare zu den Gesindedienstbüchern unterliegt nach § 1 des Gesetzes nur den allgemeinen gewerbesteuerlichen und gewerbepolizeilichen Vorschriften, ist also der Privatindustrie überlassen. Die mit der Ausfertigung der Dienstbücher beauftragten Behörden sind nicht verpflichtet, Formulare zu Dienstbüchern vorrätig zu halten, vielmehr ist es Sache desjenigen, welcher die Ausfertigung eines Dienstbuchs verlangt, das dazu zu verwendende Formular zu beschaffen und vorzulegen. Dienstbücher, welche dem vorgeschriebenen Muster nicht entsprechen, sind von den betreffenden Behörden zur Ausfertigung nicht anzunehmen.

Berlin, den 26. Febr. 1872.

Der Minister des Innern.

E. Gesetz, betr. die Verletzungen der Dienstpflichten des Gesindes und der ländlichen Arbeiter. Vom 24. April 1854.

(GS. S. 214.)

Wir Friedrich Wilhelm usw. verordnen für den ganzen Umfang des Staats mit Ausnahme der Hohenzollernschen Lande, unter Zustimmung der Kammern, was folgt[1]):

§ 1. Gesinde[2–3]), welches hartnäckigen Ungehorsam[4–5]) oder Widerspenstigkeit[6]) gegen die Befehle der Herrschaft[7]) oder der zu seiner Aufsicht bestellten Personen[8]) sich zuschulden kommen läßt, oder ohne gesetzmäßige[9]) Ursache den Dienst versagt oder verläßt[10–11]), hat auf den Antrag der Herrschaft, unbeschadet deren Rechts zu seiner Entlassung oder Beibehaltung, Geldstrafe bis zu fünf Talern oder Gefängnis[12]) bis zu drei Tagen verwirkt.

Dieser Antrag kann nur innerhalb 14 Tagen seit Verübung der Übertretung oder, falls die Herrschaft wegen der letzteren das Gesinde vor Ablauf der Dienstzeit entläßt, vor dieser Entlassung gemacht werden.

Den Antrag auf Grund des Gesetzes vom 14. Mai 1852 bei der Lokalpolizeibehörde[13] anzubringen, ist nur dann zulässig, wenn weder die Herrschaft noch ein von ihr bestellter Stellvertreter oder ein Beamter der Herrschaft die Lokalpolizei verwaltet. An Stelle der Lokalpolizei tritt in diesem Falle der Landrat.

Bis zum Anfang der Vollstreckung der Strafe ist die Zurücknahme des Antrags zulässig[14–15]).

1. Das Gesetz gilt im wesentlichen nicht für die später erworbenen Provinzen, wohl aber im Geltungsgebiet der GesO. für Neuvorpommern und Rügen und der rhein. GesO. Es ist teilweise ausgedehnt auf Schleswig-Holstein durch § 1 des G. vom 6. Febr. 1878 und auf Hessen-Nassau durch G. vom 27. Juni 1886. Vollständig eingeführt ist es nur in dem Bezirk Meisenheim (VO. vom 13. Mai 1867, GS. S. 700) und in der Enklave Kaulsdorf (VO. vom 22. Mai 1867, GS. S. 729).

2. Das Gesetz behandelt nur **Verstöße nach dem Dienstantritt.** Die Verweigerung des Dienstantritts fällt unter den § 51 GesO. (Goltdammer 41 S. 320, KG. bei Johow 11 S. 254, 256), der nach der KabO. vom 8. Aug. 1837 auch bei Instleuten anzuwenden ist (Johow 11 S. 256).

3. Das Gesetz setzt voraus ein **formell und materiell zu Recht** bestehendes Gesindeverhältnis. Deshalb entfällt die Strafe, wenn der Dienstvertrag etwa ungültig ist, weil das Gesinde minderjährig und eine Ermächtigung seitens des gesetzlichen Vertreters nicht erteilt ist (KG. bei Johow 9 S. 221, 12 S. 211). Soweit Formmangel durch Dienstantritt geheilt ist, greift aber das Gesetz Platz (Joh. Jahrb. 18 S. 334).

4. Ungehorsam kann sich mit dem Versagen von Dienst decken und sonach mit dem zweiten Fall des § 1 zusammenfallen; er kann aber auch in einem unrichtigen Befolgen von Anordnungen bestehen.

5. Hartnäckigkeit ist nur beim Ungehorsam, nicht bei der Widerspenstigkeit verlangt. Während letztere einen gewissen Trotz voraussetzt, kann sich hartnäckiger Ungehorsam auch darin zeigen, daß das Gesinde sich nicht die Mühe gibt, nach den Wünschen der Herrschaft zu handeln, weil es etwa seine Gedanken nicht zusammennimmt. Immerhin ist von Hartnäckigkeit erst dann die Rede, wenn entweder mehrere Fälle unrichtiger Handlungen vorliegen oder wenn bei einem einzelnen Vorfall deutlich die Absicht des Gesindes, dem wiederholten Befehl nicht zu folgen, erkennbar ist, d. h. wenn sich eine wiederholte Verweigerung des Gesindes bei ein und derselben Gelegenheit gezeigt hat (vgl. StrArch. 82 S. 201, KG. in DJZ. 1896 S. 263, Goltdammer 41 S. 319).

Erfordert wird, daß das Gesinde sich der Widerrechtlichkeit seiner Handlungsweise bewußt ist (Goltdammer 41 S. 319 a. E.). Demgegenüber ist die Entsch. des OTr. vom 7. Jan. 1876 (Oppenhoff 17 S. 11), welche einen Dienstboten bestraft, weil er sich auf Aufforderung der Herrschaft nicht aus dem Zimmer entfernte, bedenklich.

Wird wegen hartnäckigen Ungehorsams des Gesindes in mehreren Fällen ein Strafverfahren eingeleitet, so wird ein fortgesetztes Delikt vorliegen (Oppenhoff 7 S. 5).

6. Über den Begriff der Widerspenstigkeit s. Anm. 5 und ferner Anm. 3 zu § 118.

7. Dem Dienstherrn, der hiernach an sich zur Stellung des Strafantrages berechtigt ist, wird die Ehefrau im Bereiche der Schlüsselgewalt des § 1357 BGB. gleichzustellen sein (vgl. Goltdammer 40 S. 209 für früheres Recht). Auch der Generalbevollmächtigte des Gutsherrn ist zur Stellung des Strafantrages befugt (KG. in Johow 12 S. 209). In Selbstverw. 1906 S. 214 ist eine Entscheidung des Kammergerichts angeführt, welche annimmt, daß Administratoren nicht ohne weiteres zur Stellung des Strafantrages berechtigt sind, vielmehr geprüft werden soll, inwieweit der Dienstherr bei der Stellung des Antrags mitgewirkt hat.

8. Als Aufsichtspersonen können auch Großknechte, Vorarbeiter und dergleichen gelten, Wirtschaftsinspektoren, Aufseher gehören selbstverständlich zu denselben (vgl. Groschuff Anm. 4 zu § 1).

9. **Gesetzmäßig** versagt das Gesinde den Dienst, wenn die Anordnungen der Herrschaft etwa gegen allgemeine gesetzliche Vorschriften verstoßen, also unsittliche Handlungen fordern, oder sich mit gesetzlichen Verboten, z. B. über die Sonntagsruhe, in Widerspruch setzen (Johow 9 S. 223, Goltdammer 37 S. 459) oder wenn sie die zivilrechtliche Seite des Gesindeverhältnisses verletzen. So wird eine Köchin nicht verpflichtet sein, Dienst bei Kindern zu verrichten, wenn nicht einer der Ausnahmefälle des § 60 GesO. vorliegt.

Die Ansicht des KG. in Johow 17 S. 453, daß Gesinde, welches der Ehefrau des Dienstherrn gekündigt hat, nicht rechtmäßig den Dienst auflöst, ist nach der jetzigen Gesetzgebung nicht mehr haltbar (vgl. die Anm. zu §§ 2ff. GesO.).

10. Das Gesinde verläßt den Dienst, wenn es dauernd abgeht oder wenn es vorübergehend fortbleibt (Johow 8 S. 185); im letzteren Falle wird aber Bestrafung nur eintreten können, wenn es fortbleibt, während Dienstverrichtungen von ihm verlangt oder zu erwarten sind. Ist das Gesinde wieder zwangsweise zurückgeführt und entläuft es wieder, so macht es sich abermals strafbar (KG. in Johow 10 S. 224).

11. Mit dem Ausdruck Entlassung ist nicht bestimmt, daß die Herrschaft das Gesinde wegen der im § 1 mit Strafe belegten Handlungen entlassen kann. Die Frage, ob die Herrschaft zur Entlassung befugt ist, regelt sich vielmehr nach der GesO. Ergibt sich hiernach das Recht zur Entlassung, so kann trotzdem die Bestrafung des Gesindes erfolgen, nur muß der Antrag vor der Entlassung bei der Polizei gestellt sein.

12. Jetzt 15 Mark oder Haft (RGSt. 13 S. 93).

13. Über die jetzige Organisation der Ortspolizeibehörden vgl. Anm. 2 zu § 9 GesO. Danach ist die Vorschrift des Abs. 3 veraltet.

14. Abweichend von der ersten Auflage muß nach nochmaliger Prüfung angenommen werden, daß die Vorschrift hinsichtlich der Rücknahme gemäß § 2 EG. z. StGB. noch aufrechterhalten ist (so auch Lindenberg S. 83 zu § 80 und Jacobi).

15. Über die Aufhebung des § 168 GesO. Schlußsatz durch das G. vom 24. April 1884 vgl. Anm. 5 zu § 168.

§ 2[1–2]. Die Bestimmungen des § 1 finden auch Anwendung:

a) auf die bei Stromschiffern in Dienst stehenden Schiffsknechte (Gesetz vom 23. Sept. 1835, GS. S. 222)[3];

b) auf das Verhältnis zwischen den Personen, welche von den zu Diensten verpflichteten bäuerlichen Besitzern zur Verrichtung dieser Dienste gestellt werden, und den Dienstberechtigten oder den von ihnen bestellten Aufsehern[4]);

c) auf das Verhältnis zwischen dem Besitzer eines Landgutes oder einer anderen Acker- oder Forstwirtschaft, sowie den von ihm zur Aufsicht über die Wirtschaftsarbeiten bestellten Personen und solchen Dienstleuten, welche gegen Gewährung einer Wohnung[5]) in den ihm gehörigen oder auf dem Gute befindlichen Gebäuden[6]) und gegen einen im voraus bestimmten Lohn behufs der Bewirtschaftung[7]) angenommen sind (Instleute, herrschaftliche Tagelöhner, Einlieger, Katenleute und dergleichen[8–9]);

d) auf das Verhältnis zwischen solchen Handarbeitern, welche sich zu bestimmten land- oder forstwirtschaftlichen Arbeiten, wie z. B. Erntearbeiten auf Acker und Wiese, Meliorationsarbeiten, Holzschlagen usw., verdungen haben, und dem Arbeitgeber oder den von ihm bestellten Aufsehern[10]).

1. § 2 enthält eine Ausdehnung der für das Gesinde gegebenen Strafvorschriften des § 1 auf eine Reihe anderer Angestellter.

Zu beachten ist einerseits, daß nur diese Strafvorschriften, keine anderen gesinderechtlichen Anordnungen ausgedehnt sind (Reskript d. Min. d. Inn. bei v. Kamptz Bd. 1 S. 65, Goltdammer 13 S. 510), anderseits, daß nur die im § 2 erwähnten Kategorien von Angestellten unter die Strafvorschriften fallen. Deshalb ist in jedem einzelnen Falle seitens des Strafrichters festzustellen, ob und welches der im § 2 bezeichneten Arbeitsverhältnisse vorliegt (OTr. bei Oppenhoff Bd. 7 S. 51, Groschuff zu § 2).

2. Entsprechend dem § 1 ist auch die Anwendung des § 2 davon abhängig, daß eines der hier bezeichneten Arbeitsverhält-

nisse in rechtlich gültiger Art eingegangen ist (Goltdammer 41 S. 320, KG. bei Johow Bd. 12 S. 213).

3. Die Verhältnisse der Schiffsknechte regeln sich jetzt nach dem Binnenschiffahrtsgesetz. Sie unterstehen gemäß § 21 dieses Gesetzes den Vorschriften der Gewerbeordnung. Die Gewerbeordnung kennt keine Strafbestimmungen wegen Ungehorsams usw. gegen gewerbliche Arbeiter. § 2a ist deshalb für aufgehoben zu erachten.

4. Nach § 2b ist vom Kammergericht ein Fall beurteilt, in welchem ein Besitzer auf Aufforderung des Gemeindevorstehers zur Anlage eines Brunnens beim Schulbau seinen Sohn bestellt hatte und in welchem dieser eine vom Gemeindevorsteher angeordnete Arbeit verweigerte (DJZ. 1896 S. 387). Diese Anwendung des § 2b ist, da sie eine ausdehnende Interpretation enthält (mit Jacobi) für bedenklich zu erachten.

5. Gewährung einer Wohnung ist auch dann vorhanden, wenn ein Mietszins gezahlt wird, sofern derselbe im Hinblick auf die Dienstleistung unter dem sonstigen Preise bemessen ist (KG. bei Johow 5 S. 374).

6. Eine vorübergehende anderweitige Unterbringung des Arbeiters schließt die Strafbarkeit nicht ohne weiteres aus (KG. bei Johow 35 S. 50).

7. Als zur Bewirtschaftung angenommen sind alle Arbeiter zu erachten, deren Tätigkeit den landwirtschaftlichen Zwecken des Gutes dient. Ohne Bedeutung ist, ob die Tätigkeit derselben ausschließlich das Gut betrifft oder auch für dritte Personen und gegen Entgelt vorgenommen wird oder auch handwerksmäßige Leistungen in sich schließt (Goltdammer 41 S. 319 Anm. 1). So hat die Rechtsprechung unter den § 2 untergeordnet einen auf dem Gute wohnhaften Stellmacher, einen dort wohnhaften Schmied, eine Person, welche für die Arbeiter auf dem Gute Essen kocht, ohne zum Gesinde zu gehören (Goltdammer 41 S. 320, 43 S. 429; KG. in Selbstverwaltung 1896 S. 421, 653, 1897 S. 63; KG. bei Johow 14 S. 413).

8. Ein Arbeiter, der im § 2c behandelten Kategorie, welcher sich verpflichtet hat, Unterarbeiter zu stellen, ist nicht nach § 2c strafbar, wenn er dieser Verpflichtung nicht nachkommt, weil es sich dann zwar um die Verletzung einer kontraktlichen Verpflichtung, nicht aber um die Versagung persönlicher Dienstleistungen handelt.

9. Sind derartige Unterarbeiter gestellt (z. B. Scharwerker von den Instleuten), so besteht nur zwischen dem Arbeiter und den Unterarbeitern, nicht aber zwischen dem Arbeitgeber und dem Unterarbeiter ein Rechtsverhältnis. Die Unterlassung der Arbeit und dergleichen seitens eines derartigen Unterarbeiters fällt daher nicht unter das Gesetz (Goltdammer 13 S. 510; DJZ. 1898 S. 410).

10. Der Bestimmung unter d sind untergeordnet alle land- oder forstwirtschaftliche Arbeiter (vgl. für die GesO. von Vorpommern Goltdammer 43 S. 428, wo Schnitter, die außerhalb des Hauses wohnen, aus der entsprechenden Vorschrift dieser GesO. bestraft sind). Doch müssen sie sich zu bestimmten landwirtschaftlichen Arbeiten verdungen haben. Ländliche Arbeiter, die sich zu jeder Art landwirtschaftlichen Arbeiten verpflichtet haben, fallen nicht unter den Buchstaben d (RG. in ständiger Rechtsprechung zuletzt bei Johow 36 S. 98).

Befindet sich auf dem Gute eine Brennerei, Ziegelei oder dergleichen, so fallen die hierbei beschäftigten Arbeiter nicht unter das Gesetz.

§ 3. Gesinde, Schiffsknechte[1]), Dienstleute oder Handarbeiter der § 2a, b, c, d bezeichneten Art, welche die Arbeitsgeber oder die Obrigkeit zu gewissen Handlungen oder Zugeständnissen dadurch zu bestimmen suchen, daß sie die Einstellung der Arbeit oder die Verhinderung derselben bei einzelnen oder mehreren Arbeitgebern verabreden, oder zu einer solchen Verabredung andere auffordern, haben Gefängnisstrafe bis zu einem Jahre verwirkt[2–3]).

1. Die Vorschriften hinsichtlich der Schiffsknechte sind aus den § 2a angeführten Gründen für aufgehoben zu erachten, da Gewerbegehilfen, zu denen Schiffsknechte jetzt gehören, nach § 152 GewO. Koalitionsfreiheit haben.

2. **Nur die Verabredung oder die Aufforderung zur Teilnahme an einer solchen Verabredung** ist durch den § 3 unter Strafe gestellt, **nicht die Aufforderung zur Arbeitseinstellung selbst**, sofern sie die Frage der Verabredung nicht berührt. Eine Ausdehnung des § 3 ist, da es sich um eine Strafvorschrift handelt, nicht zulässig (KG. bei Johow 17 S. 454).

3. Ein **allgemeines Koalitionsverbot besteht hiernach für das Gesinde nicht.** Deshalb sind Vereine von Dienstboten zulässig, sofern sie sich der durch § 3 verbotenen Handlungen enthalten.

§ 4. Hausoffizianten (§ 177 seq. Titel 5 Teil II des ALR.) sind den Strafvorschriften dieses Gesetzes nicht unterworfen.

§ 5. Die festgesetzten Geldstrafen fließen zur Ortsarmenkasse.

F. Verfügung des Ministers des Innern vom 27. März 1907, betr. den Geschäftsbetrieb der Gesindevermieter und Stellenvermittler.

(MBlHGewV. 74.)

Im Anschluß an den Runderlaß des Herrn Ministers für Handel und Gewerbe vom 5. März d. J. (HMBl. 55), betr. die neuen Vorschriften für den Geschäftsbetrieb der Gesindevermieter und Stellenvermittler (mit Ausschluß der Theateragenten), bestimme ich hierdurch folgendes:

1. Vom 1. Juli 1907 ab sind neue Gesindedienstbücher nach dem durch die Instruktion des Ministers des Innern vom 26. Februar 1872 (MBl. f. i. V. 79) vorgeschriebenen

Formular mit der durch Ziff. 7 Abs. 2 der neuen Vorschriften[1]) bedingten Abänderung anzulegen, daß zwischen den Spalten 6 und 7 des bisherigen Musters eine neue Spalte mit der Überschrift

„Vor- und Zuname und Geschäftslokal des Gesindevermieters, Datum des Vertragsabschlusses"

eingeschaltet wird, die jedesmal im Anschluß an das Vermittelungsgeschäft, falls ein solches stattgefunden hat, von dem Gesindevermieter auszufüllen ist.

Die vor dem 1. Juli 1907 ausgefertigten Gesindedienstbücher dürfen weiter benutzt werden. In diesen Büchern finden die im vorstehenden angeordneten Eintragungen der Gesindevermieter in Spalte 7 Platz[2]).

1. An Stelle der Ziff. 7 Abs. 2 der Vorschriften vom 5. März 1907 ist jetzt Ziff. 8 der Vorschriften vom 16. August 1910 getreten (abgedr. weiter unten unter J).

2. Vgl. Ziff. 8 der Vorschriften vom 16. August 1910.

2. Den neuen Gesindedienstbüchern ist der auf der Rückseite des Musters C zu dem „Ausweise" abgedruckte Auszug aus den Vorschriften des Herrn Ministers für Handel und Gewerbe vom 5. März 1907[1]) vorzudrucken.

1. Jetzt der auf der Rückseite des Musters D abgedruckte Auszug aus den Vorschriften vom 16. August 1910 (vgl. Ziff. 14 jener Vorschrift).

3. Die Ortspolizeibehörden haben sich bei der Anmeldung der Dienstboten neben dem Gesindebuche jedesmal den von dem Gesindevermieter gemäß Ziff. 15 der Vorschriften vom 5. März 1907[1]) ausgestellten „Ausweis" vorlegen zu lassen.

1. Jetzt Ziff. 14 der Vorschriften vom 16. August 1910.

6. Stellenvermittlergesetz vom 2. Juni 1910.

(RGBl. 860.)

Wir Wilhelm, von Gottes Gnaden Deutscher Kaiser, König von Preußen usw., verordnen im Namen des Reichs, nach erfolgter Zustimmung des Bundesrats und des Reichstags, was folgt:

§ 1. Stellenvermittler im Sinne dieses Gesetzes ist, wer gewerbsmäßig:

1. die Vermittlung eines Vertrags über eine Stelle betreibt,
2. Gelegenheit zur Erlangung einer Stelle nachweist und sich zu diesem Zwecke mit Arbeitgebern oder Arbeitnehmern in besondere Beziehungen setzt.

§ 2. Wer das Gewerbe eines Stellenvermittlers betreiben will, bedarf dazu einer Erlaubnis der von der Landeszentralbehörde bezeichneten Behörde.

Die Erlaubnis ist zu versagen, wenn:

1. Tatsachen vorliegen, welche die Unzuverlässigkeit des Nachsuchenden in bezug auf den beabsichtigten Gewerbebetrieb oder auf seine persönlichen Verhältnisse dartun;
2. ein Bedürfnis nach Stellenvermittlern nicht vorliegt. Ein Bedürfnis ist insbesondere nicht anzuerkennen, soweit für den Ort oder den wirtschaftlichen Bezirk ein öffentlicher gemeinnütziger Arbeitsnachweis in ausreichendem Umfange besteht.

Bei der Erteilung der Erlaubnis sind die Berufe zu bezeichnen, in denen die Vermittlung von Stellen stattfinden darf.

§ 3. Wer das Gewerbe eines Stellenvermittlers betreibt, darf Gastwirtschaft, Schankwirtschaft, Kleinhandel mit geistigen Getränken, gewerbsmäßige Vermietung von Wohn- oder Schlafstellen, Handel mit Kleidungs-, Gebrauchs-, Genuß- oder Verzehrungsgegenständen oder mit Lotterielosen, das Barbier- oder das Friseurgewerbe, das Geschäft eines Geldwechslers, Pfandleihers oder Pfandvermittlers weder selbst noch durch andere betreiben.

Der Stellenvermittler darf mit anderen Gewerbetreibenden der im Abs. 1 bezeichneten Art nicht so in Geschäftsverbindung treten, daß er sich für die Ausübung seiner Tätigkeit von ihnen Vergütungen irgendwelcher Art gewähren oder versprechen läßt. Diese Vorschrift gilt nicht, wenn die Tätigkeit des Stellenvermittlers für den eigenen Betrieb des Gewerbetreibenden in Anspruch genommen wird.

Wer das Gewerbe eines Stellenvermittlers betreibt, darf diese Tätigkeit nicht zu Anpreisungen für andere eigene oder fremde Gewerbebetriebe benutzen.

Der Stellenvermittler darf den Stellensuchenden nicht verpflichten oder anhalten, aus seinem oder einem von ihm bezeichneten Gewerbebetrieb oder Handelsgeschäfte Waren zu entnehmen.

Der Stellenvermittler darf zu dem Arbeitgeber in keinem Dienst- oder Abhängigkeitsverhältnisse stehen.

§ 4. Verträge, durch die sich ein Arbeitnehmer oder Arbeitgeber verpflichtet oder verpflichtet hat, sich auch in späteren Fällen der Mitwirkung eines bestimmten gewerbsmäßigen Stellenvermittlers zu bedienen, sind nichtig.

§ 5. Für die den Stellenvermittlern zukommenden Gebühren werden von der Landeszentralbehörde oder den von ihr bezeichneten Behörden nach Anhören des Trägers des öffentlichen Arbeitsnachweises, von Vertretern der Stellenvermittler, der Arbeitgeber und Arbeitnehmer Taxen festgesetzt.

Eine Gebühr darf nur erhoben werden, wenn der Vertrag infolge der Tätigkeit des Vermittlers zustande kommt. Haben beide Teile diese Tätigkeit in Anspruch genommen, so ist die Gebühr von dem Arbeitgeber und dem Arbeitnehmer je zur Hälfte zu zahlen; eine entgegenstehende Vereinbarung zuungunsten des Arbeitnehmers ist nichtig.

Neben den Gebühren dürfen Vergütungen anderer Art nicht erhoben werden. Die Erstattung barer Auslagen darf nur insoweit gefordert werden, als sie auf Verlangen und nach Vereinbarung mit dem Auftraggeber verwendet und als notwendig hinreichend nachgewiesen sind.

Die Stellenvermittler sind verpflichtet, dem Stellensuchenden vor Abschluß des Vermittlungsgeschäfts die für ihn zur Anwendung kommende Taxe mitzuteilen. Die Taxe ist in den Geschäftsräumen an einer in die Augen fallenden Stelle anzuschlagen.

Die Vorschriften des Abs. 2 gelten nicht für die Herausgabe von Stellen- und Vakanzenlisten.

§ 6. Die Stellenvermittler dürfen Dienstbücher (Gesindebücher), Arbeitsbücher, Zeugnisse, Ausweispapiere und sonstige Gegenstände, die aus Anlaß der Stellenvermittlung in ihren Besitz gelangt sind, gegen den Willen des Eigentümers nicht zurückbehalten, insbesondere an solchen Gegenständen ein Zurückbehaltungs- oder Pfandrecht nicht ausüben.

§ 7. Stellenvermittler, welche für weibliche Personen Stellen im Ausland vermitteln, haben der für ihren Gewerbebetrieb zuständigen Polizeibehörde ein Verzeichnis der Namen dieser Personen und der ihnen vermittelten Stellen nach näherer Anordnung regelmäßig vorzulegen.

§ 8. Die Landeszentralbehörde kann weitere Bestimmungen über den Umfang der Befugnisse und Verpflichtungen sowie über den Geschäftsbetrieb der Stellenvermittler erlassen.

§ 9. Die Erlaubnis zum Gewerbebetriebe des Stellenvermittlers ist zurückzunehmen, wenn sich aus Handlungen oder Unterlassungen des Stellenvermittlers dessen Unzuverlässigkeit in bezug auf den Gewerbebetrieb oder seine persönlichen Verhältnisse ergibt.

Unter der gleichen Voraussetzung ist der Gewerbebetrieb Stellenvermittlern, die ihn vor dem 1. Oktober 1900 begonnen haben, zu untersagen. Die Untersagung wirkt für das ganze Gebiet des Reichs.

Die Unzuverlässigkeit ist stets anzunehmen, wenn der Stellenvermittler wiederholt bestraft ist, weil er die festgesetzte Gebührentaxe überschritten oder sich außer den taxmäßigen Gebühren Vergütungen anderer Art von dem Arbeitnehmer oder dem Arbeitgeber hat gewähren oder versprechen lassen, oder weil er dem Verbote der §§ 3, 12 Abs. 1 Ziff. 5 zuwider gehandelt hat. Der Träger des öffentlichen Arbeitsnachweises ist berechtigt, selbständig Antrag auf Entziehung der Erlaubnis zu stellen.

§ 10. Der Bescheid, durch den die Erlaubnis versagt oder zurückgenommen oder der Gewerbebetrieb untersagt wird, kann im Wege des Verwaltungsstreitverfahrens angefochten werden; wo ein solches nicht besteht, gelten die §§ 20, 21 der Gewerbeordnung.

§ 11. Ein Abdruck dieses Gesetzes muß auf jedem deutschen Kauffahrteischiff im Volkslogis zur jederzeitigen Einsicht der Schiffsleute vorhanden sein.

§ 12. Mit Geldstrafe bis zu sechshundert Mark oder mit Haft wird bestraft ein Stellenvermittler, der

1. den Gewerbebetrieb ohne die vorgeschriebene Erlaubnis unternimmt oder fortsetzt,
2. einen nach § 3 Abs. 1 ihm verbotenen Gewerbebetrieb unternimmt oder fortsetzt, oder der sich von Gewerbetreibenden der dort bezeichneten Art für die Ausübung seiner Tätigkeit verbotene Vergütungen irgendwelcher Art gewähren oder versprechen läßt,
3. seine Tätigkeit zu Anpreisungen für eigene oder fremde Gewerbebetriebe benutzt, oder den Stellensuchenden verpflichtet oder anhält, aus seinem oder einem von ihm bezeichneten Gewerbebetrieb oder Handelsgeschäfte Waren zu entnehmen,
4. die amtlich festgesetzte Taxe überschreitet, oder sich außer den taxmäßigen Gebühren Vergütungen anderer Art von dem Arbeitnehmer oder dem Arbeitgeber gewähren oder versprechen läßt (§ 5 Abs. 1—3),
5. es unternimmt, einen Arbeitnehmer zum Bruche eines eingegangenen Arbeitsvertrags zu verleiten.

Die gleiche Strafe trifft Gewerbetreibende der im § 3 Abs. 1 bezeichneten Art, die es unternehmen, einen Stellenvermittler durch Gewährung oder Versprechung von Vergütungen irgendwelcher Art zu einer den Interessen des Arbeitnehmers widerstreitenden Ausübung der Vermittlertätigkeit zu bestimmen.

War der Täter wegen der im Abs. 1, 2 bezeichneten Zuwiderhandlungen rechtskräftig verurteilt worden und begeht er innerhalb fünf Jahren wiederum eine solche Zuwiderhandlung, so wird er mit Geldstrafe von einhundert bis sechshundert Mark oder mit Haft bestraft.

§ 13. Mit Geldstrafe bis zu einhundertfünfzig Mark oder mit Haft wird bestraft:

1. ein Stellenvermittler, der den Vorschriften des § 5 Abs. 4, der §§ 6, 7 oder den im § 8 bezeichneten Bestimmungen zuwiderhandelt,
2. ein Stellenvermittler oder ein Gewerbetreibender der im § 3 Abs. 1 bezeichneten Art, der im Inland den von einer zuständigen Behörde erlassenen Bestimmungen zur Verhinderung des vorzeitigen Betretens einlaufender Schiffe und des Anbordbringens von geistigen Getränken zuwiderhandelt,
3. ein Kapitän, der im Inland den Bestimmungen einer zuständigen Behörde, im Ausland den Anordnungen eines Seemannsamts zuwider Stellenvermittler oder Gewerbetreibende der im § 3 Abs. 1 bezeichneten Art an Bord läßt oder an Bord duldet,
4. ein Kapitän, der es unterläßt, dafür zu sorgen, daß ein Abdruck dieses Gesetzes im Volkslogis zugänglich ist (§ 11).

In den Fällen des Abs. 1 Nr. 3, 4 sind im Ausland für die Festsetzung der Strafe und für das weitere Verfahren die Vorschriften der §§ 5, 122—125 der Seemannsordnung anzuwenden.

§ 14. Auf den Gewerbebetrieb des Stellenvermittlers finden die Vorschriften der Gewerbeordnung insoweit Anwendung, als nicht in diesem Gesetze besondere Bestimmungen getroffen sind.

§ 15. Die Landeszentralbehörde kann bestimmen, inwieweit die Vorschriften der §§ 3, 5 auf nicht gewerbsmäßig betriebene Stellen- oder Arbeitsnachweise anzuwenden sind, und weitere Bestimmungen über den Umfang der Befugnisse und Verpflichtungen sowie über den Betrieb dieser Nachweise erlassen.

§ 16. Mit Geldstrafe bis zu einhundertfünfzig Mark oder mit Haft werden Leiter oder Angestellte eines nicht gewerbsmäßigen Stellen- oder Arbeitsnachweises bestraft, welche den auf Grund des § 15 getroffenen Bestimmungen zuwiderhandeln.

§ 17. Sind innerhalb zweier Jahre wiederholt Leiter oder Angestellte eines nicht gewerbsmäßigen Stellen- oder Arbeitsnachweises wegen Übertretung nach § 16 rechtskräftig verurteilt, so können die Landeszentralbehörde oder die von ihr bezeichneten Behörden den Betrieb untersagen. § 10 gilt entsprechend.

§ 18. Wer den Betrieb nach der Untersagung fortsetzt oder ohne Erlaubnis der untersagenden Behörde wieder aufnimmt, wird mit Geldstrafe bis zu sechshundert Mark oder mit Haft bestraft.

§ 19. Dieses Gesetz tritt am 1. Oktober 1910 in Kraft. Gleichzeitig treten außer Kraft:

das Gesetz, betreffend die Stellenvermittlung für Schiffsleute vom 2. Juni 1902 (Reichs-Gesetzbl. S. 215),

die auf die Gesindevermieter und Stellenvermittler bezüglichen Vorschriften der §§ 34, 38, 53, 75a, § 148 Ziff. 8, § 149 Ziff. 7a der Gewerbeordnung.

Urkundlich unter Unserer Höchsteigenhändigen Unterschrift und beigedrucktem Kaiserlichen Insiegel.

Gegeben Neues Palais, den 2. Juni 1910.

Im Allerhöchsten Auftrage
Seiner Majestät des Kaisers und Königs:
(L. S.) Wilhelm, Kronprinz.
Delbrück.

II. Vorschriften über den Geschäftsbetrieb der gewerbsmäßigen Stellenvermittler, mit Ausschluß der gewerbsmäßigen Stellenvermittler für Bühnenangehörige und der Herausgeber von Stellen- und Vakanzenlisten, vom 16. August 1910.

(MBlHGewV. 455.)

Auf Grund des § 8 des Stellenvermittlergesetzes vom 2. Juni 1910 (RGBl. 860) wird über den Umfang der Befugnisse und Verpflichtungen sowie über den Geschäftsbetrieb der gewerbsmäßigen Stellenvermittler, mit Ausschluß der Stellenvermittler für Bühnenangehörige (Theateragenten) und der Herausgeber von Stellen- und Vakanzenlisten, folgendes bestimmt:

1. Wer das Gewerbe eines Stellenvermittlers betreibt, ist verpflichtet, ein Geschäftsbuch nach dem anliegenden Muster A zu führen. Bei Stellenvermittlern für Schiffsleute tritt an die Stelle des Musters A das beiliegende Muster C.

Für männliche und weibliche Personen kann je ein besonderes Geschäftsbuch geführt werden. Das Geschäftsbuch muß dauerhaft gebunden, mit fortlaufenden Seitenzahlen versehen sein und vor der Ingebrauchnahme von der Ortspolizeibehörde unter Beglaubigung der Seitenzahl abgestempelt werden. Im Geschäftsbuche dürfen weder Rasuren vorgenommen noch Eintragungen unleserlich gemacht werden; auch darf das Geschäftsbuch weder ganz noch zum Teil vernichtet werden.

2. Der Stellenvermittler hat die abgeschlossenen Dienstverträge unmittelbar im Anschluß an den Vertragsschluß unter fortlaufenden Nummern vollständig einzutragen. Der Eingang von Zahlungen ist im Laufe des Tages, an dem sie eingehen, zu vermerken.

3. Alle Eintragungen und alle Schriftstücke müssen in deutscher Sprache und mit Tinte bewirkt werden. Der Stellenvermittler ist auch dann für die ordnungsmäßige Führung des Geschäftsbuchs persönlich verantwortlich, wenn er sie einem Dritten übertragen hat.

4. Das Geschäftsbuch ist alljährlich sowie bei dem Einstellen des Gewerbebetriebs abzuschließen und binnen 14 Tagen nach Anfang des nächsten Kalenderjahres oder nach Einstellung des Gewerbebetriebes der Ortspolizeibehörde zur Bestätigung des Abschlusses einzureichen. Das abgeschlossene Geschäftsbuch ist fünf Jahre lang aufzubewahren. Nach dem Abschlusse dürfen weitere Eintragungen nicht mehr gemacht werden.

Die Ortspolizeibehörde kann die Führung eines Geschäftsbuches für einen längeren Zeitabschnitt gestatten.

5. Die Stellenvermittler haben ferner ein Geschäftsbuch nach dem anliegenden Muster B zu führen, in das die Aufträge der Arbeitnehmer im Laufe des Tages, an welchem sie eingehen, in der Reihenfolge des Einganges unter fortlaufenden Nummern vollständig einzutragen sind. Auf dieses Geschäftsbuch finden die Vorschriften unter Ziffer 1, 3 und 4 mit der Maßgabe An-

wendung, daß die am Schlusse des Kalenderjahres nicht erledigten Aufträge in das neue Buch zu übertragen sind.

6. Die Stellenvermittler sind verpflichtet, ihren Familiennamen und mindestens einen ausgeschriebenen Vornamen mit dem Zusatze „gewerbsmäßiger Stellenvermittler“ oder „gewerbsmäßige Stellenvermittlerin“ in deutlich lesbarer Schrift an der Straßenseite des Hauses auf, über oder neben dem Hauseingang und am Eingange zu den Geschäftsräumen anzubringen.

An der Außenseite des Hauses dürfen nur noch die Berufe angegeben werden, in denen die Vermittelung von Stellen stattfindet. Weitere Bezeichnungen, wie „Stellenvermittelung“, „kostenlose Stellenvermittelung“, „Mietskontor“, „Stellennachweis“, „Gesindebörse“ usw., sind verboten.

7. Die Stellenvermittler haben alle Anzeigen in Zeitungen, Anschlägen, Reklamen u. dgl. mit der genauen Angabe des Geschäftslokals, ihrem Vor- und Zunamen und der in Ziff. 6 Abs. 1 angeordneten Bezeichnung zu versehen. Abkürzungen sind unzulässig.

In den Anzeigen dürfen nur Angaben darüber enthalten sein, daß und für welche Berufe die Stellenvermittelung stattfindet. Alle marktschreierischen Angaben (die Hervorhebung besonderer Vorzüge, die Zusage von Vorteilen oder Geschenken usw.) sowie alle Angaben über die Zahl der offenen Stellen oder der stellensuchenden Personen sind verboten.

Jede Reklame durch Verteilung von Geschäftsempfehlungen usw. ist auf öffentlichen Straßen, Wegen, Plätzen oder an anderen öffentlichen Orten (z. B. in Schankwirtschaften, auf Bahnhöfen, in Eisenbahnzügen) verboten.

8. Die Stellenvermittler haben im Anschluß an die Vermittelung in den Gesindebüchern an der vorgezeichneten Stelle, solange aber in den Gesindebüchern eine besondere Spalte für die Eintragungen nicht enthalten ist, in Spalte 7 ihren ausgeschriebenen Vor- und Zunamen unter genauer Angabe des Geschäftslokals und des Datums in deutscher Schrift leserlich einzutragen. Die Verwendung eines Stempels ist zulässig. Im übrigen ist ihnen untersagt, in die Gesindebücher, Dienstbücher, Arbeitsbücher, Seefahrtsbücher, Quittungskarten oder sonstigen Legitimationspapiere Reklamezettel einzulegen oder ihre Adressen oder dergleichen einzutragen.

9. Die Ortspolizeibehörde bestimmt, inwiefern eine Stellvertretung zulässig ist. Die Beschäftigung von Hilfspersonal ist nur mit Erlaubnis der Ortspolizeibehörde gestattet. Als Hilfspersonal gelten einschließlich der Familienangehörigen alle Personen, welche im Betriebe des Stellenvermittlers beschäftigt sind.

Die Erlaubnis darf nur für solche Personen erteilt werden, welche für den Geschäftsbetrieb und hinsichtlich ihrer persönlichen Verhältnisse die erforderliche Zuverlässigkeit besitzen und keins der im § 3 des Stellenvermittlergesetzes aufgeführten Gewerbe betreiben.

Der Antrag auf Erteilung der Erlaubnis ist für jede Hilfsperson schriftlich unter Beifügung einer unaufgezogenen Photographie in Visitkartenformat zu beantragen. In die Bescheinigung über die Erlaubnis ist die Photographie einzukleben und abzustempeln. Ferner sind in der Bescheinigung der Rufname, der Zuname und die Wohnung der Hilfsperson sowie die Bezeichnung des Gewerbetreibenden, bei dem die Beschäftigung stattfinden darf, anzugeben.

Die Erlaubnis ist zu widerrufen, wenn die Voraussetzungen, unter denen sie erteilt wurde, nicht mehr vorliegen oder wenn die betreffende Person den Vorschriften zuwiderhandelt. Der Stellenvermittler hat die Bescheinigung binnen drei Tagen nach Beendigung des Beschäftigungsverhältnisses oder nach Widerruf der Erlaubnis der Ortspolizeibehörde zurückzureichen.

10. Die Stellenvermittler haben sorgfältige Erkundigungen über die Dienstverhältnisse der Arbeitgeber und Arbeitnehmer sowie über die Brauchbarkeit des Arbeitnehmers für die in Aussicht genommene Beschäftigung einzuziehen. Sie dürfen hinsichtlich solcher Stellen, deren Dienst- oder Arbeitsverhältnisse ihnen nicht bekannt sind, eine Vermittelung überhaupt nicht ausführen.

Die Stellenvermittler dürfen Personen, von denen sie wissen oder den Umständen nach wissen müssen, daß sie ohne Einhaltung der Kündigungsfrist ihre letzte Stellung verlassen haben, keine Dienstleistung gewähren, sofern nicht ein gesetzlicher Grund für das Verlassen der Stelle nachgewiesen wird; die Verwendung solcher Personen zu Dienstleistungen im eigenen Haushalt ist verboten. Dasselbe gilt für Personen, welche sich den gesetzlichen Vorschriften zuwider nicht im Besitz eines ordnungsmäßig ausgestellten und ausgefüllten Gesindebuchs, Arbeitsbuchs oder Seefahrtsbuchs befinden oder welche die zur Verdingung erforderliche Zustimmung des gesetzlichen Vertreters nicht nachweisen können. Das gleiche Verbot gilt endlich hinsichtlich ausländischer Arbeiter, die sich entgegen den bestehenden Vorschriften nicht im Besitz einer ordnungsmäßigen Inlandslegitimationskarte befinden.

Die Stellenvermittler dürfen nur Ammen, die sich über ihren Gesundheitszustand durch das höchstens acht Tage alte Zeugnis eines approbierten Arztes ausweisen können, eine Stellung vermitteln.

11. Den Stellenvermittlern ist jede Vermittelungstätigkeit für eine Person, der sie eine die Erwerbstätigkeit des Arbeitnehmers vollständig in Anspruch nehmende Stellung vermittelt haben, verboten, solange nicht der erste, für das bestehende Dienst- oder Arbeitsverhältnis maßgebende Kündigungstermin verstrichen ist; es sei denn, daß von dieser Person offenbar ein gesetzlicher Grund für das vorzeitige Verlassen der Stellung nachgewiesen wird.

Den Stellenvermittlern ist jede Einwirkung auf Arbeitnehmer dahin, daß diese ihre Stellung mit einer anderen vertauschen, sowie jede Einwirkung auf Arbeitgeber wegen Entlassung von Arbeitnehmern untersagt.

12. Arbeitgeber und Arbeitnehmer, die eine Vermittelungstätigkeit des Stellenvermittlers nicht in Anspruch nehmen oder ablehnen oder sich weigern, die für die Vermittelung oder für die Eintragungen in das Geschäftsbuch erforderlichen Angaben zu machen, sind unverzüglich aus den Geschäftsräumen zu entfernen. Für die von solchen Personen unmittelbar abgeschlossenen Dienstverträge darf weder ein Ausweis (Ziff. 14) erteilt, noch eine Gebühr erhoben werden.

13. Stellenvermittler, welche Stellen an Kellnerinnen und sonstige in Schankräumen tätige weibliche Angestellte sowie für Ammen im Inlande vermitteln, haben der Ortspolizeibehörde nach näherer Anweisung regelmäßig Verzeichnisse der vermittelten Stellen dieser Art einzureichen.

14. Die Stellenvermittler haben sofort nach Eintragung des Vertragsschlusses in das Geschäftsbuch über jede von ihnen bewirkte Vermittelung sowohl dem Arbeitgeber als auch dem Arbeitnehmer einen Ausweis nach beiliegendem Muster D auszustellen und zu übermitteln. Die Formulare sind mit fortlaufenden Nummern zu versehen, die Nummern der ausgestellten Ausweise sind in Spalte 12 des Geschäftsbuches A einzutragen.

Auf Stellenvermittler für Schiffsleute findet Abs. 1 keine Anwendung.

15. Der Geschäftsbetrieb darf nicht in Räumen stattfinden, in denen ein anderes Gewerbe ausgeübt wird, auch darf der Zugang zu den Geschäftsräumen des Stellenvermittlers nicht durch Räume erfolgen, in denen ein Gewerbe ausgeübt wird. Die Ortspolizeibehörde kann den Geschäftsbetrieb in Häusern, in denen oder in deren unmittelbarer Nähe sich eine Gast- oder Schankwirtschaft oder eine Kleinhandlung mit geistigen Getränken befindet, verbieten.

16. Den Stellenvermittlern sowie ihrem Hilfspersonal (Ziff. 9) ist untersagt, ohne vorherigen Auftrag außerhalb ihrer Geschäftsräume, insbesondere auf öffentlichen Straßen, Wegen, Plätzen oder an anderen öffentlichen Orten (z. B. in Schankwirtschaften, auf Bahnhöfen, in Eisenbahnzügen) mit den Arbeitgebern oder Arbeitnehmern für die Zwecke des Gewerbebetriebes in unmittelbaren persönlichen Verkehr zu treten. Sie dürfen weder Dritten (sog. Schleppern) den Auftrag zum unmittelbaren Heranführen von Arbeitnehmern erteilen, noch Arbeitnehmern, die von solchen Personen herangeführt werden, eine Stelle vermitteln. Die Ausübung des Gewerbebetriebes im Umherziehen oder durch Agenten

oder durch Inanspruchnahme anderer Stellenvermittler sowie jede Tätigkeit für den Gewerbebetrieb eines anderen Stellenvermittlers ist verboten. Zweiggeschäfte dürfen nicht errichtet werden.

17. Die Stellenvermittler haben über alle ihnen geleisteten Zahlungen sofort Quittungen auszustellen. Sofern die Zahlung bei Abschluß des Dienstvertrages erfolgt, muß die Quittung auf dem Ausweis (Ziff. 14) erteilt werden.

Sie dürfen nur die auf Grund des § 5 des Stellenvermittlergesetzes festgesetzten Gebühren erheben.

18. Der Anspruch des Stellenvermittlers auf die vom Arbeitgeber zu zahlende Hälfte erlischt, wenn

a) der Arbeitnehmer die Stelle nicht antritt,

b) er dem Arbeitgeber bestimmte Eigenschaften des Arbeitnehmers zugesichert hat und der Dienstvertrag zum ersten zulässigen Kündigungstermin gekündigt oder sonst innerhalb vier Wochen nach Beginn der Dienstleistung gelöst wird, weil sich herausstellt, daß der Arbeitnehmer die zugesicherten Eigenschaften nicht besitzt,

c) die Ausstellung und Aushändigung des Ausweises (Ziff. 14) unterblieben ist.

19. Der Anspruch des Stellenvermittlers auf die vom Arbeitnehmer zu zahlende Hälfte erlischt, wenn

a) er dem Arbeitnehmer bestimmte Eigenschaften der vermittelten Stelle zugesichert hat und der Dienstvertrag zum ersten zulässigen Kündigungstermin gekündigt oder sonst innerhalb vier Wochen nach Beginn der Dienstleistung gelöst wird, weil sich die Unrichtigkeit der zugesicherten Eigenschaften herausstellt,

b) der Arbeitnehmer aus einem wichtigen Grunde die Stelle nicht antritt,
c) der Arbeitgeber den Antritt der Stelle verhindert,
d) die Ausstellung und Aushändigung des Ausweises (Ziff. 14) unterblieben ist.

20. Die bereits gezahlte Gebühr ist in den Fällen der Ziff. 18, 19 auf Ersuchen des Berechtigten binnen drei Tagen zurückzuzahlen.

Ansprüche auf Rückzahlung der Gebühr können nur binnen vier Wochen nach dem Zeitpunkt, zu dem der Arbeitnehmer den Dienst angetreten hat oder hätte antreten müssen oder zu dem der Vertrag gelöst ist, geltend gemacht werden.

Den Stellenvermittlern ist untersagt, den Anspruch auf Rückzahlung durch Vertrag auszuschließen.

21. Die Polizeibehörden und ihre Organe sind befugt, in den Geschäftsbetrieb der Stellenvermittler jederzeit Einsicht zu nehmen. Die Stellenvermittler sind verpflichtet, den Beamten jederzeit den Zutritt zu allen für den Geschäftsbetrieb bestimmten Räumlichkeiten zu gestatten, ihnen alle Geschäftsbücher und Geschäftspapiere auf Verlangen im Dienstraume der Polizeibehörde vorzulegen und jede über den Geschäftsbetrieb verlangte Auskunft wahrheitsgetreu zu erteilen.

Je ein Abdruck des Stellenvermittlergesetzes, dieser Vorschriften und des Gebührentarifs ist in großer Schrift und in deutscher Sprache in den Geschäftsräumen am Eingang an gut zugänglicher Stelle auszuhängen.

Die Verlegung der Geschäftsräume und jede, auch vorübergehende Einstellung des Geschäftsbetriebes ist binnen drei Tagen der Ortspolizeibehörde anzuzeigen.

Muster A.

Geschäftsbuch.

Lfd. Nr.	Tag des Vertragsschlusses	Des Arbeitgebers: Zu- und Vorname	Des Arbeitgebers: Stand	Des Arbeitgebers: Wohnort, Straße Nr.	Des Arbeitnehmers: Zu- und Vorname	Des Arbeitnehmers: bisherige Beschäftigung	Des Arbeitnehmers: Familienstand	Des Arbeitnehmers: Lebensalter	Des Arbeitnehmers: Wohnort oder Aufenthaltsort, Straße, Nr.	Angabe der Behörde, die das Arbeitsbuch oder Gesindebuch ausgestellt hat. Tag der Ausstellung	Nummer des Ausweises für: a) den Arbeitgeber, b) den Arbeitnehmer
1	2	3	4	5	6	7	8	9	10	11	12

Vertragsbedingungen: a) Art der vermittelten Stelle; b) Zahl der im Haushalte befindlichen Personen — nur beim Gesinde auszufüllen	Vertragsbedingungen: Tägliche Arbeitszeit — beim Gesinde nicht auszufüllen	Vertragsbedingungen: Zeitpunkt, zu dem der Dienstantritt erfolgen soll	Vertragsbedingungen: Vereinbarte Geldvergütung	Vertragsbedingungen: Angabe der Zeit, für die der Dienstvertrag geschlossen ist	Vertragsbedingungen: Sonstige Vertragsbedingungen	Vertragsbedingungen: Kündigungsfrist	Vom Arbeitgeber gezahlte: Gebühr M.	Vom Arbeitgeber gezahlte: Bare Auslagen M.	Vom Arbeitgeber gezahlte: Tag der Zahlung	Vom Arbeitnehmer gezahlte: Gebühr M.	Vom Arbeitnehmer gezahlte: bare Auslagen M.	Vom Arbeitnehmer gezahlte: Tag der Zahlung	Datum der Zustimmung des gesetzlichen Vertreters	Bemerkungen
13	14	15	16	17	18	19	20	21	22	23	24	25	26	27

Muster B.

Geschäftsbuch für Aufträge der Arbeitnehmer.

Lfd. Nr.	Tag des Auftrags	Des Auftraggebers						Art der gesuchten Stellung	Zeitpunkt, zu welchem die Stellung gesucht wird	Betrag der beanspruchten Vergütung (Lohn, Gehalt)		Bei nachgewiesener Stellung Nummer des Geschäftsbuchs A	Bemerkungen
		Zu- und Vorname	bisherige Beschäftigung	Familienstand	Alter	Geburtsort	Aufenthaltsort, Wohnung (Straße und Hausnummer)			M.	Pf.		
1	2	3	4	5	6	7	8	9	10	11		12	13

Muster C.

Geschäftsbuch.

Lfd. Nr.	Tag des Vertragsschlusses	Name und Heimatshafen des Schiffes	Name und Wohnort des Reeders oder seines Vertreters	Des Arbeitnehmers						
				Zu- und Vorname	bisherige Beschäftigung			Familienstand	Lebensalter	Wohnort oder Aufenthaltsort, Straße, Nr.
					a) Art der Beschäftigung	b) Name des Schiffes sowie Gattung und Heimatshafen oder Name und Wohnort d. Arbeitgebers	c) Tag der Beendigung des Dienstes			
1	2	3	4	5	6			7	8	9

Angabe der Behörde, die das Seefahrtsbuch ausgestellt hat. Tag der Ausstellung	Vertragsbedingungen						Vom Arbeitgeber gezahlte			Vom Arbeitnehmer gezahlte			Bemerkungen
	Art der vermittelten Stelle	Zeitpunkt, zu dem der Dienstantritt erfolgen soll	Betrag der vereinbarten Heuervergütung	Betrag des gewährten Vorschusses	Angabe der Zeit, für die der Dienstvertrag geschlossen ist	Sonstige Vertragsbedingungen	Gebühr M.	bare Auslagen M.	Tag der Zahlung	Gebühr M.	bare Auslagen M.	Tag der Zahlung	
10	11	12	13	14	15	16	17	18	19	20	21	22	23

(Vorderseite.) **Muster D.**

Bis zur Beendigung des Dienstverhältnisses aufzubewahren.

Ausweis.

Nummer des Geschäftsbuchs A	Des Arbeitgebers Zu- und Vorname, Stand und Wohnung	Des Arbeitnehmers Zu- und Vorname	Nur beim Gesinde auszufüllen: a) Art der Dienststellung, b) Zahl der im Haushalt befindlichen Personen	Beim Gesinde nicht auszufüllen: a) Tägliche Arbeitszeit b) Art der Arbeit	Zeitpunkt, zu dem der Dienstantritt erfolgen soll	Vereinbarte Geldvergütung	Gewährleistende Eigenschaften: a) des Arbeitnehmers, b) der Stelle, c) sonstige Vertragsabreden	Angabe der Zeit, für welche der Dienstvertrag geschlossen ist	Kündigungsfrist
1	2	3	4	5	6	7	8	9	10

Gebühr . . . M. . . . ., in Buchstaben:
Auslagen . . „ . . . ., „ „ :
Zusammen: M. . . . ., in Buchstaben:

Betrag erhalten.

. . . ., den . . . . 19 . .

22. Diese Vorschriften treten am 1. Oktober 1910 in Kraft; mit dem gleichen Tage verlieren die Vorschriften über den Umfang der Befugnisse und Verpflichtungen sowie über den Geschäftsbetrieb der Gesindevermieter usw. vom 5. März 1907 (HMBl. 55) und der Stellenvermittler für Schiffsleute vom 6. März 1903 (HMBl. 70) ihre Gültigkeit.

Die Stellenvermittler können die vorgeschriebenen und bisher geführten Geschäftsbücher bis zum 1. Januar 1911 weiterführen und die bisherigen Formulare für Ausweise bis zum gleichen Zeitpunkt weiter benutzen.

23. Jedem Geschäftsbuch A und C ist ein Abdruck dieser Vorschriften vorzuheften.

24. Zuwiderhandlungen gegen diese Vorschriften werden nach § 13 Abs. 1 Ziff. 1 des Stellenvermittlergesetzes mit Geldstrafe bis zu 150 M. und im Unvermögensfalle mit Haft bestraft.

(Muster A bis D s. S. 246—249.)

Rückseite zu Muster D:

Zur Beachtung.

Der Stellenvermittler darf nur die auf Grund des § 5 des Stellenvermittlergesetzes von der Ortspolizeibehörde festgesetzten Gebühren erheben.

Eine Gebühr darf nur erhoben werden, wenn der Vertrag infolge der Tätigkeit des Vermittlers zustande kommt. Haben beide Teile diese Tätigkeit in Anspruch genommen, so ist die Gebühr von dem Arbeitgeber und dem Arbeitnehmer je zur Hälfte zu zahlen; eine entgegenstehende Vereinbarung zuungunsten des Arbeitnehmers ist nichtig.

Neben den Gebühren dürfen Vergütungen anderer Art nicht erhoben werden. Die Erstattung barer Auslagen darf nur insoweit gefordert werden, als sie auf Verlangen und nach Vereinbarung mit dem Auftraggeber verwendet und als notwendig hinreichend nachgewiesen sind.

Die Stellenvermittler sind verpflichtet, dem Stellensuchenden vor Abschluß des Vermittelungsgeschäftes die für ihn zur Anwendung kommende Taxe mitzuteilen. Die Taxe ist in den Geschäftsräumen an einer in die Augen fallenden Stelle anzuschlagen.

Der Anspruch des Stellenvermittlers auf die vom Arbeitgeber zu zahlende Hälfte erlischt, wenn

a) der Arbeitnehmer die Stelle nicht antritt,
b) er dem Arbeitgeber bestimmte Eigenschaften des Arbeitnehmers zugesichert hat und der Dienstvertrag zum ersten zulässigen Kündigungstermin gekündigt oder sonst innerhalb vier Wochen nach Beginn der Dienstleistung gelöst wird, weil sich herausstellt, daß der Arbeitnehmer die zugesicherten Eigenschaften nicht besitzt,
c) die Ausstellung und Aushändigung des Ausweises unterblieben ist.

Der Anspruch des Stellenvermittlers auf die vom Arbeitnehmer zu zahlende Hälfte erlischt, wenn

a) er dem Arbeitnehmer bestimmte Eigenschaften der vermittelten Stelle zugesichert hat und der Dienstvertrag innerhalb vier Wochen nach Beginn der Dienstleistung gelöst wird, weil sich die Unrichtigkeit der zugesicherten Eigenschaften herausstellt,
b) der Arbeitnehmer aus einem wichtigen Grunde die Stelle nicht antritt,
c) der Arbeitgeber den Antritt der Stelle verhindert,
d) die Ausstellung und Aushändigung des Ausweises unterblieben ist.

Die bereits gezahlte Gebühr ist auf Ersuchen des Berechtigten binnen drei Tagen zurückzuzahlen.

Ansprüche auf Rückzahlung der Gebühr können nur binnen vier Wochen nach dem Zeitpunkt, zu dem der Arbeitnehmer den Dienst angetreten hat oder hätte antreten müssen oder zu dem der Vertrag gelöst ist, geltend gemacht werden.

Den Stellenvermittlern ist untersagt, den Anspruch auf Rückzahlung durch Vertrag auszuschließen.

Erfolgt die Rückzahlung nicht pünktlich, so wende man sich an die Ortspolizeibehörde.

Die Stellenvermittler dürfen Dienstbücher (Gesindebücher), Arbeitsbücher, Zeugnisse, Ausweispapiere und sonstige Gegenstände, die aus Anlaß der Stellenvermittelung in ihren Besitz gelangt sind, gegen den Willen des Eigentümers nicht zurückbehalten, insbesondere an solchen Gegenständen ein Zurückbehaltungs- oder Pfandrecht nicht ausüben.

Die Stellenvermittler haben über alle ihnen geleisteten Zahlungen sofort Quittungen auszustellen. Sofern die Zahlung bei Abschluß des Dienstvertrags erfolgt, muß die Quittung auf dem Ausweis erteilt werden.

I. Vorschriften über den Geschäftsbetrieb der Herausgeber von Stellen- und Vakanzenlisten vom 18. Aug. 1910. (Mit der Änderung durch die Verfügung vom 19. August 1912.)

(MBlHGewV. 1910 S. 470 und 1912 S. 466.)*)

Auf Grund des § 8 des Stellenvermittlergesetzes vom 2. Juni 1910 (RGBl. 860) bestimme ich über den Um-

*) Diese Vorschriften sind durch die Verfügung des Ministers

fang der Befugnisse und Verpflichtungen sowie über den Geschäftsbetrieb der Herausgeber von Stellen- und Vakanzenlisten folgendes:

1. Gewerbetreibende, die durch Herausgabe von Stellen- und Vakanzenlisten Stellenvermittelung betreiben, haben die Verlegung der Geschäftsräume und jede auch nur vorübergehende Einstellung des Geschäftsbetriebes binnen drei Tagen der Ortspolizeibehörde anzuzeigen.

2. In die Stellen- und Vakanzenlisten dürfen nur solche Beschäftigungsangebote und Beschäftigungsgesuche aufgenommen werden, welche dem Gewerbetreibenden von dem Beteiligten schriftlich oder telephonisch mit dem Ersuchen um Aufnahme in die Stellen- oder Vakanzenliste zugehen. Jedes telephonisch eingehende Gesuch hat der Stellenvermittler auf ein besonderes Blatt niederzuschreiben. Beschäftigungsangebote und Beschäftigungsgesuche, die in Zeitungen oder Zeitschriften enthalten sind, dürfen nur auf Grund eines schriftlichen Gesuches des Inserenten aufgenommen werden.

3. Die Stellenvermittler haben ein Geschäftsbuch nach dem anliegenden Muster A zu führen. Das Geschäftsbuch muß dauerhaft gebunden, mit fortlaufenden Seitenzahlen versehen sein und vor der Ingebrauchnahme von der Ortspolizeibehörde unter Beglaubigung der Seitenzahlen abgestempelt werden. Im Geschäftsbuche dürfen weder Rasuren vorgenommen noch Eintragungen unleserlich gemacht werden; auch darf das Geschäftsbuch weder ganz noch zum Teil vernichtet werden. Für Be-

---

für Handel und Gewerbe vom 19. August 1912 (MBlHGewV. 466) hinsichtlich Ziffer 10 und 11 geändert und durch Ziff. 11a erweitert. Abgedruckt ist die neue Fassung.

schäftigungsangebote und Beschäftigungsgesuche kann je ein besonderes Geschäftsbuch geführt werden.

4. Die Stellenvermittler haben die eingehenden Gesuche um Aufnahme von Beschäftigungsangeboten oder Beschäftigungsgesuchen in die Stellen- und Vakanzenliste im Laufe des Tages, an dem sie eingehen, in das Geschäftsbuch unter fortlaufender Nummer einzutragen.

In gleicher Weise ist der Eingang von Zahlungen zu vermerken.

5. Alle Eintragungen und alle Schriftstücke müssen in deutscher Sprache und mit Tinte bewirkt werden. Der Stellenvermittler ist auch dann für die ordnungsmäßige Führung des Geschäftsbuches persönlich verantwortlich, wenn er sie einem Dritten übertragen hat.

6. Das Geschäftsbuch ist alljährlich sowie beim Einstellen des Gewerbebetriebes abzuschließen und binnen 14 Tagen nach Anfang des nächsten Kalenderjahres oder nach Einstellung des Gewerbebetriebes der Ortspolizeibehörde zur Bestätigung des Abschlusses einzureichen. Das abgeschlossene Geschäftsbuch ist fünf Jahre lang aufzubewahren. Nach dem Abschluß dürfen weitere Eintragungen nicht mehr gemacht werden. Die Ortspolizeibehörde kann die Führung eines Geschäftsbuches für einen längeren Zeitraum gestatten.

7. Die Gesuche um Aufnahme von Beschäftigungsangeboten und Beschäftigungsgesuchen in die Stellen- und Vakanzenliste sind mit dem Datum des Eingangs und der Nummer des Geschäftsbuches zu versehen. Auch sind auf ihnen die Nummern der Stellen- und Vakanzenliste, in denen sie veröffentlicht sind, und die Insertionsgebühren zu vermerken. Die Gesuche sind, nach der Nummer geordnet, zwei Jahre lang aufzubewahren.

Muster A.

Geschäftsbuch.

Laufende Nr.	Tag des Eingangs	Des Bestellers des Inserats			Kurze Inhaltsangabe des Inserats	Nummer der Stellen- und Vakanzenliste, in der das Inserat veröffentlicht ist	Gebühr		Bemerkungen
		Zu- und Vorname	Stand	Wohnort (Straße, Hausnummer)			Betrag	Tag d. Zahlung	
1.	2.	3.	4.	5.	6.	7.	8.	9.	10
							M. | Pf.		

Muster B.

Abonnentenbuch.

Laufende Nr.	Des Abonnenten			Dauer des Abonnements	Gebühr		Bemerkungen
	Zu- und Vorname	Stand	Wohnort (Straße, Hausnummer)		Betrag	Tag der Zahlung	
1.	2.	3.	4.	5.	6.	7.	8.
					M. | Pf.		

8. In den Inseraten der Stellen- und Vakanzenlisten ist die Nummer des Geschäftsbuches anzugeben. Die Listen sind mit fortlaufenden Nummern zu versehen; dabei ist in jedem Kalenderjahr mit der Nummer 1 zu beginnen.

Stellen- und Vakanzenlisten müssen in Einzelnummern, Wochen- oder Monatsabonnements beziehbar sein. Eine andere Bezugsweise ist unzulässig. Auf den Listen sind der Name und Wohnort (Straße und Hausnummer) des Herausgebers sowie der Preis der Einzelnummer und der Abonnementspreis zu vermerken.

9. Die Stellenvermittler haben ferner über die Einnahmen an Abonnementsgebühren ein Abonnentenbuch nach dem anliegenden Muster B zu führen. Auf dieses Geschäftsbuch finden die Vorschriften unter Ziff. 3, 4 Abs. 2, Ziff. 5 und 6 entsprechende Anwendung.

10. Die Stellenvermittler sind verpflichtet, in deutlich lesbarer Schrift an der Straßenseite des Hauses auf, über oder neben dem Hauseingang und am Eingange zu den Geschäftsräumen

a) ihren Familiennamen und mindestens einen ausgeschriebenen Vornamen mit dem Zusatze „gewerbsmäßiger Herausgeber von Stellen- und Vakanzenlisten",

b) den Bezugspreis für die Einzelnummern und die Wochen- und Monatsabonnements der Listen anzugeben.

An der Außenseite des Hauses dürfen nur noch die Berufe angegeben werden, für welche Stellen- und Vakanzenlisten herausgegeben werden. Weitere Angaben sind verboten.

11. Die Stellenvermittler haben alle Anzeigen in Zeitungen, Anschlägen, Reklamen und dergleichen mit der genauen Angabe des Geschäftslokals, ihrem Vor- und Zunamen und der vorstehend in Ziff. 10 Abs. 1, Buchstabe a angeordneten Bezeichnung zu versehen. Abkürzungen sind verboten.

In den Anzeigen dürfen nur Angaben darüber enthalten sein, daß und für welche Berufe die Stellen- und Vakanzenlisten herausgegeben werden. Alle marktschreierischen Angaben (die Hervorhebung besonderer Vorzüge, die Zusage von Vorteilen oder Geschenken usw.) sowie alle Angaben über die Zahl der offenen Stellen oder der stellungsuchenden Personen sind verboten.

Jede Reklame durch Verteilung von Geschäftsempfehlungen usw. ist auf öffentlichen Straßen, Wegen, Plätzen oder an anderen öffentlichen Orten (z. B. in Schankwirtschaften, auf Bahnhöfen, in Eisenbahnzügen) verboten.

11 a. Die Ortspolizeibehörde bestimmt, inwiefern eine Stellvertretung zulässig ist. Die Beschäftigung von Hilfspersonal ist nur mit Erlaubnis der Ortspolizeibehörde gestattet. Als Hilfspersonal gelten einschließlich der Familienangehörigen alle Personen, welche im Betriebe des Stellenvermittlers beschäftigt sind.

Die Erlaubnis darf nur für solche Personen erteilt werden, welche für den Geschäftsbetrieb und hinsichtlich ihrer persönlichen Verhältnisse die erforderliche Zuverlässigkeit besitzen und keins der im § 3 des Stellenvermittlergesetzes aufgeführten Gewerbe betreiben.

Der Antrag auf Erteilung der Erlaubnis ist für jede Hilfsperson schriftlich unter Beifügung einer unaufgezogenen Photographie in Visitenkartenformat zu beantragen. In die Bescheinigung über die Erlaubnis ist die Photographie einzukleben und abzustempeln. Ferner sind in der Bescheinigung der Rufname, der Zuname und die Wohnung der Hilfsperson sowie die Bezeichnung des Gewerbetreibenden, bei dem die Beschäftigung stattfinden darf, anzugeben.

Die Erlaubnis ist zu widerrufen, wenn die Voraussetzungen, unter denen sie erteilt wurde, nicht mehr vorliegen oder wenn die betreffende Person den Vorschriften zuwiderhandelt. Der Stellenvermittler hat die Bescheinigung binnen drei Tagen nach Beendigung des Beschäftigungsverhältnisses oder nach Widerruf der Erlaubnis der Ortspolizeibehörde zurückzureichen.

12. Die Stellenvermittler haben über alle ihnen nicht durch die Post zugehenden Zahlungen sofort Quittungen auszustellen. Sie dürfen nur die auf Grund des § 5 des Stellenvermittlergesetzes festgesetzten Gebühren erheben.

13. Den Stellenvermittlern ist jede Tätigkeit, die auf die Zuweisung einer bestimmten Stelle an einen Stellensuchenden oder auf die Zuweisung eines Stellensuchenden an einen bestimmten Arbeitgeber abzielt, verboten.

14. Die Polizeibehörden und ihre Organe sind befugt, in den Geschäftsbetrieb der Stellenvermittler jederzeit Einsicht zu nehmen. Die Stellenvermittler sind verpflichtet, den Beamten jederzeit den Zutritt zu allen für den Geschäftsbetrieb bestimmten Räumlichkeiten zu gestatten, ihnen alle Geschäftsbücher und Geschäftspapiere auf Verlangen im Dienstraume der Polizeibehörde vor-

zulegen und jede über den Geschäftsbetrieb verlangte Auskunft wahrheitsgetreu zu erteilen.

15. Diese Vorschriften treten am 1. Okt. 1910 in Kraft. Jedem Geschäftsbuch ist ein Abdruck des Stellenvermittlergesetzes und dieser Vorschriften vorzuheften.

Zuwiderhandlungen gegen diese Vorschriften werden nach § 13 Abs. 1 Ziff. 1 des Stellenvermittlergesetzes mit Geldstrafe bis zu 150 M. und im Unvermögensfalle mit Haft bestraft.

K. Vorschriften über den Betrieb nichtgewerbsmäßiger Stellenvermittlungen vom 21. Aug. 1910.

(MBlHGewV. 474.)

Auf Grund des § 15 des Stellenvermittlergesetzes vom 2. Juni 1910 (RGBl. 860) bestimmen wir über den Geschäftsbetrieb der nichtgewerbsmäßigen Stellenvermittlungen, die Stellen für das Gesinde oder für die in der Landwirtschaft oder im Gast- und im Schankwirtschaftsgewerbe beschäftigten Personen vermitteln, folgendes:

1. Die Eröffnung des Betriebes ist binnen drei Tagen der Ortspolizeibehörde, in deren Bezirk sich die Geschäftsräume befinden, anzuzeigen. Bei bestehender Stellenvermittlung ist diese Anzeige bis zum 4. Okt. 1910 zu erstatten.

2. Wer eine Stellenvermittlung eröffnet, hat einen Geschäftsleiter zu bestellen, der für die Erfüllung der polizeilichen Vorschriften verantwortlich ist. Der Name des Geschäftsleiters ist der in Ziff. 1 bezeichneten Ortspolizeibehörde spätestens drei Tage nach der Eröffnung

anzuzeigen; für bestehende Stellenvermittlungen ist diese Anzeige bis zum 4. Okt. 1910 zu erstatten. Änderungen in der Person des Geschäftsführers sind spätestens drei Tage nach Eintritt des Wechsels anzuzeigen.

3. Die Ortspolizeibehörde hat die Entlassung von Geschäftsleitern, die für die Stellenvermittlung oder hinsichtlich ihrer persönlichen Verhältnisse unzuverlässig sind, herbeizuführen. Die Beschäftigung von Hilfspersonal ist nur mit Erlaubnis der Ortspolizeibehörde gestattet. Als Hilfspersonal gelten einschließlich der Familienangehörigen des Geschäftsleiters alle Personen, welche im Betriebe der Stellenvermittlung beschäftigt sind. Die Erlaubnis darf nur solchen Personen erteilt werden, welche für den Geschäftsbetrieb und hinsichtlich ihrer persönlichen Verhältnisse die erforderliche Zuverlässigkeit besitzen und keine der im § 3 des Stellenvermittlergesetzes aufgeführten Gewerbe betreiben.

Der Antrag auf Erteilung der Erlaubnis ist für jede Hilfsperson schriftlich unter Beifügung einer unaufgezogenen Photographie in Visitkartenformat zu beantragen.

In die Bescheinigung über die Erlaubnis ist die Photographie einzukleben und abzustempeln. Ferner sind in der Bescheinigung der Rufname, der Zuname und die Wohnung der Hilfsperson sowie die Bezeichnung der Stellenvermittlung, in deren Betriebe die Beschäftigung stattfinden darf, anzugeben.

Die Erlaubnis ist zu widerrufen, wenn die Voraussetzungen, unter denen sie erteilt wurde, nicht mehr vorliegen oder wenn die betreffende Person den Vorschriften zuwiderhandelt.

Der Geschäftsleiter hat die Bescheinigung binnen drei Tagen nach Beendigung des Beschäftigungsverhältnisses oder nach Widerruf der Erlaubnis der Ortspolizeibehörde zurückzureichen.

4. Auf die Führung der Geschäftsbücher finden die Ziff. 1 bis 5 der Vorschriften über den Geschäftsbetrieb der gewerbsmäßigen Stellenvermittler vom 16. Aug. 1910 (MBlHGewB. 455) entsprechende Anwendung.

5. An der Straßenseite des Hauses auf, über oder neben dem Hauseingang und am Eingange zu den Geschäftsräumen ist in deutlich lesbarer Schrift die nähere Bezeichnung der Stellenvermittlung mit dem Zusatze „nicht gewerbsmäßige Stellenvermittlung" sowie der Name des Vereins, der Gesellschaft, der Firma usw., von denen die Stellenvermittlung unterhalten wird, und der Name des Geschäftsleiters anzubringen. Weitere Bezeichnungen sowie Abkürzungen sind unzulässig.

6. Anzeigen in Zeitungen, Anschlägen, Reklamezetteln und dergleichen sind mit der genauen Angabe der Geschäftsräume und mit der Bezeichnung „nicht gewerbsmäßige Stellenvermittlung" zu versehen. Abkürzungen sind unzulässig. Im übrigen findet Ziff. 7 Abs. 2, 3 der Vorschriften für gewerbsmäßige Stellenvermittler entsprechende Anwendung.

7. Die Geschäftsräume dürfen sich nicht in Räumen befinden, in denen ein Gewerbe ausgeübt wird, auch darf der Zugang zu den Geschäftsräumen der Stellenvermittlung nicht durch Räume erfolgen, in denen ein Gewerbe ausgeübt wird. Die Ortspolizeibehörde kann den Geschäftsbetrieb in Häusern, in denen oder in deren unmittelbarer Nähe sich eine Gast- oder Schankwirtschaft

oder eine Kleinhandlung mit geistigen Getränken befindet, verbieten.

8. Dem Geschäftsleiter und seinem Hilfspersonal (Ziff. 3) ist der Betrieb der im § 3 des Stellenvermittlergesetzes bezeichneten Gewerbe untersagt.

9. Vereine, deren Zweck ausschließlich oder vorwiegend auf die Stellenvermittlung gerichtet ist, dürfen weder Eintrittsgelder noch Beiträge erheben.

10. Die Gebühren werden von der Ortspolizeibehörde festgesetzt; sie dürfen nur so bemessen werden, daß sie lediglich zur Bestreitung der Unkosten der Stellenvermittlung ausreichen. Im übrigen finden § 4 des Stellenvermittlergesetzes und Ziff. 17 bis 21 der Vorschriften für gewerbsmäßige Stellenvermittler Anwendung.

11. Für den Geschäftsleiter und sein Hilfspersonal (Ziff. 3) gelten die Ziff. 8, 10 bis 14, 16 der Vorschriften für gewerbsmäßige Stellenvermittler entsprechend.

12. Diese Vorschriften treten am 1. Okt. 1910 in Kraft. Sie finden keine Anwendung auf gemeinnützige Stellennachweise öffentlicher Körperschaften und andere gemeinnützige Stellennachweise, die aus öffentlichen Mitteln unterstützt werden. Der Regierungspräsident (im Landespolizeibezirke Berlin der Polizeipräsident) kann weitere nicht gewerbsmäßige Stellenvermittlungen von der Beobachtung der Vorschriften widerruflich entbinden.

2. Gesindeordnung für Neuvorpommern und das Fürstentum Rügen.

Vom 11. April 1845. (GS. S. 391.)

Wir Friedrich Wilhelm usw. usw.

Nachdem von den zum Kommunallandtage von Neuvorpommern und Rügen versammelten Ständen auf Einführung der in den älteren Provinzen der Monarchie bestehenden Gesindeordnung wiederholt angetragen worden, haben Wir dieselbe, unter Berücksichtigung der Wünsche und Vorschläge Unserer getreuen Stände von Neuvorpommern und Rügen, einer Umarbeitung unterwerfen lassen und verordnen nunmehr für diese Landesteile, unter Aufhebung aller entgegenstehenden Vorschriften, was folgt:

Vom gemeinen Gesinde.

§ 1. Das Verhältnis zwischen Herrschaft und Gesinde gründet sich auf einen Vertrag, wodurch der eine Teil zur Leistung gewisser häuslicher oder wirtschaftlicher Dienste auf eine bestimmte Zeit, sowie der andere zu einer dafür zu gebenden bestimmmten Belohnung sich verpflichtet[1–2]).

1. Die GesO. für Neuvorpommern und Rügen ist der GesO. von 1810 für die altpreußischen Provinzen zum großen Teil wörtlich nachgebildet. Die Erläuterungen zu der GesO. vom 8. November 1810 sind daher meistens auch für die GesO. von Neuvorpommern und Rügen maßgebend. Zur Erleichterung der Benutzung ist nachstehend bei den einzelnen Paragraphen

der pommerschen GesO. angeführt, in welchem Paragraphen der altpreußischen GesO. sich die übereinstimmende oder entsprechende Stelle findet. Besondere Anm. sind nur bei abweichenden Paragraphen und entsprechend dem Zweck dieses Buches (s. Vorwort) nur ganz kurz angeführt. Die altpreußische GesO. ist bei den nachstehenden Verweisungen mit Pr. bezeichnet.

2. Vgl. § 1 Pr.

Wer Gesinde mieten kann.

§ 2. In der ehelichen Gesellschaft kommt es dem Manne zu, das nötige Gesinde zum Gebrauch der Familie zu mieten[1]).

§ 3. Weibliche Dienstboten kann die Frau annehmen, ohne daß es dazu der ausdrücklichen Einwilligung des Mannes bedarf[1]).

§ 4. Doch kann der Mann, wenn ihm das angenommene Gesinde nicht anständig ist, dessen Wegschaffung nach verflossener gesetzmäßiger Dienstzeit, ohne Rücksicht auf die vertragsmäßig bestimmte, nach vorgängiger Aufkündigung verfügen[1]).

1. Vgl. §§ 2—4 Pr. Die Paragraphen sind infolge Art. 95 EG. nicht mehr in Geltung.

Wer als Gesinde sich vermieten kann.

§ 5. Wer sich als Gesinde vermieten will, muß über seine Person frei zu schalten berechtigt sein[1]).

§ 6. Kinder, die unter väterlicher Gewalt stehen, dürfen ohne Einwilligung des Vaters, und Minderjährige ohne Genehmigung ihres Vormundes sich nicht vermieten[1]).

§ 7. Verheiratete Frauen dürfen nur mit Einwilligung ihrer Männer als Ammen oder sonst in Dienste gehen[1]).

§ 8. Nur wenn die Einwilligung in den Fällen des § 6 und 7 auf eine gewisse Zeit oder zu einer bestimmten Dienstherrschaft ausdrücklich eingeschränkt worden, ist die Erneuerung derselben zur Verlängerung der Zeit oder bei einer Veränderung der Herrschaft erforderlich[1]).

1. Vgl. §§ 5—8 Pr. Die Paragraphen sind infolge Art. 95 EG. nicht mehr in Geltung. Maßgebend sind jetzt die §§ 104—115, 131, 1358 BGB.

§ 9. Personen, die noch nicht als Gesinde gedient haben, müssen bei ihrer Vermietung durch ein Zeugnis der Polizeibehörde ihres Wohnortes dartun, daß ihrer Vermietung kein Bedenken entgegensteht[1—3]).

1. Vgl. § 10 Pr.

2. Ergänzend tritt hinzu die VO. vom 29. Sept. 1846 (S. 209), welche für den ganzen damaligen Umfang der Monarchie erlassen ist.

3. Vgl. Anm. 5f zu § 10 GesO. und die Anm. zur VO. von 1846 (S. 209) über den Erlaß und die Gültigkeit von Polizeiverordnungen.

§ 10. Dienstboten, welche schon früher gedient haben, müssen bei einer neuen Vermietung durch Vorzeigung des Entlassungs- oder Kündigungsscheins ihrer Herrschaft nachweisen, daß das bestehende Dienstverhältnis der neuen Vermietung nicht hinderlich ist[1—3]).

1. Vgl. § 9 Pr.

2. § 10 unterscheidet sich von § 9 Pr. dadurch, daß in zweckmäßiger Weise nach der vorliegenden GesO. schon bei der Vermietung die Feststellung zu treffen ist, ob die Vermietung erfolgen darf.

3. Daneben besteht nach der VO. von 1846 die Pflicht des Gesindes, beim Antritt das Gesindebuch vorzulegen.

§ 11. Die Herrschaft ist verpflichtet, dem Dienstboten, welcher sich anderweitig vermieten will und das bestehende Dienstverhältnis gekündigt hat, einen Kündigungsschein auszustellen oder ausstellen zu lassen; weigert sie sich dessen ohne Grund, so erfolgt die Ausstellung desselben auf Anrufen des Dienstboten von der Polizeibehörde[1–2].

1. Eine solche Vorschrift fehlt in der GesO. vom 8. Nov. 1810.

2. Das Verfahren ist geregelt durch § 171.

§ 12. Kommt der Mietsvertrag zustande, so ist das Gesinde verpflichtet, die §§ 9 und 10 gedachten Atteste der Herrschaft zu übergeben. Hat die Herrschaft die Einforderung dieser Atteste unterlassen, so kann sie gegen denjenigen, der sich auf Grund eines anderweitig mit dem Gesinde abgeschlossenen Mietsvertrages im Besitz derselben befindet, keine Ansprüche aus dem von ihr geschlossenen Mietsvertrag geltend machen[1–2].

1. Vgl. § 11 Pr.

2. § 12 setzt nur zivilrechtliche Folgen fest. Eine strafrechtliche Vorschrift wie im § 12 der Pr. fehlt hier; über die Gültigkeit von Polizeiverordnungen s. Anm. 5f zu § 9 Pr. und die Anm. zur VO. von 1846.

§ 13. Dienstboten, welche durch falsche Kündigungsscheine oder Atteste die Herrschaft täuschen, sollen mit Gefängnis bis zu 14 Tagen bestraft werden und außerdem der Herrschaft für den dadurch verursachten Nachteil verantwortlich sein (§ 28)[1–2].

1. Eine entsprechende Vorschrift fehlt in der Pr.

2. Die Strafvorschrift ist für aufgehoben zu erachten. Sie ist ersetzt, wenn die Fälschung zum Zwecke besseren Fortkommens geschieht, durch § 363 StGB., andernfalls durch § 267 StGB.

Gesindemäkler.

§ 14. Niemand darf mit Gesindemäkeln sich abgeben, der nicht dazu von der Obrigkeit des Ortes bestellt und verpflichtet worden ist.

§ 15. Dergleichen Gesindemäkler müssen sich nach den Personen, die durch ihre Vermittelung in Dienste kommen wollen, sorgfältig erkundigen.

§ 16. Insonderheit müssen sie nachforschen, ob dieselben nach den gesetzlichen Vorschriften sich zu vermieten berechtigt sind.

§ 17. Gesinde, welches schon in Diensten steht, müssen sie unter keinerlei Vorwande zu deren Verlassung und zur Annehmung anderer Dienste anreizen.

§ 18. Tun sie dieses, so sind sie dafür das erstemal mit Geldbuße von fünf bis zehn Talern oder verhältnismäßigem Gefängnis zu bestrafen, im Wiederholungsfall aber noch außerdem von fernerer Treibung des Mäklergewerbes auszuschließen [1]).

1. Die §§ 14—18 sind nicht mehr in Kraft. Vgl. §§ 13 bis 17 Pr.

§ 19. Sie müssen den Herrschaften, die durch ihre Vermittelung Gesinde annehmen wollen, die Eigenschaften der vorgeschlagenen Person getreulich und nach ihrem besten Wissen anzeigen.

§ 20. Wenn sie untaugliches oder untreues Gesinde wider besseres Wissen als brauchbar oder zuverlässig empfehlen, so müssen sie für den durch dergleichen Gesinde verursachten Schaden selbst haften [1]).

1. Die §§ 19 und 20 sind noch in Geltung. Vgl. zu §§ 18, 19 Pr.

§ 21. Außerdem verwirken sie dadurch, es mag Schaden geschehen sein oder nicht, für das erstemal fünf bis zehn Taler Geld- oder verhältnismäßige Gefängnisstrafe und werden im Wiederholungsfall von dem ferneren Betriebe des Mäklergewerbes ausgeschlossen. Diese Ausschließung findet selbst bei dem ersten Male statt, wenn sie den Schaden zu ersetzen unvermögend sind[1]).

1. Aufgehoben. Vgl. zu §§ 13ff. Pr.

§ 22. Den Polizeiobrigkeiten, welche Gesindemäkler konzessionieren, liegt zugleich ob, den Mäklerlohn nach den örtlichen Verhältnissen zu bestimmen und bekanntzumachen[1—2]).

1. Vgl. § 21 Pr.

2. Maßgebend sind jetzt die Vorschriften des Stellenvermittlergesetzes, s. Anm. 1 zu § 21 Pr.

Schließung des Mietsvertrags.

§ 23. Zur Annehmung des gemeinen Gesindes bedarf es keines schriftlichen Vertrages (§ 12)[1—2]).

1. Vgl. § 22 Pr.

2. Die Bestimmung ist jetzt gegenstandslos, da das BGB. überhaupt Formfreiheit als Regel bei Verträgen kennt. Eine Vorschrift über die Bedeutung des Mietsgeldes wie im § 23 Pr., welche dort zu vielfachen Streitigkeiten Anlaß gegeben hat (vgl. Anm. 1 zu §§ 22, 23 Pr.), fehlt hier.

§ 24. Der Betrag des Mietsgeldes hängt von freier Übereinkunft zwischen der Herrschaft und dem Gesinde ab[1]).

1. Vgl. § 24 Pr.

§ 25. Das Mietsgeld wird der Regel nach auf den Lohn abgerechnet, insofern ein anderes bei der Mietung nicht ausdrücklich ausbedungen wird[1]).

1. Vgl. § 25 Pr.

§ 26. Auch da, wo die Herrschaft sich der Abrechnung des Mietsgeldes durch ausdrückliche Verabredung begeben hat, ist sie dennoch dazu berechtigt, wenn das Gesinde aus eigener Schuld die verabredete Dienstzeit nicht aushält[1].

1. Vgl. § 26 Pr.

§ 27. Hat sich ein Dienstbote bei mehreren Herrschaften vermietet, so gebührt allein derjenigen ein Recht auf Erfüllung des Dienstkontrakts, an welche er gegen Empfang des Mietsgeldes den von seiner bisherigen Herrschaft erhaltenen Kündigungsschein oder das ihm von der Polizeibehörde ausgestellte Zeugnis (§§ 9, 10 und 12) ausgehändigt hat[1—3].

1. Vgl. § 27 Pr.

2. Die Vorschrift unterscheidet sich vom § 27 insofern, als in letzterem schon von der Zahlung des Mietsgeldes das Vorrecht abhängig ist, während hier auch noch die im § 27 bezeichnete Urkunde ausgehändigt sein muß.

3. Erst wenn beides vorliegt, Zahlung des Mietsgeldes und Aushändigung der Urkunde, hat die Herrschaft ein Vorrecht. Die Bestimmung ist noch wirksam, denn hier wird keine Vorschrift über die Gültigkeit des Mietsvertrages gegeben, sondern nur eine solche über die Kollision mit anderweiten Vermietungen des Gesindes. Hierbei ist die Zahlung des Mietsgeldes von Bedeutung.

§ 28. Der Dienstbote, welcher sich an mehrere Herrschaften zugleich vermietet, hat nicht nur das von der zweiten und folgenden erhaltene Mietsgeld zurückzuzahlen, sondern soll auch mit einer dem Betrage desselben gleichkommenden, zur Armenkasse fließenden Geldbuße oder mit verhältnismäßiger Gefängnisstrafe belegt werden[1—4].

1. Vgl. §§ 28—31 Pr.

2. Die Vorschrift weicht von den vorstehend erwähnten Bestimmungen der altpreußischen GesO. ab, insbesondere fehlt eine dem § 30 Pr. entsprechende Norm über den Lohnabzug seitens der neuen Herrschaft.

3. Über die Form der Straffestsetzung s. die Anm. zu § 12 Pr.

4. Eine besondere Ersatzpflicht ist in § 28 nicht vorgesehen. § 29 Pr. enthält sie. An sich wird die Schadensersatzpflicht zu bejahen sein, doch kann konkurierrendes Verschulden der Herrschaft vorliegen, wenn sie unterlassen hat, sich die Atteste geben zu lassen.

Lohn und Kost des Gesindes.

§ 29. Lohn, Kostgeld oder Beköstigung des städtischen und ländlichen Gesindes ohne Ausnahme hängt bloß von freier Übereinkunft bei der Vermietung ab[1]).

1. Vgl. § 32 Pr.

§ 30. Insofern bei der Vermietung nichts Bestimmtes hierüber abgemacht ist, muß dasjenige an Lohn, Kostgeld oder Beköstigung gewährt werden, was einem Gesinde derselben Klasse an dem Orte zur Zeit der Vermietung der Regel nach gegeben wurde; was in dieser Rücksicht Regel sei, bestimmt die Polizeiobrigkeit des Orts[1]).

1. Vgl. § 33 Pr.

§ 31. Bei männlichen Bedienten ist die Livree ein Teil des Lohnes und fällt nach Ablauf der durch Vertrag bestimmten Zeit denselben eigentümlich zu. In Ermangelung einer solchen Bestimmung entscheidet die Polizeiobrigkeit, wie § 30, über die Zeit, binnen welcher die Livree verdient ist[1]).

1. Vgl. § 37 Pr.

§ 32. Wird außer derselben noch besondere Staatslivree gegeben, so hat auf diese der Bediente keinen Anspruch[1]).

1. Vgl. § 38 Pr.

§ 33. Mäntel, Kutscherpelze und dergleichen gehören nicht zur gewöhnlichen Livree[1]).

1. Vgl. § 39 Pr.

Dauer der Dienstzeit.

§ 34. Die Dauer der Dienstzeit hängt von freier gegenseitiger Übereinkunft bei der Vermietung ab; doch kann niemand sich zu einer Dienstzeit verpflichten, die nicht entweder durch eine gewisse Anzahl von Jahren, Monaten, Wochen oder Tagen ausgedrückt oder doch so bestimmt ist, daß jedem Teile freisteht, nach vorgängiger Kündigung von dem Vertrage abzugehen. Wo dies dennoch geschehen sein sollte, muß der Dienende nach vorgängiger einjähriger Aufkündigung jederzeit entlassen werden. Dienstkontrakte, welche Eltern oder Vormünder für ihre Kinder oder Pflegebefohlenen abschließen, können von denselben nach erlangter Volljährigkeit unbedingt nach § 106 aufgekündigt werden[1—2]).

1. Vgl. § 40 Pr.

2. Maßgebend ist an Stelle der klein gedruckten Vorschrift jetzt § 624 BGB. Vgl. Anm. 2 zu § 40 Pr., wo auch § 624 mitgeteilt ist.

§ 35. Ist nichts Besonderes verabredet worden, so wird die Miete bei dem städtischen Gesinde auf ein halbes Jahr, bei dem Landgesinde aber auf ein ganzes Jahr für geschlossen angenommen[1]).

1. Vgl. § 41 Pr.

Antritt des Dienstes.

§ 36. Die Antrittszeit ist in Ansehung des städtischen Gesindes sowohl als des Landgesindes, falls nicht ein anderes ausdrücklich bei der Vermietung ausbedungen ist, entweder der 27. April oder der 27. Oktober, je nachdem die Vermietung entweder zum Frühjahr oder zum Herbst geschehen ist[1–3].

1. Vgl. §§ 42, 43 Pr.
2. Der Paragraph weicht von den §§ 42, 43 Pr. ab; einmal ist der Antrittstermin ein anderer, zweitens besteht kein Unterschied zwischen städtischem und ländlichem Gesinde.
3. Hinsichtlich der Schäfer gilt das in Anm. 5 zu § 43 Pr. angeführte Gesetz.

§ 37. Fällt jedoch die Antrittszeit auf einen Sonn- oder Festtag, so muß das Gesinde am nächstvorhergehenden Werktage zuziehen[1]).

1. Vgl. den Schlußsatz der §§ 42, 43 Pr.

§ 38. Die im § 36 festgesetzten Antrittstage für das neue Gesinde sind zugleich die Abzugstage für das alte. Kein Gesinde darf den Dienst wider den Willen der Herrschaft früher verlassen, es sei denn, daß seine Dienstzeit nach ausdrücklicher, gegenseitiger Übereinkunft früher beendigt wäre[1]).

1. Vgl. § 44 Pr.

§ 39. Nach einmal gegebenem und genommenem Mietsgelde ist die Herrschaft schuldig, das Gesinde anzunehmen, und letzteres, den Dienst zur bestimmten Zeit anzutreten[1–2]).

1. Vgl. § 45 Pr.
2. Über die Bedeutungslosigkeit der Vorschrift, betr. das Mietsgeld, s. Anm. 1 zu § 45 Pr.

§ 40. Weder der eine noch der andere Teil kann sich davon durch Überlassung oder Zurückgabe des Mietsgeldes losmachen[1].

1. Vgl. § 46 Pr.

§ 41. Weigert sich die Herrschaft, das Gesinde anzunehmen, so ist auch das Gesinde an den eingegangenen Dienstvertrag nicht weiter gebunden, und die Herrschaft verliert das bezahlte Mietsgeld, muß aber außerdem das Gesinde ebenso schadlos halten, wie für den Fall, wenn das Gesinde vor beendigter Dienstzeit ohne rechtlichen Grund entlassen worden, unten verordnet wird (§§ 155ff.)[1—2].

1. Vgl. § 47 Pr.

2. Die Bestimmung ist klarer als diejenige des § 47, sie stellt ausdrücklich fest, daß bei Weigerung der Herrschaft auch das Gesinde nicht mehr gebunden ist.

§ 42. Doch kann die Herrschaft von dem Vertrage vor Antritt des Dienstes aus eben den Gründen abgehen, aus welchen sie berechtigt sein würde, das Gesinde vor Ablauf der Dienstzeit wieder zu entlassen (§ 111f.)[1].

1. Vgl. § 48 Pr.

§ 43. Auch ist sie dazu berechtigt, wenn das Gesinde den Dienst anzutreten sich zuerst geweigert hat[1].

1. Vgl. § 49 Pr.

§ 44. In beiderlei Fällen kann die Herrschaft das gegebene Mietsgeld zurückfordern[1].

1. Vgl. § 50 Pr.

§ 45. Weigert sich das Gesinde den Dienst anzutreten, so muß es dazu von der Obrigkeit durch Zwangsmittel angehalten werden. Bleiben diese fruchtlos, und ist die Herrschaft deshalb genötigt, einen anderen Dienstboten zu mieten, so muß das Gesinde nicht allein den Schaden, welcher der Herrschaft hierdurch erwächst, ersetzen und das Mietsgeld zurückgeben, sondern es verfällt noch überdies in eine Strafe, die nach Maßgabe der Verschuldung auf zwei bis zehn Taler oder bei Unvermögenden auf verhältnismäßiges Gefängnis festzusetzen ist[1]).

1. Vgl. § 51 Pr.

§ 46. Kann jedoch das Gesinde nachweisen, daß die Herrschaft im letztverflossenen Dienstjahre sich solche Handlungen habe zu Schulden kommen lassen, wodurch es nach §§ 130—136 zur Verlassung des Dienstes ohne Aufkündigung berechtigt werden würde, so kann dasselbe zum Antritt des Dienstes nicht gezwungen werden, sondern ist nur verpflichtet, das Mietsgeld zurückzuzahlen[1]).

1. Vgl. § 52 Pr.

§ 47. Wird das Gesinde durch Zufall, ohne seine Schuld, den Dienst anzutreten verhindert, so muß die Herrschaft mit Zurückgabe des Mietsgeldes sich begnügen[1]).

1. Vgl. § 53 Pr.

§ 48. Erhält weibliches Gesinde vor dem Antritt der Dienstzeit Gelegenheit sich zu verheiraten, so steht demselben frei, eine andere taugliche Person zur Versehung des Dienstes an seiner Statt zu stellen[1]).

1. Vgl § 54 Pr.

§ 49. Ist es dazu nicht imstande, so muß auch dergleichen Gesinde den Dienst in Städten auf ein

Viertel- und bei Landwirtschaften auf ein halbes Jahr antreten[1]).

1. Vgl. § 55 Pr.

Pflichten des Gesindes in seinen Diensten.

§ 50. Nur zu erlaubten Geschäften können Dienstboten gemietet werden[1]).

1. Vgl. § 56 Pr.

§ 51. Gemeines Gesinde, welches nicht ausschließend zu gewissen bestimmten Geschäften gemietet worden, muß sich allen häuslichen Verrichtungen nach dem Willen der Herrschaft unterziehen[1]).

1. Vgl. § 57 Pr.

§ 52. Allen zur herrschaftlichen Familie gehörenden oder darin in bestimmten Verhältnissen oder bloß gastweise aufgenommenen Personen ist es diese Dienste zu leisten schuldig[1]).

1. Vgl. § 58 Pr.

§ 53. Dem Haupte der Familie kommt es zu, die Art und Ordnung zu bestimmen, in welcher die zur Familie gehörigen oder nach § 52 in ihr Aufgenommenen diese Dienste gebrauchen sollen[1]).

1. Vgl. § 59 Pr.

§ 54. Auch Gesinde, welches zu gewissen Arbeiten oder Diensten angenommen ist, muß dennoch auf Verlangen der Herrschaft andere häusliche Verrichtungen mit übernehmen, wenn das dazu bestimmte Nebengesinde durch Krankheit oder sonst auf eine Zeitlang daran verhindert wird[1]).

1. Vgl. § 60 Pr.

§ 55. Wenn unter den Dienstboten Streit entsteht, welcher von ihnen diese oder jene Arbeit nach seiner Bestimmung zu verrichten schuldig sei, so entscheidet allein der Wille der Herrschaft[1]).

1. Vgl. § 61 Pr.

§ 56. Das Gesinde ist ohne Erlaubnis der Herrschaft nicht berechtigt, sich in den ihm aufgetragenen Geschäften von anderen vertreten zu lassen[1]).

1. Vgl. § 62 Pr.

§ 57. Hat das Gesinde der Herrschaft eine untaugliche oder verdächtige Person zu seiner Vertretung wissentlich vorgeschlagen, so muß es für den durch selbige verursachten Schaden haften[1]).

1. Vgl. § 63 Pr.

§ 58. Der nach dem Patent vom 22. März 1797 bisher noch bestandene Dienstzwang wird hierdurch aufgehoben, das Gesinde ist jedoch der häuslichen Zucht der Herrschaft unterworfen[1]).

1. Die entsprechende Bestimmung ist in der Pr. altpreußischen Gesindeordnung nicht vorhanden. Der Dienstzwang bedeutete (s. Jacobi) das Recht der Herrschaft, das Gesinde durch körperliche Züchtigung zur Dienstleistung anzuhalten. Da somit schon durch die hier vorliegende GesO. das Züchtigungsrecht beseitigt ist, so findet auch in ihrem Bereich die das Züchtigungsrecht aufhebende Bestimmung des Art. 95 EG. z. BGB. keinen Raum zur Anwendung. Vgl. die Erläut. zu §§ 77 und 71 dieser GesO.

§ 59. Fügt das Gesinde der Herrschaft vorsätzlich oder aus grobem oder mäßigem Versehen Schaden zu, so muß es denselben ersetzen[1–3]).

1. Vgl. § 65 Pr.

2. Die in die §§ 59, 60 aufgenommene Abstufung des groben, mäßigen und geringen Versehens ist der Pr. wörtlich nachgebildet. Wenn auch diese Abstufung dem neueren gemeinen Rechte fremd war, so war sie doch in der früheren Doktrin unter den Ausdrücken culpa lata, culpa levis, culpa levissima bekannt; von dieser älteren Doktrin hat sie das ALR. und von diesem die altpreußische GesO. entnommen.

3. Die Erläuterung der Ausdrücke hat in derselben Weise zu erfolgen wie bei der altpreußischen GesO. Vgl. die Anm. zu §§ 65, 66 Pr. Daselbst ist auch dargelegt, weshalb diese Vorschriften noch weiter in Geltung sind.

§ 60. Wegen geringer Versehen ist ein Dienstbote nur alsdann zum Schadensersatze verpflichtet, wenn er wider den ausdrücklichen Befehl der Herrschaft gehandelt hat[1]).

1. Vgl. § 66 Pr.

§ 61. Desgleichen, wenn er sich zu solchen Arten der Geschäfte hat annehmen lassen, die einen vorzüglichen Grad von Aufmerksamkeit oder Geschicklichkeit voraussetzen[1]).

1. Vgl. § 67 Pr.

§ 62. Wegen der Entschädigung, zu welcher ein Dienstbote verpflichtet ist, kann die Herrschaft an den Lohn desselben sich halten[1]).

1. Vgl. § 68 Pr.

§ 63. Kann der Schade weder aus rückständigem Lohne noch aus anderen Habseligkeiten des Dienstboten ersetzt werden, so muß er denselben durch unentgeltliche Dienstleistung auf eine verhältnismäßige Zeit vergüten[1]).

1. Vgl. § 69 Pr.

Außer seinen Diensten.

§ 64. Auch außer seinen Diensten ist das Gesinde schuldig, der Herrschaft Bestes zu fördern, Schaden und Nachteil aber, soviel an ihm ist, abzuwenden[1].

1. Vgl. § 70 Pr.

§ 65. Bemerkte Untreue des Nebengesindes ist es der Herrschaft anzuzeigen verbunden[1].

1. Vgl. § 71 Pr.

§ 66. Verschweigt es dieselbe, so muß es für allen Schaden, welcher durch die Anzeige hätte verhütet werden können, bei dem Unvermögen des Hauptschuldners selbst haften[1].

1. Vgl. § 72 Pr.

§ 67. Allen häuslichen Einrichtungen und Anordnungen der Herrschaft muß das Gesinde sich unterwerfen[1].

1. Vgl. § 73 Pr.

§ 68. Ohne Vorwissen und Genehmigung der Herrschaft darf es sich auch in eigenen Angelegenheiten vom Hause nicht entfernen[1].

1. Vgl. § 74 Pr.

§ 69. Die dazu von der Herrschaft gegebene Erlaubnis darf nicht überschritten werden[1].

1. Vgl. § 75 Pr.

§ 70. Die Befehle der Herrschaft und ihre Verweise muß das Gesinde mit Ehrerbietung und Bescheidenheit annehmen[1].

1. Vgl. § 76 Pr.

§ 71. Gibt das Gesinde durch ein ungebührliches Betragen der Herrschaft zu Scheltworten, Rügen oder

geringen Tätlichkeiten Veranlassung, so kann es deshalb keine gerichtliche Genugtuung fordern[1—3]).

1. Vgl. § 77 Pr.

2. Aus den dort angeführten Gründen ist auch diese Vorschrift durch die Bestimmungen des Strafgesetzbuches als aufgehoben zu erachten.

3. Vgl. § 58 dieser GesO.

§ 72. Außer dem Falle, wo das Leben oder die Gesundheit des Dienstboten durch Mißhandlungen der Herrschaft in gegenwärtige und unvermeidliche Gefahr gerät, darf er sich der Herrschaft nicht tätlich widersetzen[1]).

1. Aufgehoben. Vgl. § 79 Pr. und die Erläuterung dazu.

§ 73. Vergehungen des Gesindes gegen die Herrschaft sind, wenn diese darauf anträgt, von der Polizeibehörde mit einer Geldstrafe bis zu fünf Talern oder mit einer Gefängnisstrafe bis zu vierzehn Tagen zu ahnden. Der Herrschaft steht jedoch frei, wenn sie eine bloß polizeiliche Ahndung nicht angemessen findet, auf Bestrafung im gerichtlichen Wege anzutragen[1]). Ist das Vergehen ein Kriminalverbrechen, so muß die Bestrafung stets im gerichtlichen Wege erfolgen[2]).

1. Abs. 1 und 2 dürften durch das auch im Bereich dieser GesO. geltende G. vom 24. April 1854 (S. 208) beseitigt sein.

2. Aufgehoben durch das Strafgesetzbuch. Vgl. § 80 Pr. und die Erläuterung dazu.

§ 74. Für die Zeit, durch welche das Gesinde wegen Erleidung solcher Strafen seine Dienste nicht verrichten kann, ist die Herrschaft befugt, dieselben durch andere auf dessen Kosten besorgen zu lassen[1]).

1. Vgl. § 81 Pr.

Pflichten der Herrschaften.

§ 75. Die Herrschaft ist schuldig, dem Gesinde Lohn und Kleidung zu den bestimmten Zeiten ungesäumt zu entrichten[1]).

1. Vgl. § 82 Pr.

§ 76. Ist auch die Kost versprochen worden, so muß selbige bis zur Sättigung gegeben werden. Offenbar der Gesundheit nachteilige und ekelhafte Speisen kann das Gesinde anzunehmen nicht gezwungen werden. In Fällen, wo über die Beköstigung Streit entsteht, entscheidet in Ermangelung bestimmter Verabredung die Polizeiobrigkeit wie § 30 über die Menge und Beschaffenheit derselben[1]).

1. Vgl. § 83 Pr.

§ 77. Die Herrschaft muß dem Gesinde die nötige Zeit zur Abwartung des öffentlichen Gottesdienstes lassen und dasselbe dazu fleißig anhalten[1]).

1. Vgl. § 84 Pr.

§ 78. Sie muß ihm nicht mehrere noch schwerere Dienste zumuten, als das Gesinde nach seiner Leibesbeschaffenheit und seinen Kräften ohne Verlust seiner Gesundheit bestreiten kann[1]).

1. Vgl. § 85 Pr.

§ 79. Zieht ein Dienstbote sich durch den Dienst oder bei Gelegenheit desselben eine Krankheit zu, so ist die Herrschaft schuldig, für seine Kur- und Verpflegung zu sorgen[1]).

1. Aufgehoben durch die Reichsversicherungsordnung. Vgl. § 86 Pr. und die Vorbemerkung vor § 86.

§ 80. Dafür darf dem Gesinde an seinem Lohne nichts abgezogen werden[1]).

1. Aufgehoben durch die Reichsversicherungsordnung. Vgl. § 87 Pr.

§ 81. Außerdem ist die Herrschaft zur Vorsorge für kranke Dienstboten nur alsdann verpflichtet, wenn dieselben keine Verwandten in der Nähe haben, die sich ihrer anzunehmen vermögend und nach den Gesetzen schuldig sind[1]).

1. Aufgehoben durch die Reichsversicherungsordnung. Vgl. § 88 Pr.

§ 82. Weigern sich die Verwandten dieser Pflicht, so muß die Herrschaft dieselbe einstweilen und bis zum Austrage der Sache mit Vorbehalt ihres Rechts übernehmen[1]).

1. Aufgehoben durch die Reichsversicherungsordnung. Vgl. § 89 Pr.

§ 83. Sind öffentliche Anstalten vorhanden, wo dergleichen Kranke aufgenommen werden, so muß das Gesinde es sich gefallen lassen, wenn die Herrschaft seine Unterbringung daselbst veranstaltet[1]).

1. Aufgehoben durch die Reichsversicherungsordnung. Vgl. § 90 Pr.

§ 84. In dem § 81 bestimmten Falle kann die Herrschaft die Kurkosten von dem auf diesen Zeitraum fallenden Lohne des kranken Dienstboten abziehen[1]).

1. Abgeändert durch die Reichsversicherungsordnung. Vgl. § 91 Pr.

§ 85. Dauert eine solche Krankheit über die Dienstzeit hinaus, so hört mit dieser die äußere Verbindlichkeit der Herrschaft auf, für die Kur und Pflege des kranken Dienstboten zu sorgen[1]).

1. Aufgehoben durch die Reichsversicherungsordnung. Vgl. § 92 Pr.

§ 86. Doch muß sie davon der Obrigkeit des Orts in Zeiten Anzeige machen, damit diese für das Unterkommen eines dergleichen verlassenen Kranken sorgen könne[1]).

1. Aufgehoben durch die Reichsversicherungsordnung. Vgl. § 93 Pr.

§ 87. Unter den Umständen, wo ein Machtgeber einen dem Bevollmächtigten bei Ausrichtung der Geschäfte durch Zufall zugestoßenen Schaden vergütigen muß, ist auch die Herrschaft schuldig, für das in ihrem Dienste oder bei Gelegenheit desselben zu Schaden gekommene Gesinde auch über die Dienstzeit hinaus zu sorgen[1]).

1. Vgl. § 94 Pr. Die Vorschrift ist aus der Pr. übernommen. Sie ist dem Römischen Recht fremd, war in Deutschland vielfach in der gerichtlichen Praxis als zutreffend angenommen worden, kann indessen nicht als geltende Vorschrift im Gebiete des gemeinen Rechts angesehen werden. Sie entbehrte deshalb schon vor dem BGB. nach diesseitiger Auffassung der Rechtswirksamkeit und hat dieselbe jetzt erst recht verloren, da hier bei dieser Gestaltung unzweifelhaft keine besondere Vorschrift des Landesspezialrechts für vorliegend erachtet werden kann, was für § 94 Pr. streitig ist (vgl. die Anm. zu § 94 Pr.).

§ 88. Diese Pflicht der Herrschaft erstreckt sich jedoch nur auf die Kurkosten und auf den notdürftigen Unterhalt des Gesindes so lange, bis dasselbe sich sein Brot selbst zu verdienen wieder in den Stand kommt[1]).

1. Vgl. § 95 Pr.

§ 89. Ist aber der Dienstbote durch Mißhandlungen der Herrschaft ohne sein grobes Verschulden an seiner Gesundheit beschädigt worden, so hat er von ihr vollständige Schadloshaltung nach den allgemeinen Vorschriften der Gesetze zu fordern[1]).

1. Vgl. § 96 Pr.

§ 90. Auch für solche Beschimpfungen und üble Nachreden, wodurch dem Gesinde sein künftiges Fortkommen erschwert wird, gebührt demselben gerichtliche Genugtuung[1]).

1. Vgl. § 97 Pr.

Beschädigung eines Dritten durch Dienstboten.

§ 91. Inwiefern die Herrschaft für den von Dienstboten zugefügten Schaden verantwortlich ist, richtet sich nach den allgemeinen gesetzlichen Bestimmungen[1]).

1. Vgl. § 98 Pr.

Aufhebung des Vertrages durch den Tod.

§ 92. Stirbt ein Dienstbote, so können seine Erben Lohn und Kostgeld nur soweit fordern, als selbiges nach Verhältnis der Zeit bis zum Krankenlager rückständig ist[1]).

1. Vgl. § 99 Pr.

§ 93. Begräbniskosten ist die Herrschaft für das Gesinde zu bezahlen in keinem Falle schuldig[1]).

1. Aufgehoben durch die Reichsversicherungsordnung. Vgl. § 100 Pr.

§ 94. Stirbt das Haupt der Familie, so sind die Erben nicht gehalten, das Gesinde länger als bis zur nächsten gesetzlichen Ziehzeit (§§ 36—38) zu behalten, wenn auch durch besonderen Vertrag eine längere Dienstzeit festgesetzt wäre[1]).

1. Vgl. § 101 Pr.

§ 95. Erfolgt jedoch der Todesfall nach der Kündigungsfrist, so muß Gesinde, welches bloß zu häuslichen Verrichtungen bestimmt ist, das bare Lohn, doch ohne Kost oder Kostgeld für das nächstfolgende halbe Jahr noch überdies statt Entschädigung für die verspätete Kündigung erhalten, Gesinde aber, das zur Landwirtschaft gebraucht wird, noch für das nächstfolgende Jahr beibehalten werden, falls keine andere freiwillige Abkunft getroffen werden kann[1]).

1. Vgl. § 102 Pr.

§ 96. Sind Dienstboten zur besonderen Bedienung einzelner Mitglieder der Familie angenommen, so können bei dem Absterben derselben die Bestimmungen des vorstehenden Paragraphen auch auf sie angewendet werden[1]).

1. Vgl. § 103 Pr.

§ 97. Männliche Dienstboten behalten die ganze gewöhnliche Livree, wenn sie der verstorbenen Herrschaft schon ein halbes Jahr oder länger gedient haben[1]).

1. Vgl. § 104 Pr.

§ 98. Sind sie noch nicht so lange in ihren Diensten gewesen, so müssen sie Rock, Weste und Hut zurücklassen[1]).

1. Vgl. § 105 Pr.

§ 99. War der Bediente nur monatweise gemietet, so erhält er Lohn und Kostgeld, wenn die Herrschaft vor dem fünfzehnten Monatstage stirbt, nur auf den laufenden, sonst aber auch auf den folgenden Monat[1]).

1. Vgl. § 106 Pr.

§ 100. Wenn bei ländlichen Besitzungen durch deren Verkauf, Vertauschung, Verpfändung oder Verpachtung oder auf andere ähnliche Art die Person des Besitzers und Dienstherrn verändert wird, so sind die zur Ackerwirtschaft auf demselben angenommenen Dienstboten bis zur nächsten Umzugszeit, mit welcher ihr Dienstvertrag zu Ende geht, dem nachfolgenden Besitzer den Dienst fortzusetzen verpflichtet. Derselbe ist dagegen auch verbunden, diese Leute bis zu jenem Zeitpunkte zu behalten und ihnen alles dasjenige zu gewähren, was ihnen von der vorigen Herrschaft versprochen ist. Inwiefern die vorige Herrschaft der neuen hierfür Ersatz zu leisten hat, bleibt ihrer Vereinbarung unterstellt[1–4]).

1. Die Bestimmung ist der Pr. unbekannt.

2. Die Vorschrift begründet für die zur Ackerwirtschaft angenommenen Dienstboten die Verpflichtung bis zum Ablauf des Dienstvertrages zu bleiben, obgleich ein Wechsel in der Herrschaft eintritt. Wenngleich die Bestimmung mit dem § 613 BGB. in Widerspruch steht, so ist sie doch als landesrechtliche Spezialvorschrift unzweifelhaft gültig.

3. Eine Verpfändung hat nach dem BGB. eine Änderung in der Person des Besitzers nicht zur Folge.

4. § 100 verpflichtet die neue Dienstherrschaft zur Fortführung des Dienstvertrages und zum Weitergewähren der der Dienstherrschaft obliegenden Verpflichtungen. Anzunehmen ist im Hinblick auf den Schlußsatz des § 100, daß das Gesetz nicht etwa ein Ausscheiden der alten Herrschaft aus ihren Verpflichtungen bestimmen wollte, sondern lediglich einen zweiten Zahlungsverpflichteten dem Gesinde verschaffen wollte. Das Gesinde wird sich deshalb auch an die alte Dienstherrschaft noch halten können.

§ 101. Entsteht Konkurs über das Vermögen der Herrschaft, so finden die Vorschriften §§ 94—99 Anwendung[1]).

1. Vgl. § 107 Pr.

§ 102. Der Tag des eröffneten Konkurses wird in dieser Beziehung dem Todestage gleich geachtet[1]).

1. Vgl. § 108 Pr.

§ 103. Wegen des alsdann rückständigen Gesindelohnes bleibt es für jetzt bei den hierüber bestehenden Vorschriften[1]).

1. Vgl. § 109 Pr.

Nach vorhergegangener Aufkündigung.

§ 104. Außer diesen Fällen kann der Mietsvertrag während der Dienstzeit einseitig nicht aufgehoben werden[1]).

1. Vgl. § 110 Pr.

§ 105. Derjenige Teil, welcher denselben nach Ablauf der Dienstzeit nicht fortsetzen will, muß innerhalb der gehörigen Frist aufkündigen[1]).

1. Vgl. § 111 Pr.

§ 106. Die Aufkündigungsfrist wird sowohl bei dem städtischen als bei dem Landgesinde auf drei Monate vor dem Ablaufe der Dienstzeit bestimmt, insofern nicht bei der Vermietung ein anderes ausdrücklich verabredet ist[1–3]).

1. Die Vorschrift weicht von der Bestimmung des § 112 Pr. ab.

2. In Verbindung mit § 36 ist danach, falls keine besonderen Abreden getroffen sind, im Bereich der vorliegenden Gesindeordnung entweder spätestens am 27. Januar oder am 27. Juli zu kündigen. Ist z. B. am 27. Januar eine Kündigung nicht erfolgt, so kann das Gesindeverhältnis erst zum 27. Oktober aufgehoben werden.

3. Für Schäfer und Schäferknechte ist nach § 2 des G. vom 17. Mai 1882 der 31. März der Kündigungstermin; an diesem ist zum 30. Juni zu kündigen.

§ 107. Bei monatweise gemieteten Dienstboten findet die Aufkündigung noch am Fünfzehnten eines jeden Monats statt[1]).

1. Vgl. § 113 Pr.

§ 108. Ist keine Aufkündigung erfolgt, so wird der Vertrag als stillschweigend verlängert angesehen[1]).

1. Vgl. § 114 Pr.

§ 109. Bei dem städtischen Gesinde wird diese stillschweigende Verlängerung auf ein halbes Jahr und bei dem Landgesinde auf ein ganzes Jahr gerechnet[1]).

1. Die Vorschriften weichen vom § 115 Pr. ab, weil letzterer bei städtischem Gesinde die stillschweigende Verlängerung nur für ein Vierteljahr annimmt. Die hier vorliegende Bestimmung steht im Einklang mit den zwei halbjährlichen Antrittszeiten des § 36.

§ 110. Bei monatweise gemietetem Gesinde versteht sich die Verlängerung immer nur auf einen Monat[1]).

1. Vgl. § 116 Pr.

Ohne Aufkündigung von seiten der Herrschaft.

§ 111. Ohne Aufkündigung kann die Herrschaft ein Gesinde sofort entlassen:

1. Wenn dasselbe die Herrschaft oder deren Familie durch Tätlichkeiten, Schimpf- und Schmähworte oder ehrenrührige Nachreden beleidigt oder durch boshafte Verhetzungen Zwistigkeiten in der Familie anzurichten sucht[1]).

1. Vgl. § 117 Pr.

§ 112. 2. Wenn es sich beharrlichen Ungehorsams und Widerspenstigkeit gegen die Befehle der Herrschaft zuschulden kommen läßt[1]).

1. Vgl. § 118 Pr.

§ 113. 3. Wenn es sich den zur Aufsicht über das gemeine Gesinde bestellten Personen mit Tätlichkeiten oder groben Schimpf- und Schmähreden in ihrem Amt widersetzt[1]).

1. Vgl. § 119 Pr.

§ 114. 4. Wenn es die Kinder oder sonstige Angehörige der Herrschaft zum Bösen verleitet oder verdächtigen Umgang mit ihnen pflegt.

1. Vgl. § 120 Pr.

§ 115. 5. Wenn es sich des Diebstahls oder der Veruntreuung gegen die Herrschaft schuldig macht[1]).

1. Vgl. § 121 Pr.

§ 116. 6. Wenn es sein Nebengesinde zu dergleichen Lastern verleitet[1]).

1. Vgl. § 122 Pr.

§ 117. 7. Wenn es auf der Herrschaft Namen ohne deren Vorwissen Geld oder Waren auf Borg nimmt[1]).

1. Vgl. § 123 Pr.

§ 118. 8. Wenn es die noch nicht verdiente Livree ganz oder zum Teil verkauft oder versetzt.

1. Vgl. § 124 Pr.

§ 119. 9. Wenn es wiederholentlich ohne Vorwissen und Erlaubnis der Herrschaft über Nacht aus dem Hause geblieben ist[1]).

1. Vgl. § 125 Pr.

§ 120. 10. Wenn es mit Feuer und Licht gegen vorhergegangene Warnungen unvorsichtig umgeht[1]).

1. Vgl. § 126 Pr.

§ 121. 11. Wenn auch ohne vorhergegangene Warnung aus dergleichen unvorsichtigem Betragen wirklich schon Feuer entstanden ist[1]).

1. Vgl. § 127 Pr.

§ 122. 12. Wenn das Gesinde sich durch liederliche Aufführung ansteckende oder ekelhafte Krankheiten zugezogen hat[1]).

1. Vgl. § 128 Pr.

§ 123. 13. Wenn das Gesinde ohne Erlaubnis der Herrschaft seines Vergnügens wegen ausläuft oder ohne Not über die erlaubte oder zu dem Geschäfte erforderliche Zeit ausbleibt oder sonst den Dienst mutwillig vernachlässigt, und von allen diesen Fehlern auf wiederholte Verwarnung nicht absteht[1]).

1. Vgl. § 129 Pr.

§ 124. 14. Wenn der Dienstbote dem Trunk oder Spiel ergeben ist, oder durch Zänkereien und Schlägereien mit seinem Nebengesinde den Hausfrieden stört und von solchem Betragen auf geschehene Vermahnung nicht abläßt[1]).

1. Vgl. § 130 Pr.

§ 125. 15. Wenn dem Dienstboten diejenige Geschicklichkeit gänzlich ermangelt, die er auf Befragen bei der Vermietung zu besitzen ausdrücklich angegeben hat[1]).

1. Vgl. § 131 Pr.

§ 126. 16. Wenn ein Dienstbote von der Obrigkeit auf längere Zeit als acht Tage gefänglich eingezogen wird[1]).

1. Vgl. § 132 Pr.

§ 127. 17. Wenn ein Gesinde weiblichen Geschlechts schwanger wird, in welchem Falle jedoch der Obrigkeit Anzeige geschehen, und die wirkliche Entlassung nicht eher, als bis von dieser die gesetzmäßigen Anstalten zur

Verhütung alles Unglücks getroffen worden, erfolgen muß[1]).

1. Vgl. § 133 Pr.

§ 128. 18. Wenn die Herrschaft von dem Gesinde bei der Annahme durch Vorzeigung falscher Zeugnisse hintergangen worden[1]).

1. Vgl. § 134 Pr.

§ 129. 19. Wenn das Gesinde in seinem nächst vorhergehenden Dienst sich eines solchen Vergehens als in §§ 114—117 bestimmt ist, schuldig gemacht, die vorige Herrschaft dieses in dem ausgestellten Zeugnis verschwiegen und das Gesinde selbst es der neuen Herrschaft nicht offenherzig bekannt hat[1]).

1. Vgl. § 135 Pr.

Von seiten des Gesindes.

§ 130. Das Gesinde kann den Dienst ohne vorhergehende Aufkündigung verlassen:

1. Wenn es durch Mißhandlungen von der Herrschaft in Gefahr des Lebens oder der Gesundheit versetzt worden[1]).

1. Vgl. § 136 Pr.

§ 131. 2. Wenn die Herrschaft dasselbe auch ohne solche Gefahr, jedoch mit ausschweifender und ungewöhnlicher Härte behandelt hat[1]).

1. Vgl. § 137 Pr.

§ 132. 3. Wenn die Herrschaft dasselbe zu Handlungen, welche wider die Gesetze oder wider die guten Sitten laufen, hat verleiten wollen[1]).

1. Vgl. § 138 Pr.

§ 133. 4. Wenn dieselbe das Gesinde von dergleichen unerlaubten Zumutungen gegen Personen, die zur Familie gehören, oder sonst im Hause aus- und eingehen, nicht hat schützen wollen[1]).

1. Vgl. § 139 Pr.

§ 134. 5. Wenn die Herrschaft dem Gesinde das Kostgeld gänzlich vorenthält oder ihm selbst die notdürftige Kost verweigert[1]).

1. Vgl. § 140 Pr.

§ 135. 6. Wenn die Herrschaft auf eine Zeit, welche die laufende Dienstzeit übersteigt, und auf eine Entfernung, welche mehr als sechs Meilen beträgt, eine Reise vornimmt, oder überhaupt in diese Entfernung ihren Wohnsitz verlegt, und es nicht übernehmen will, den Dienstboten zum Ablauf der Dienstzeit kostenfrei zurückzuschaffen. Hat die Herrschaft mehrere gleich gewöhnliche Wohnsitze, so wird die Entfernung nach demjenigen berechnet, den sie zuletzt wirklich bewohnt hat[1]).

1. Vgl. § 141 Pr.

§ 136. 7. Wenn der Dienstbote durch schwere Krankheit zur Fortsetzung des Dienstes unvermögend wird[1]).

1. Vgl. § 142 Pr.

Unter der Zeit, doch nach vorhergegangener Aufkündigung von seiten der Herrschaft.

§ 137. Vor Ablauf der Dienstzeit, aber doch nach vorhergegangener Aufkündigung kann die Herrschaft einen Dienstboten entlassen:

1. Wenn demselben die nötige Geschicklichkeit zu den

nach seiner Bestimmung ihm obliegenden Geschäften ermangelt[1]).

1. Vgl. § 143 Pr.

§ 138. 2. Wenn nach geschlossenem Mietsvertrage die Vermögensumstände der Herrschaft dergestalt in Abnahme geraten, daß sie sich entweder ganz ohne Gesinde behelfen oder doch dessen Zahl einschränken muß[1]).

1. Vgl. § 144 Pr.

Von seiten des Gesindes.

§ 139. Dienstboten können vor Ablauf der Dienstzeit, jedoch nach vorhergegangener Aufkündigung den Dienst verlassen:

1. Wenn die Herrschaft den bedungenen Lohn in den festgesetzten Terminen nicht richtig bezahlt[1]).

1. Vgl. § 145 Pr.

§ 140. 2. Wenn die Herrschaft das Gesinde einer öffentlichen Beschimpfung eigenmächtig aussetzt[1]).

1. Vgl. § 146 Pr.

§ 141. 3. Wenn der Dienstbote durch Heirat oder auf andere Art zur Anstellung einer eigenen Wirtschaft vorteilhafte Gelegenheit erhält, die er durch Ausdauerung der Mietzeit versäumen müßte[1]).

1. Vgl. § 147 Pr.

§ 142. In allen Fällen, wo der Mietsvertrag innerhalb der Dienstzeit, jedoch nur auf vorhergegangene Aufkündigung aufgehoben werden kann, muß dennoch das laufende Halbjahr, und bei monatweise gemietetem Gesinde der laufende Monat ausgehalten werden[1]).

1. Vgl. § 148 Pr.

§ 143. Wenn die Eltern des Dienstboten wegen einer erst nach der Vermietung vorgefallenen Veränderung ihrer Umstände ihn in ihrer Wirtschaft nicht entbehren können, oder der Dienstbote in eigenen Angelegenheiten eine weite Reise zu unternehmen genötigt wird, so kann er zwar ebenfalls seine Entlassung fordern, er muß aber alsdann einen anderen tauglichen Dienstboten statt seiner stellen und sich mit demselben wegen Lohn, Kost und Livree ohne Schaden der Herrschaft abfinden[1]).

1. Vgl. § 149 Pr.

Was alsdann wegen Lohn, Kost und Livree Rechtens ist.

§ 144. In allen Fällen, wo die Herrschaft einen Dienstboten während der Dienstzeit mit oder ohne Aufkündigung zu entlassen berechtigt ist (§§ 111—129, 137, 138), kann der Dienstbote Lohn und Kost oder Kostgeld nur nach Verhältnis der Zeit fordern, wo er wirklich gedient hat[1]).

1. Vgl. § 150 Pr.

§ 145. Ein gleiches gilt von denjenigen Fällen, wo der Dienstbote zwar vor Ablauf der Dienstzeit, aber doch nach vorhergängiger Aufkündigung den Dienst verlassen kann (§§ 139—141)[1]).

1. Vgl. § 151 Pr.

§ 146. In Fällen, wo der Dienstbote sofort und ohne Aufkündigung den Dienst zu verlassen berechtigt ist (§§ 130—136), muß ihm Lohn und Kost auf das laufende Halbjahr, und wenn er monatweise gemietet worden, auf den laufenden Monat vergütet werden[1]).

1. Vgl. § 152 Pr.

§ 147. Hat die Ursache zum gesetzmäßigen Austritte erst nach Ablauf der Aufkündigungsfrist sich ereignet, so muß die Herrschaft diese Vergütung auch für das folgende halbe Jahr oder für den folgenden Monat leisten[1]).

1. Vgl. § 153 Pr.

§ 148. In der Regel behält der Dienstbote die als einen Teil des Lohnes anzusehende Livree vollständig, wenn er aus den §§ 130—136 bestimmten Ursachen den Dienst verläßt[1]).

1. Vgl. § 154 Pr.

§ 149. Geschieht der Austritt nur aus den §§ 137 und 138 enthaltenen Gründen, und hat der Bediente noch kein halbes Jahr gedient, so muß er Rock und Hut zurücklassen[1]).

1. Vgl. § 155 Pr.

§ 150. In den Fällen, wo das Gesinde nach §§ 111 bis 129, 137 und 138 von der Herrschaft entlassen wird, kann letztere der Regel nach die ganze Livree zurückbehalten[1]).

1. Vgl. § 156 Pr.

§ 151. Doch gebühren dem Bedienten die kleinen Montierungsstücke, wenn er schon ein halbes Jahr gedient hat und nur aus den in §§ 137, 138 angeführten Gründen entlassen wird[1]).

1. Vgl. § 157 Pr.

§ 152. Wenn das Gesinde aus den §§ 139 und 140 angeführten Gründen nach vorhergegangener Aufkündigung seinen Abschied nimmt, so finden die Vorschriften §§ 148, 149 Anwendung[1]).

1. Vgl. § 158 Pr.

§ 153. Erfolgt aber der Austritt nur aus der § 141 bestimmten Ursache, so muß der Dienstbote mit den kleinen Montierungsstücken sich begnügen[1]).

1. Vgl. § 159 Pr.

Rechtliche Folgen einer ohne Grund geschehenen Entlassung.

§ 154. Eine Herrschaft, die aus andern als gesetzmäßigen Ursachen das Gesinde vor Ablauf der Dienstzeit entläßt, muß von der Obrigkeit dasselbe wieder anzunehmen und den Dienstvertrag fortzusetzen angehalten werden[1]).

1. Vgl. § 160 Pr.

§ 155. Weigert sie sich dessen beharrlich, so muß sie dem Dienstboten Lohn und Livree auf die noch rückständige Dienstzeit entrichten[1]).

1. Vgl. § 161 Pr.

§ 156. Auch für die Kost muß die Herrschaft bis dahin sorgen[1]).

1. Vgl. § 162 Pr.

§ 157. Kann aber das Gesinde noch vor Ablauf der Dienstzeit ein anderweitiges Unterkommen erhalten, so erstreckt sich die Vergütungsverbindlichkeit der Herrschaft nur bis zu diesem Zeitpunkte und weiter hinaus nur insofern, als das Gesinde sich in dem neuen Dienste mit einem geringeren Lohn hat begnügen müssen[1]).

1. Vgl. § 163 Pr.

§ 158. Ist die Herrschaft das entlassene Gesinde wieder anzunehmen bereit, das Gesinde hingegen weigert sich, den Dienst wieder anzutreten, so kann letzteres in der Regel gar keine Vergütigung fordern[1]).

1. Vgl. § 164 Pr.

§ 159. Weist aber das Gesinde einen solchen Grund seiner Weigerung nach, weswegen es seines Orts den Dienst zu verlassen berechtigt sein würde, so gebührt demselben die § 146 bestimmte Vergütung[1]).

1. Vgl. § 165 Pr.

§ 160. Kann das Gesinde den vorigen Dienst wegen eines inzwischen erhaltenen anderweitigen Unterkommens nicht wieder antreten, so findet die Vorschrift § 157 Anwendung[1]).

1. Vgl. § 166 Pr.

Verlassung des Dienstes.

§ 161. Gesinde, welches vor Ablauf der Dienstzeit ohne gesetzmäßige Ursache den Dienst verläßt, muß durch Zwangsmittel zu dessen Fortsetzung angehalten werden[1]).

1. Vgl. § 167 Pr.

§ 162. Will aber die Herrschaft ein solches Gesinde nicht wieder annehmen, so ist sie berechtigt, ein anderes an seiner Stelle zu mieten, und der ausgetretene Dienstbote ist nicht allein schuldig, die dadurch verursachten mehreren Kosten zu erstatten[1]), sondern verfällt überdies in eine Strafe, die nach Maßgabe des Grades der Verschuldung auf zwei bis zehn Taler oder bei Unvermögen auf verhältnismäßiges Gefängnis festzusetzen ist[2]).

1. Vgl. § 168 Pr.
2. Nicht mehr gültig. Vgl. Anm. 5 zu § 168 Pr.

§ 163. Das abziehende Gesinde ist schuldig, alles, was ihm zum Gebrauche in seinen Geschäften oder sonst zu seiner Aufbewahrung anvertraut worden, der Herrschaft zurückzuliefern[1]).

1. Vgl. § 169 Pr.

§ 164. Den daran durch seine Schuld entstandenen Schaden muß es der Herrschaft ersetzen (§§ 59—63)[1]).

1. Vgl. § 170 Pr.

Abschied.

§ 165. Bei dem Abzuge ist die Herrschaft dem Gesinde einen schriftlichen Abschied und ein der Wahrheit gemäßes Zeugnis über seine geleisteten Dienste zu erteilen schuldig[1]).

1. Vgl. § 171 Pr.

§ 166. Werden dem Gesinde in diesem Abschiede Beschuldigungen zur Last gelegt, die sein weiteres Fortkommen hindern würden, so kann es auf polizeiliche Untersuchung antragen[1]).

1. Vgl. § 172 Pr.

§ 167. Wird dabei die Beschuldigung unbegründet gefunden, so muß die Obrigkeit dem Gesinde den Abschied auf Kosten der Herrschaft ausfertigen lassen und letzterer fernere üble Nachreden bei namhafter Geldstrafe untersagen[1]).

1. Vgl. § 173 Pr.

§ 168. Hat hingegen die Herrschaft einem Gesinde, welches sich grober Lasten und Veruntreuungen schuldig gemacht hat, das Gegenteil wider besseres Wissen bezeugt, so muß sie für allen einem Dritten daraus entstehenden Schaden haften[1]).

1. Vgl. § 174 Pr.

§ 169. Die folgende Herrschaft kann sich also an sie wegen des derselben durch solche Laster oder Veruntreuungen des Dienstboten entstandenen Nachteils halten[1]).

1. Vgl. § 175 Pr.

§ 170. Auch soll eine solche Herrschaft mit einer Geldstrafe von einem bis fünf Talern zum Besten der Armenkasse belegt werden[1]).

1. Vgl. § 176 Pr.

Ressortbestimmungen.

§ 171. Wenn zwischen der Herrschaft und dem Gesinde über die Erfüllung der aus dem Mietsvertrage entstehenden Verbindlichkeiten während des Dienstes, über die Weigerung der Herrschaft, das Gesinde anzunehmen oder zu behalten, über die Weigerung des Dienstboten, den Dienst anzutreten oder darin zu verbleiben, oder über verweigertes Abziehen und Entlassen Streit entsteht, so ist es die Obliegenheit der Polizeibehörde, sich der vorläufigen Entscheidung zu unterziehen und solche zur Ausführung zu bringen; die definitive Entscheidung darüber bleibt dem Richter vorbehalten[1—4]).

1. Die §§ 171 ff. sind der Pr. unbekannt.

2. Ähnliche Vorschriften wie im § 171 finden sich im Reskr. vom 17. April 1812 (abgedruckt S. 206).

3. Über die Behörden, welche jetzt polizeiliche Befugnisse ausüben, über den Charakter der polizeilichen Vorentscheidung, über die Rechtsmittel und über das Verhältnis zum Rechtswege sind die einzelnen Anmerkungen zu den Paragraphen der Altpreußischen Gesindeordnung zu vergleichen, besonders zu den §§ 47, 51, 160, 167. Der ausdrückliche Ausspruch im § 171, daß die Polizeibehörde nur eine vorläufige Entscheidung

zu treffen hat, sagt von Gesetzes wegen für die Pommersche GesO., was das vorerwähnte Reskript und die Auslegung für die Pr. angenommen haben.

4. Die Ausführung der polizeilichen Vorentscheidung ist durch die Verwaltungsgesetze eingeschränkt. (Vgl. Anm. 5 zu § 51 Pr.)

§ 172. Die Festsetzung der in den §§ 13, 18, 21, 28, 45, 73, 162 und 170 angedrohten Strafen, selbst wenn solche den Betrag von fünf Talern übersteigen, gehört ausschließlich vor die Polizeibehörden, so daß dagegen keine Provokation auf dem Wege Rechtens, sondern nur Rekurs an die Regierung stattfindet[1]).

1. Die Bestimmung ist für aufgehoben zu erachten. Maßgebend ist jetzt das G. vom 23. April 1883. (Vgl. Anm. 5d zu § 12 Pr.)

Anwendung der Bestimmungen der Gesindeordnung auf das Schiffsvolk und die Schiffsknechte.

§ 173. Die vorstehenden Bestimmungen finden auch auf die Verhältnisse des Schiffsvolks gegen den Schiffer und der Schiffsknechte gegen die Schiffsführer Anwendung (Order vom 23. November 1831, GS. S. 255 und Order vom 23. September 1835, GS. S. 222)[1]).

1. Diese Vorschrift ist aufgehoben, soweit Seeschiffe in Frage stehen, durch die SeemO. vom 2. Juni 1902, soweit es sich um Binnenschiffahrt und Flößerei handelt, durch das BinnenSchG. vom 15. Juni 1895 (jetzt Fassung vom 20. Mai 1898, RGBl. S. 868) und das FlößereiG. vom 15. Juni 1895, RGBl. S. 340).

Und auf Einlieger und Kätner.

§ 174. Die Vorschriften der §§ 171, 172 finden auch auf Einlieger, Kätner und überhaupt auf solche Dienstleute Anwendung, welche von dem Besitzer eines Landguts zur Bewirtschaftung desselben gegen Gewährung einer Wohnung in den dazu gehörigen Gebäuden und gegen einen im voraus ein für allemal bestimmten Lohn angenommen worden sind [1]).

1. Die Bestimmung entspricht der für Instleute in Ost- und Westpreußen bestehenden Kabinettsorder vom 8. Aug. 1837. Nur die §§ 171, 172 sind auf die im § 174 aufgeführten Personen anwendbar. § 172 selbst enthält eine prozessuale Vorschrift; seine Zitierung im vorliegenden Paragraphen kann nicht etwa bedeuten, daß die im § 172 erwähnten Strafen bei den im § 174 aufgeführten Personen zur Anwendung kommen. Lediglich das G. vom 24. April 1854 kann bei diesen Kategorien als Strafvorschrift maßgebend sein.

3. Gesindeordnung für die Rheinprovinz.

Vom 19. August 1844. (GS. S. 410.)

Wir Friedrich Wilhelm usw. usw. haben uns in Berücksichtigung der Unvollständigkeit der in der Rheinprovinz geltenden Bestimmungen über den Gesindedienst bewogen gefunden, über die bessere Gestaltung des für die Ordnung des Hauswesens so wichtigen Verhältnisses zwischen Herrschaft und Gesinde das Gutachten Unserer getreuen Stände der Provinz zu vernehmen und verordnen demnach auf den Antrag Unseres Staatsministeriums unter Aufhebung aller entgegenstehenden gesetzlichen Vorschriften, namentlich

1. der Bergischen Verordnungen vom 16. November 1744 und vom 15. Dezember 1751;
2. der Bergischen Gesindeordnung vom 4. Dezember 1801;
3. der Gesindeordnung für die Stadt Düsseldorf vom 14./16. November 1809 und
4. der Gesindeordnung für die Stadt Wetzlar vom 10. September 1811, für den ganzen Umfang der Rheinprovinz, mit Ausschluß der Kreise Rees und Duisburg, in welchen die Gesindeordnung vom 8. November 1810 Gesetzeskraft behält, was folgt:

Begründung des Dienstverhältnisses.

§ 1. Das Verhältnis zwischen Herrschaft und Gesinde wird begründet durch einen Vertrag, in welchem der eine Teil zur Leistung häuslicher oder wirtschaftlicher Dienste, jedoch nicht tageweise, sondern auf einen bestimmten längeren, ununterbrochenen Zeitraum, der andere Teil dagegen aber zur Zahlung eines bestimmten Lohnes sich verpflichtet.

Solche Personen, welche nur einzelne bestimmte Geschäfte in der Haushaltung übernehmen, oder deren Dienstleistung eine besondere Vorbildung erfordert, stehen nicht in dem Verhältnisse des Gesindes[1–2]).

1. Die GesO. für die Rheinprovinz ist ebenso wie die GesO. für Neuvorpommern und Rügen der Altpreußischen GesO. in vielen Punkten nachgebildet. Ebenso wie bei der Pommerschen GesO. sind deshalb auch hier die Anmerkungen zur Altpreußischen GesO. zur Auslegung zu benutzen. Bei den einzelnen Paragraphen ist angeführt, welche Vorschriften der Altpreußischen GesO. dem betreffenden Paragraphen entsprechen. Die Preußische GesO. ist dabei mit Pr. bezeichnet.

Neben der GesO. gilt die Verordnung wegen Einführung von Gesindedienstbüchern vom 29. Sept. 1846 und das G., betreffend die Verletzungen der Dienstpflichten des Gesindes und der ländlichen Arbeiter vom 24. April 1854. (Abgedruckt S. 220 und 228.)

2. Vgl. § 1 Pr. Die vorliegende Vorschrift unterscheidet sich zwar in der Fassung von dem § 1 Pr.; inhaltlich besteht jedoch kein Unterschied, da die Auslegung zu § 1 Pr. auch dahin geführt hat, Personen, die vorübergehend oder zur Aushilfe tätig sind, oder Personen mit höheren Leistungen nicht dem Gesinderecht unterzuordnen.

§ 2. In der ehelichen Gesellschaft kommt es dem Manne zu, das zum Gebrauche der Familie nötige Gesinde zu mieten. Weibliche Dienstboten kann die Frau zwar annehmen, ohne daß es dazu der ausdrücklichen Einwilligung des Mannes bedarf, doch kann dieser, wenn ihm das angenommene Gesinde nicht ansteht, die Entlassung desselben mit dem Ablauf der am Orte hergebrachten Dienstzeit, ohne Rücksicht auf die Dauer der vertragsmäßig festgesetzten Dienstzeit, jedoch nur nach vorgängiger Aufkündigung, verfügen[1—2]).

1. Vgl. §§ 2—4 Pr.

2. Veraltet infolge Art. 95 EG. (vgl. die Anm. zu §§ 2 bis 4 Pr.).

§ 3. Wer sich als Gesinde vermieten will, muß über seine Person frei zu bestimmen berechtigt sein[1—2]).

1. Vgl. §§ 5—8 Pr.

2. Veraltet infolge Art. 95 EG. und der dort bestimmten Geltung der §§ 104 ff. BGB. (vgl. die Anm. zu §§ 5—8 Pr.).

§ 4. Die Herrschaft, welche Gesinde mietet, muß sich von dessen Befugnis, den Dienst einzugehen, überzeugen[1]).

1. Die Vorschrift fehlt in der Pr., sie ergibt sich aber aus den Bestimmungen des § 10 Pr. u. a.

§ 5. Hat jemand mit Verabsäumung dieser Vorschrift (§ 4) ein Gesinde angenommen, so muß auf den Einspruch desjenigen, welchem ein Recht über die Person oder auf die Dienste des Angenommenen zusteht, der Mietskontrakt als ungültig sofort wieder aufgehoben werden[1—4]).

1. Vgl. §§ 9—12 Pr.

2. Die Bestimmung der RheinGesO. ist einfacher als diejenige der Pr., sie entspricht den allgemeinen zivilrechtlichen Regeln, daß derjenige, welcher bessere Rechte hat, dem minder Berechtigten vorgeht.

3. Ein Recht über die Person existiert nicht mehr (vgl. Anm. 4 zu § 11 Pr.).

4. Eine Bestrafung der zuwiderhandelnden Herrschaft, wie im § 12 Pr., ist hier nicht vorgesehen.

Gesindemäkler.

§ 6. Niemand darf mit Gesindemäkeln sich abgeben, der nicht dazu die Erlaubnis der Ortspolizeibehörde erhalten hat.

Von dieser werden auch der Mäklerlohn und die von den Mäklern zu erfüllenden Obliegenheiten nach den besonderen örtlichen Verhältnissen ein für allemal festgesetzt[1]).

1. Veraltet infolge des Stellenvermittlergesetzes vom 2. Juni 1910 und der MinVorschr. vom 16. Aug. 1910 (vgl. die Anm. zu §§ 13—21 Pr.).

§ 7. Gesindemäkler, welche bei Vermittelung eines Mietsvertrages den Vorschriften der §§ 3—6 zuwiderhandeln, ingleichen diejenigen, welche zur Verlassung des Dienstes anreizen, oder wider besseres Wissen einen untauglichen oder untreuen Dienstboten als brauchbar oder zuverlässig empfehlen, haben eine Polizeistrafe von 5 bis 10 Talern oder verhältnismäßige Haft und im Rückfalle zugleich die Ausschließung vom Betriebe des Mäklergewerbes verwirkt. Außerdem haften sie für den durch wissentlich verhehlte Fehler des Gesindes verursachten Schaden[1]).

1. Die in diesem Paragraphen enthaltenen Strafbestimmungen sind veraltet und durch die Strafbestimmungen des Stellenvermittlergesetzes und die dazu erlassenen MinVorschr. ersetzt (vgl. die Anm. zu §§ 14—20 Pr.). Jedoch ist der letzte Satz, der eine Schadensersatzpflicht ausspricht, bestehen geblieben (vgl. Anm. 1 zu §§ 18, 19 Pr.).

Schließung des Mietsvertrages.

§ 8. Die Abschließung des Mietsvertrages kann in allen Fällen auch durch Zeugen bewiesen werden[1]).

1. Bedeutungslos infolge der neueren zivilrechtlichen und prozeßrechtlichen Bestimmungen.

§ 9. Die Einhändigung und Annahme des Mietsgeldes gilt als Beweis des geschlossenen Vertrages. Die einseitige Zurückgabe des Mietsgeldes löst den Vertrag nicht auf[1]).

1. Satz 1 abweichend von § 23 Pr., Satz 2 übereinstimmend mit § 46 Pr. Das Mietsgeld dient nur als Beweis. Der Vertrag kommt mündlich zustande.

§ 10. Das Mietsgeld wird, wenn nicht ein anderes verabredet worden, auf den Lohn nicht abgerechnet[1]).

1. Die Bestimmung enthält das Gegenteil von § 25 Pr.

§ 11. Hat sich ein Dienstbote bei mehreren Herrschaften zugleich vermietet, so gebührt derjenigen, mit welcher er den Mietsvertrag zuerst eingegangen ist, der Vorzug. Den anderen Herrschaften muß der Dienstbote Mietsgeld, Mäklerlohn und Schadensersatz gewähren, deren Betrag die erstere Herrschaft von dessen Lohn abzuziehen hat[1—2]).

1. Vgl. die §§ 25—27 Pr.
2. Satz 1 lautet anders als § 27 Pr., da hier unabhängig von der Hingabe des Mietsgeldes lediglich der frühere Abschluß entscheidet.

§ 12. Außerdem ist der Dienstbote, welcher sich an mehrere Herrschaften zugleich vermietet hat, mit einer polizeilichen Geldbuße, welche dem einfachen Betrage des von der zweiten und folgenden Herrschaft erhaltenen Mietsgeldes gleichkommt, zu belegen, vorbehaltlich der strengeren Ahndung im Falle eines dabei verübten strafbaren Betruges[1]).

1. Vgl. § 31 Pr.

Antritt und Dauer der Dienstzeit.

§ 13. Die Zeit des Antritts, die Kündigungsfrist, sowie die Dauer des Dienstes richtet sich nach der Ortsgewohnheit, wenn nicht bei dem Mietsvertrage ausdrücklich ein anderes bestimmt ist. Doch kann kein Mietsvertrag auf länger als drei Jahre hinaus mit rechtsverbindlicher Kraft geschlossen werden. Ist die Dauer des Dienstes weder in dem Vertrage, noch durch Ortsgewohnheit bestimmt, oder sind von der verabredeten oder ortsüblichen längeren Dienstzeit drei Jahre verflossen, so steht es jedem Teile frei, nach vorgängiger ortsüblicher Kündigung von dem Vertrage wieder abzugehen. Dienstverträge, welche Eltern oder Vormünder für ihre Kinder oder Pflegebefohlenen abschließen, können von diesen nach Entlassung aus der väterlichen Gewalt oder nach erlangter Volljährigkeit aufgekündigt werden[1—5].

1. Vgl. §§ 40, 41 Pr.

2. Die RheinGesO. enthält abweichend von der Pr. keinerlei gesetzliche Vorschriften über die Zeit des Antritts, Kündigungsfrist und Dauer des Dienstes; hier entscheidet in erster Linie die Übereinkunft, in zweiter Linie die Ortsgewohnheit.

3. Nach Kollmann, GesO. in der Rheinprovinz, stellt sich der Ortsgebrauch z. B.:

in Aachen bei auf ein Jahr gemietetem Gesinde sechs Wochen, bei monatsweise gemietetem Gesinde vierzehn Tage; jedoch sind Kündigungen nur am 1. und 15. des laufenden Monats zulässig;

in Koblenz jederzeit auf vierzehn Tage;

in Köln jederzeit auf vierzehn Tage, ausnahmsweise kommen auch Vermietungen auf ein Jahr vor, und beträgt dann die Kündigung sechs Wochen;

in Trier jeder Zeit vierzehn Tage, wenn nichts anderweitig vereinbart ist;

in Düsseldorf ist neuerdings der Ortsgebrauch wie folgt festgestellt: a) bei Mietverträgen auf bestimmte Zeit, z. B. auf ein Jahr, eine Kündigungsfrist innerhalb dieser Kündigungszeit nicht besteht, wenn dieselbe vorher nicht vereinbart war; b) bei Mietung auf unbestimmte Zeit und vorausgesetzt, daß seitens der Parteien eine besondere Abmachung nicht getroffen, beträgt die Kündigungsfrist 14 Tage. Die Kündigung kann sowohl seitens der Herrschaft als des Gesindes jederzeit erfolgen; c) das Abkommen über Lohnzahlung (ob jährlich oder monatlich) übt keinerlei Einfluß auf die Kündigungsfrist aus; d) die Hergabe des Mietsgeldes beträgt ortsüblich drei Mark, hat aber keine weitere Bedeutung, als daß hierdurch der Beweis des abgeschlossenen Mietsvertrages erbracht ist; e) im Falle der stillschweigenden Fortsetzung des Dienstvertrages nach dem Ablauf desselben hat das Gesinde Anspruch auf Hergabe von neuem Mietsgelde.

4. Satz 2 ist aufgehoben durch Art. 95, nach welchem der anders bestimmende § 624 BGB. maßgebend ist (vgl. Anm. 3 zu § 40 Pr.).

5. Satz 4 ist noch in Geltung, obgleich das BGB. nichts derartiges enthält (vgl. Anm. 4 zu § 40 Pr.).

§ 14. Ein in der ortsüblichen oder verabredeten Frist nicht gekündigter Dienstvertrag ist als stillschweigend erneuert zu betrachten, wenn nicht die Fortdauer desselben an eine ausdrückliche Verlängerung gebunden worden ist.

§ 15. Weigert sich die Herrschaft, das Gesinde anzunehmen, ohne daß einer derjenigen Gründe, aus welchen sie dasselbe auch vor der Zeit aus dem schon angetretenen Dienst entlassen darf (§ 30), vorliegt und ohne daß das Gesinde den Dienst anzutreten sich geweigert hat, so verliert sie das Mietsgeld und muß das Gesinde ebenso schadlos halten, wie in dem Falle einer vor der Zeit ohne rechtlichen Grund geschehenen Entlassung aus dem Dienste (§ 41). Die gerichtliche Entschädigungsklage findet jedoch in dem einen wie in dem anderen Falle erst dann statt, wenn das Einschreiten der Polizeibehörde ohne Erfolg geblieben ist[1–2].

1. Vgl. §§ 47—49 Pr.

2. Die Zuständigkeit der Polizeibehörde ist hier ausdrücklich vorgeschrieben, über deren Tätigkeit vgl. die §§ 47, 48 dieser GesO.

§ 16. Weigert sich, ohne rechtlichen Grund, das Gesinde, den Dienst anzutreten, so soll es dazu, auf den Antrag der Herrschaft, von der Polizeibehörde unter Androhung einer Geldstrafe von 1—5 Taler oder verhältnismäßigen Gefängnisses aufgefordert werden. Diese Strafe wird, wenn die Aufforderung erfolglos bleibt, von der Ortspolizeibehörde festgesetzt. Außerdem bleibt das Gesinde zur Zurückgabe des Mietsgeldes und für allem aus der Nichterfüllung des Vertrages entstehenden Nachteil verhaftet[1–4].

1. Vgl. § 51 Pr.

2. Die Bestimmung unterscheidet sich von § 51 Pr. Nach § 16 RheinGesO. kann ein Anhalten zum Dienstantritt durch Zwangsmittel, wie im § 51 Pr. nicht allgemein stattfinden. § 16 läßt vielmehr nur zu:

a) Androhung einer Geldstrafe, ev. Haftstrafe, jetzt nicht mehr Gefängnis,

b) wenn diese Androhung erfolglos bleibt, Festsetzung der Strafe.

3. Die Strafe ist keine strafrechtliche Maßregel, sondern ein polizeiliches Zwangsmittel. Sie unterliegt der Beschwerde,

während die Androhung allgemein den Rechtsmitteln des Verwaltungsstreitverfahrens unterstellt ist (vgl. Anm. 5 zu § 51 Pr.).

4. Das G. von 1854 greift hier nicht Platz (vgl. Anm. 13 zu § 51 Pr.).

§ 17. Das Gesinde kann zum Antritt des Dienstes nicht gezwungen werden, wenn die Herrschaft im letztverflossenen Jahre gegen ihr Gesinde sich Handlungen erlaubt hat, wodurch dieses nach § 35 zur Verlassung des Dienstes ohne Aufkündigung berechtigt war; in diesem Fall, sowie auch dann, wenn das Gesinde durch Zufall oder Verheiratung den Dienst anzutreten verhindert wird, muß die Herrschaft sich mit Zurückgabe des Mietsgeldes begnügen[1—2]).

1. Vgl. §§ 52—54 Pr.

2. Abweichend von § 54 Pr. tritt bei Verheiratung auch für männliche Personen das Recht zur Aufhebung des Gesindevertrages ein; überdies ist diese Aufhebung nicht abhängig von der Beschaffung eines anderen Gesindes.

Pflichten des Gesindes im Dienste.

§ 18. Das Gesinde muß sich allen seiner Leibesbeschaffenheit und seinen Kräften angemessenen hauswirtschaftlichen Verrichtungen nach Anordnung der Herrschaft unterziehen. Auch Dienstboten, welche nur zu gewissen Arbeiten oder Diensten angenommen sind müssen dennoch auf Verlangen der Herrschaft andere Verrichtungen mit übernehmen, wenn das andere dazu bestellte Gesinde durch Krankheit oder sonst daran verhindert wird[1—2]).

1. Vgl. §§ 57 und 60 Pr.

2. Eine Vorschrift, dem § 58 Pr. entsprechend, ist nicht aufgenommen.

§ 19. Das Gesinde ist ohne Erlaubnis der Herrschaft nicht berechtigt, sich in den ihm aufgetragenen Geschäften durch andere vertreten zu lassen. Hat es sich durch eine ihm als untauglich oder als verdächtig bekannte Person vertreten lassen, so muß es für den der Herrschaft dadurch verursachten Schaden haften[1].

1. Vgl. §§ 62, 63 Pr.

§ 20. Das Gesinde hat sich der häuslichen Ordnung, wie sie von der Herrschaft bestimmt wird, zu unterwerfen. Es ist schuldig, seine Dienste treu, fleißig und aufmerksam zu verrichten und die Befehle und Verweise der Herrschaft mit Ehrerbietung und Bescheidenheit anzunehmen[1].

1. Vgl. §§ 64 und 76 Pr.

§ 21. Das Gesinde muß der Herrschaft den durch Vorsatz oder grobes Versehen zugefügten Schaden ersetzen. Für den durch geringes Versehen zugefügten Schaden haftet das Gesinde nur dann, wenn es gegen den ausdrücklichen Befehl der Herrschaft gehandelt oder sich zu solchen Geschäften vermietet hat, die einen vorzüglichen Grad von Geschicklichkeit oder Aufmerksamkeit erfordern[1–2].

1. Vgl. §§ 65–67 Pr.

2. Eine besondere Aufrechnungsbefugnis mit den Schadensersatzansprüchen gegen die Lohnforderung ist hier nicht gegeben. Jetzt greift aber Art. 14 AG. (vgl. Einleitung) ein.

§ 22. Das Gesinde ist schuldig, auch außer dem Dienste das Beste der Herrschaft zu befördern und Schaden und Nachteil, soviel in seinen Kräften steht, von derselben abzuwenden[1].

1. Vgl. § 70 Pr.

§ 23. Die ihm zum Ausgehen in eigenen Angelegenheiten von der Herrschaft gestattete Zeit darf das Gesinde nicht überschreiten[1]).

1. Vgl. § 75 Pr.

Pflichten der Herrschaft.

§ 24. Die Herrschaft muß dem Gesinde die nötige Zeit zur Teilnahme am öffentlichen Gottesdienste frei lassen[1]).

1. Vgl. § 84 Pr.

§ 25. Zieht ein Dienstbote aus Veranlassung des Dienstes durch Verschulden der Herrschaft sich eine Krankheit zu, so ist die Herrschaft verpflichtet, für die Kur und Verpflegung desselben, auch über die Dienstzeit hinaus, zu sorgen und darf vom Lohne dieserhalb nichts abziehen[1–3]).

1. Die Vorschriften der §§ 25, 26 sind durch die Reichsversicherungsordnung wesentlich beeinflußt. Die Fürsorgeverpflichtung der Herrschaft ist weggefallen, die Krankenversicherung ist maßgebend. Vgl. wegen des Näheren die Vorbemerkung vor § 86 Pr. In Wirksamkeit sind nur von den obigen Vorschriften:

a) die Bestimmung hinsichtlich des Lohnabzuges in gewisser Weise,

b) die Bestimmung über die Unterbringung in öffentlichen Anstalten.

2. Der Lohnabzug ist jetzt nach der Reichsversicherungsordnung gestattet (vgl. die Vorbemerkung vor § 86 Pr.). Abgesehen vom Fall des Lohnabzuges für Kur und Verpflegung ist der Lohn zu zahlen, im Falle des § 26 bis höchstens vier Wochen.

3. Hinsichtlich der Unterbringung in öffentlichen Anstalten

gilt was in den Vorbemerkungen zu § 86 Pr. und in den Anmerkungen zu § 90 Pr. gesagt ist.

§ 26. Wird ein Dienstbote sonst ohne eigenes Verschulden im Dienste krank, so hat die Herrschaft ihm eine unentgeltliche Verpflegung auf vier Wochen, oder bis zum Ende der Dienstzeit, wenn dieses früher eintritt, ohne Abzug am Lohn, zu gewähren. Kurkosten muß jedoch der Dienstbote aus eigenen Mitteln bestreiten. Sind in dem Orte öffentliche Anstalten vorhanden, wo dergleichen Kranke aufgenommen werden, so muß das Gesinde es sich gefallen lassen, wenn die Herrschaft seine Unterbringung daselbst veranstaltet[1]).

1. Vgl. zu § 26

§ 27. Der Herrschaft wird auf ihren Eid geglaubt, wenn die Frage entsteht, wieviel Lohn ausbedungen worden, ob der Lohn des abgelaufenen Jahres gezahlt sei, und wieviel für das laufende Jahr auf Abschlag gezahlt worden[1])?

1. Diese dem französischen Zivilrecht entsprechende Vorschrift ist bereits durch das EG. z. ZPO. vom 30. Jan. 1877 § 14 Ziff. 2 aufgehoben.

Aufhebung des Vertrages.

1. Durch den Tod.

§ 28. Stirbt ein Dienstbote, so können seine Erben Lohn und Kostgeld nur soweit fordern, als solche für die Zeit bis zum Krankenlager rückständig sind. Die Begräbniskosten fallen der Herrschaft nicht zur Last[1]).

1. Vgl. §§ 99, 100 Pr.

§ 29. Stirbt das Haupt der Familie oder dasjenige Mitglied derselben, für dessen besondere Bedienung das Gesinde gemietet worden, so braucht dieses nicht länger als bis zur nächsten ortsüblichen Ziehzeit beibehalten zu werden; doch ist ihm die Entlassung mindestens acht Tage vor der Ziehzeit anzukündigen.

§ 30. Erfolgt diese Ankündigung nach der Kündigungsfrist, so muß dem Gesinde der bare Lohn für das nächstfolgende Vierteljahr statt Entschädigung für die verspätete Kündigung gewährt werden. Monatsweise gemietetes Gesinde erhält in einem solchen Falle, wenn der Tod vor dem 15. Monatstage sich ereignet, Lohn und Kost nur auf den laufenden, sonst aber auch auf den folgenden Monat[1—4])

1. Vgl. §§ 101—106 Pr.

2. Eine Unterscheidung zwischen städtischem und ländlichem Gesinde ist hier nicht gegeben. Die Minimalfrist von acht Tagen ist der Pr. unbekannt.

3. Die Vorschrift des § 30 stimmt mit den §§ 102 und 106 Pr. überein, abgesehen von den besonderen, hier nicht aufgenommenen Regeln für ländliches Gesinde.

4. Die detaillierten und umständlichen Bestimmungen über die Livree sind ebenfalls nicht aufgenommen.

§ 31. Der Tag der Konkurseröffnung über das Vermögen der Herrschaft ist in Beziehung auf den Dienstvertrag dem Todestage gleich zu achten[1—2]).

1. Vgl. §§ 107 und 109 Pr.

2. Die Vorschrift ist in gleicher Weise wie die eben angeführten Paragraphen der Pr. durch die Reichskonkursordnung eingeschränkt (vgl. die Anm. zu den §§ 107—109 Pr.).

2. Ohne Aufkündigung von seiten der Herrschaft.

§ 32. Ohne Aufkündigung kann die Herrschaft das Gesinde sofort entlassen wegen Untreue, hartnäckigen

Ungehorsams, oder durch eigene Schuld veranlaßter Unfähigkeit, wegen Unsittlichkeiten, durch welche die Ruhe oder Sicherheit des Hauses gestört wird, und überhaupt wegen solcher Handlungen, welche wie die angeführten mit dem nach der Natur des Dienstverhältnisses in das Gesinde zu setzenden Vertrauen und mit einer geregelten Hausordnung unvereinbar sind[1–4].

1. An Stelle der 19 Paragraphen der Pr. (117—135) enthält die RheinGesO. nur diesen einen Paragraphen über die Gründe, aus denen die Herrschaft den Gesindevertrag sofort aufheben kann.

2. § 32 unterscheidet sich von den eben angeführten Bestimmungen der Pr. dadurch, daß er nach Aufführung einzelner Zuwiderhandlungen eine Generalklausel gibt, zufolge deren die Entlassung erfolgen kann wegen solcher Handlungen, welche mit dem Vertrauen in das Gesinde und mit einer geregelten Hausordnung unvereinbar sind. Diese Generalklausel ist dem Wortlaut nach zwar anders gefaßt, als die Bestimmung im § 626 BGB. über die jederzeitige Aufhebung eines Dienstvertrages aus wichtigen Gründen, inhaltlich wird ein Unterschied zwischen dieser Generalklausel und dem § 626 BGB. kaum bestehen.

3. Wegen der Begriffe „Untreue" und „hartnäckiger Ungehorsam" vgl. die Anm. zu §§ 118 und 121 Pr.

4. Bestrafung des Gesindes wegen Zuwiderhandlung kann nach Maßgabe des G. vom 24. April 1854 eintreten.

3. Ohne Aufkündigung von seiten des Gesindes.

§ 33. Das Gesinde kann den Dienst ohne vorherige Aufkündigung verlassen:

a) wenn es von der Herrschaft sehr hart behandelt wird,

b) wenn es häufig ungeeignete Beköstigung erhält[1]),

c) wenn ihm Unsittliches zugemutet wird,

d) wenn es durch schwere Erkrankung zur Fortsetzung des Dienstes unvermögend ist,

sowie überhaupt wegen solcher Handlungen der Herrschaft, welche, wie die angeführten, mit den von seiten des Gesindes an die Herrschaft nach der Natur des Dienstverhältnisses zu machenden Anforderungen unvereinbar sind [1–2].

1. Auch bei den Aufhebungsgründen von seiten des Gesindes weicht die Fassung der RheinGesO. von den §§ 136—142 Pr. ab, insofern auch hier eine Generalklausel gegeben ist, die sich inhaltlich mit dem § 626 BGB. deckt.

2. Über die einzelnen aufgeführten Gründe vgl. die Anm. zu den §§ 136—142 Pr.

4. Vor der Zeit jedoch nach vorgängiger Kündigung.

§ 34. Vor Ablauf der Dienstzeit, jedoch nur nach vorhergegangener Aufkündigung, kann die Herrschaft den Dienstboten entlassen:

a) wenn demselben die nötige Geschicklichkeit zu den übernommenen Geschäften abgeht,

b) wenn nach geschlossenem Mietsvertrage die Vermögensumstände der Herrschaft dergestalt in Abnahme geraten, daß dieselbe sich entweder ganz ohne Gesinde behelfen oder doch dessen Zahl einschränken muß [1–2].

1. Wie die Pr., so hat auch die RheinGesO. neben den Gründen zur sofortigen Aufhebung noch weitere Gründe, welche die Herrschaft (s. § 34) oder das Gesinde (§ 35) vor Ablauf der Dienstzeit, aber nach vorheriger Aufkündigung, zur Aufhebung des Gesindevertrages berechtigen. Eine Aufkündigungsfrist ist im Gebiet der RheinGesO. gesetzlich nicht gegeben, vgl. § 13 der RheinGesO., doch greift

für die hier in Rede stehenden Paragraphen der § 36 ein, insofern er eine bestimmte Zeit vorschreibt, für welche trotz Aufkündigung der Gesindevertrag weitergeführt werden muß. Wenn auch die Aufkündigungsfrist an sich gemäß § 13 bestimmt wird, so ist daneben doch noch die Bestimmung des § 36 zu beachten.

2. Die beiden Gründe des § 34 können unter Umständen, namentlich der unter a angegebene, unter die Generalklausel am Schluß des § 32 fallen. Da jedoch hier beim Vorliegen dieser zwei Gründe das Einhalten einer besonderen Frist vorgeschrieben ist, so ist anzunehmen, daß bei diesen beiden Gründen auf die Generalklausel nicht zurückgegriffen werden kann.

§ 35. Dienstboten dürfen vor Ablauf der Dienstzeit, jedoch nur nach vorhergegangener Aufkündigung den Dienst verlassen:

a) wenn die Herrschaft den bedungenen Lohn in den festgesetzten Terminen nicht richtig zahlt,
b) wenn die Herrschaft das Gesinde einer öffentlichen Beschimpfung aussetzt,
c) wenn der Dienstbote durch Heirat oder auf andere Art zur Anstellung einer eigenen Wirtschaft vorteilhafte Gelegenheit erhält, welche durch Aushaltung der Dienstzeit versäumt werden würde,
d) wenn der Dienstbote, dessen Bruder zum Militärdienste eingestellt wird, nach dem Zeugnisse der Kreisbehörde zur Ernährung und Unterstützung seiner Familie erforderlich ist,
e) wenn das Haupt der Familie oder dasjenige Mitglied derselben, für dessen besondere Bedienung das Gesinde gemietet worden ist, stirbt[1–3].

1. Der Paragraph enthält mehr Bestimmungen als die Vorschriften der §§ 145 u. 147 Pr., die Gründe zu d und e fehlen dort.

2. Nach den zu e angeführten Gründen hat abweichend von der Pr. auch das Gesinde bei gewissen Todesfällen das Recht zur Aufhebung des Gesindevertrages, jedoch mit Einhaltung der hier vorgesehenen Frist.

3. Über das Eingreifen des § 36 und über das Verhältnis zur Generalklausel des § 33 vgl. Anm. 1 zu § 33.

§ 36. In allen Fällen, wo der Mietsvertrag innerhalb der Dienstzeit, jedoch nur nach vorhergegangener Aufkündigung aufgehoben werden darf, muß dennoch das laufende Vierteljahr, und bei monatsweise gemietetem Gesinde der laufende Monat ausgehalten werden[1—2]).

1. Vgl. § 148 Pr. 2. Vgl. Anm. 1 zu § 34.

§ 37. Wenn die Eltern des Dienstboten wegen einer erst nach der Vermietung vorgefallenen Veränderung ihrer Umstände denselben in ihrer Wirtschaft nicht entbehren können, oder der Dienstbote in eigenen Angelegenheiten eine weite Reise zu unternehmen genötigt wird, so kann er zwar ebenfalls seine Entlassung fordern, er muß aber alsdann einen anderen tauglichen Dienstboten statt seiner stellen und sich mit demselben wegen Kost und Lohn, ohne Schaden der Herrschaft, abfinden[1]).

1. Vgl. § 149 Pr.

Was bei Aufhebung des Mietsvertrages vor Endigung der Mietszeit an Lohn und Kost zu gewähren ist.

§ 38. In allen Fällen, wo die Herrschaft einen Dienstboten während der Dienstzeit mit oder ohne Aufkündigung zu entlassen berechtigt ist, kann der Dienstbote Lohn und Kost oder Kostgeld nur nach Verhältnis der Zeit fordern, während welcher er wirklich gedient hat[1—4]).

§ 39. Ein Gleiches gilt von denjenigen Fällen, in denen der Dienstbote wegen einer ihm zugestoßenen Krankheit oder nach vorgängiger Aufkündigung den Dienst verlassen darf[1–4].

§ 40. In den übrigen Fällen, in denen der Dienstbote sofort und ohne Aufkündigung den Dienst zu verlassen berechtigt ist, muß die Herrschaft demselben Lohn und Kost für die Dauer der Kündigungsfrist geben[1–4].

1. Die Bestimmungen der §§ 38—40 sind einfacher als die entsprechenden Vorschriften der §§ 150—159 Pr., insbesondere fallen die etwas verworrenen und schwer verständlichen Bestimmungen hinsichtlich der Livree fort.

2. Folgende Regeln ergeben sich aus den oben angeführten Paragraphen:

a) Entläßt die Herrschaft ein Gesinde berechtigterweise mit oder ohne Aufkündigung, so kann der Dienstbote Lohn, Kost bzw. Kostgeld nur für die Zeit fordern, für welche er seine Dienste geleistet hat.

b) Hebt das Gesinde den Dienstvertrag auf, so ist zu unterscheiden:

α) Bei Aufhebung unter Einhaltung der Aufkündigungsfrist nach § 35 oder wegen Krankheit aus § 33d gilt das zu a Gesagte.

β) Hebt das Gesinde den Vertrag ohne Aufkündigung aus einem der Gründe des § 33, abgesehen von § 33d, auf, so hat die Herrschaft (s. § 40) Lohn und Kost für die Dauer der Dienstzeit zu geben. Der Ausdruck Kündigungsfrist ist ungenau.

3. Die Ansprüche auf Zahlung in den zu 2 erwähnten Fällen unterliegen keiner polizeilichen Vorentscheidung (vgl. § 49 RheinGesO.).

4. Ansprüche auf Ersatz für die nicht gewährte Wohnung gibt § 40 ebensowenig wie die §§ 152 und 153 Pr., anderseits ist dem Gesinde nicht anzurechnen, was es für den Rest der Dienstzeit anderweitig verdient (vgl. Anm. 2 zu § 152 Pr.).

Rechtliche Folgen einer ohne Grund geschehenen Entlassung.

§ 41. Wenn die Herrschaft aus anderen als gesetzmäßigen Ursachen das Gesinde vor Ablauf der Dienstzeit entläßt, so muß dieses sich wegen der Wiederaufnahme an die Polizeibehörde wenden, welche die Herrschaft zur Fortsetzung des Dienstvertrages aufzufordern hat. Bleibt diese Aufforderung fruchtlos, so muß die Herrschaft dem Gesinde Lohn und Kost für die Dauer der Kündigungsfrist geben[1—5]).

1. § 41 entspricht zum Teil dem § 160 Pr. Die dort gegebenen Erläuterungen gelten im wesentlichen auch hier.

2. Aus § 41 ergibt sich ganz zweifellos, daß hier andere Zwangsmittel als eine Aufforderung nicht ergehen können.

3. Auf Lohn und Kost hat das Gesinde, nachdem die Aufforderung vergeblich geblieben, zu klagen.

4. Eine Bestimmung entsprechend dem § 163 Pr. fehlt hier. Lohn und Kost (jedoch nicht Entschädigung für Verpflegung) ist demnach für die Dauer der Kündigungsfrist zu gewähren, auch wenn das Gesinde anderweiten Verdienst erlangt.

5. § 41 stellt klar, daß die Polizei nur auf Antrag einschreitet.

Rechtliche Folgen einer unrechtmäßigen Verlassung des Dienstes.

§ 42. Gesinde, welches vor Ablauf der Dienstzeit ohne gesetzmäßige Ursache den Dienst verläßt, muß von der Polizeibehörde auf Verlangen der Herrschaft durch Zwangsmittel zur Fortsetzung desselben angehalten werden, wenn die Herrschaft es nicht vorzieht, sich mit dem Schadensersatz zu begnügen. Das Gesinde hat im letzteren Falle nicht nur diesen Schadensersatz zu leisten, sondern ist auch mit einer Polizeistrafe von 1 bis 5 Talern zu belegen[1–2].

1. Vgl. die §§ 167, 168 Pr. Klargestellt ist hier, daß die Polizei nur auf Antrag der Herrschaft einschreitet; im übrigen gilt das in den Anm. zu §§ 167, 168 Pr. Gesagte auch hier.

2. Die Bestrafung erfolgt jetzt nach dem Gesetz vom 24. April 1854 (vgl. Anm. 5 zu § 168 Pr.).

Entlassungszeugnis.

§ 43. Die Herrschaft ist verpflichtet, dem Gesinde bei dessen Abzuge ein der Wahrheit gemäßes Zeugnis über die von demselben geleisteten Dienste auszustellen[1]),

1. Vgl. § 171 Pr.

§ 44. Werden dem Gesinde in diesem Zeugnisse Beschuldigungen zur Last gelegt, die sein weiteres Fortkommen hindern würden, so kann dasselbe auf polizeiliche Untersuchung antragen[1]).

1. Vgl. § 172 Pr.

§ 45. Wird bei dieser Untersuchung die Beschuldigung unbegründet befunden, so muß die Polizeibehörde dem Gesinde ein Zeugnis auf Kosten der Herrschaft ausfertigen lassen[1]).

1. Vgl. § 173 Pr.

§ 46. Hat hingegen die Herrschaft einem Gesinde, welches sich grober Laster und Veruntreuungen schuldig gemacht hat, das Gegenteil wider besseres Wissen bezeugt, so muß sie für allen einem Dritten daraus entstehenden Schaden nach den allgemeinen gesetzlichen Grundsätzen haften und verfällt in eine Geldstrafe von 1 bis 5 Talern[1]).

1. Vgl. §§ 174—176 Pr.

Kompetenzbestimmungen.

§ 47. Soweit es nur darauf ankommt, die Erfüllung gegenseitiger Verbindlichkeiten während des bestehenden Dienstes, ferner die Annahme oder den Antritt, das Behalten oder Bleiben, den Abzug oder die Entlassung des Gesindes, endlich die Erteilung eines Abschiedszeugnisses von seiten der Herrschaft zu bewirken, entscheidet die Polizeibehörde und setzt ihre Entscheidung sofort in Vollzug[1—3]).

1. Wie die PommGesO. enthält auch die RheinGesO. am Schluß einzelne Paragraphen über die Zuständigkeit der Polizeibehörde.

2. Die Polizei schreitet nur ein bei den im § 47 angeführten Streitigkeiten, nicht wegen Ersatzansprüche (vgl. § 49). Doch ist zu beachten, daß auch hierbei des öfteren z. B. nach § 41 erst die polizeiliche Vermittelung angerufen werden muß.

3. Die sofortige Vollstreckung der polizeilichen Entscheidung ist jetzt geändert durch das Landesverwaltungsgesetz (vgl. Anm. 5 zu § 51 Pr.).

§ 48. Mit Ausnahme der Streitigkeiten über die Beschaffenheit des Entlassungszeugnisses findet zwar gegen die Entscheidung der Polizeibehörde die Berufung auf den Rechtsweg statt; bis zur Beendigung desselben behält es jedoch bei den polizeilichen Anordnungen sein Bewenden[1]).

1. § 48 unterscheidet sich von der PommGesO. durch die ausdrückliche Bestimmung, daß über die Beschaffenheit des Entlassungszeugnisses der Rechtsweg ausgeschlossen und die Entscheidung der Polizei allein für maßgebend erklärt ist. Die polizeiliche Entscheidung unterliegt der Anfechtung im Verwaltungsstreitverfahren.

§ 49. Über Ansprüche nach Aufhebung des Vertrages hat die Polizeibehörde niemals zu entscheiden[1].

1. Vgl. Anm. 1 zu § 47.

§ 50. In Ansehung der Kompetenz der Behörden zur Festsetzung der in dieser Ordnung angedrohten Strafen verbleibt es bei den in den verschiedenen Landesteilen bestehenden allgemeinen Bestimmungen über die Kompetenz in Strafsachen, doch sollen die in den §§ 12 und 42 bestimmten Strafen auch im Bezirke des Appellationsgerichtshofes zu Köln von den Polizeiverwaltungsbehörden festgesetzt werden[1]).

1. Maßgebend sind jetzt die neuen Organisationsgesetze und ferner bezüglich der Strafverhängung das Gesetz vom 23. April 1883 (vgl. Anm. 5 zu § 12 Pr.)

Sachregister.

(Die Zahlen bedeuten die Seiten.)

A.

B.

C.

(S. auch K.)

D.

E.

H.

S.

T.

U.

V.

W.

Druck von A. W. Hayn's Erben (Curt Gerber), Potsdam.

FSC
www.fsc.org
MIX
Papier | Fördert gute Waldnutzung
FSC® C083411

Kolibri 360 GmbH
Ferdinand-Jühlke-Straße 7
99095 Erfurt, Deutschland
produktsicherheit@kolibri360.de